张宪丽 著

企业家精神的理论与机制研究

本著作作为国家社科一般项目『新时代政府推动企业家精神培育的机制研究』（18BZZ087）成果

上海人民出版社

目 录 CONTENTS

绪　论 ………………………………………………… 1

　　一、研究背景及意义 …………………………… 2

　　二、国内外研究现状 …………………………… 4

　　三、研究目的与研究方法 …………………… 24

第一部分　企业家精神的基本定义与历史回顾

第一章　新时代企业家精神的界定及内涵 ………… 29

　　一、企业家、资本家等相关概念的区别和联系 ……… 29

　　二、企业家精神的内涵 …………………… 34

　　三、创新:新时代企业家精神的内核之一 ……… 39

　　四、责任:新时代企业家精神的内核之二 ……… 43

　　本章小结 …………………………………… 49

第二章　中国企业家精神的历史发展 ……………… 51

　　一、《货殖列传》中的商人精神 …………… 52

　　二、中国古代缺乏企业家精神的原因 ……… 55

三、中国近代以来企业家精神的发展(1840—1949)

······ 59

四、新中国成立后的企业家精神(1949—1978) ······ 65

五、改革开放以来的企业家精神(1978—2012) ······ 68

六、新时代以来的企业家精神(2012年至今) ········ 73

本章小结 ··············· 79

第二部分　数字经济与共同富裕:
新时代的中国企业家精神

第三章　在社群与契约之间:新时代中国企业家

精神的理论基础 ············· 83

一、契约主义下的企业行为与企业家精神 ·········· 83

二、社群主义对契约主义的批评 ············· 87

三、社群主义下的企业家精神:从黑格尔思想出发

的讨论 ··············· 92

四、在社群与契约之间的动态平衡 ············· 99

本章小结 ··············· 105

第四章　新时代的数字经济与大众企业家精神 ······ 107

一、新时代数字经济的内涵和本质 ············· 107

二、数字经济与企业家精神 ············· 114

三、大众企业家精神与数字经济的发展 ············· 118

四、大众企业家精神与自由人联合体 ············· 124

本章小结 ··············· 127

第五章 新时代的共同富裕、企业家精神与政府

　　功能 …………………………………………… 128

一、新时代共同富裕的内涵和实质 …………… 128

二、企业家精神与共同富裕的关系 …………… 132

三、政府促进企业家精神以推动共同富裕 ……… 135

四、企业家精神弥散化与行动主义的共同富裕

　　之途 ………………………………………… 140

本章小结 …………………………………………… 145

第三部分　政府推动企业家精神培育的三大机制

第六章 党建：新时代政府推动企业家精神培育的

　　引导机制 …………………………………… 149

一、为什么新时代企业家精神需要党的先进性

　　领导 ………………………………………… 150

二、组织引导：激发企业家精神的协同效应 ……… 156

三、意识形态引导：产生企业家精神的弥散效应 … 162

本章小结 …………………………………………… 168

第七章 法治：新时代政府推动企业家精神培育的

　　规范机制 …………………………………… 170

一、为何法治对于新时代企业家精神重要？ ……… 170

二、"政府悖论"、有限干预与企业家精神 ……… 175

三、企业合规、法律信仰与企业家精神 ………… 181

四、社会遵约、理性公民与企业家精神 ………… 184

本章小结 ·· 188

第八章　培训：新时代政府推动企业家精神培育的
**　　　　学习机制** ··························· 189

一、新时代企业家精神的产生过程 ··········· 190

二、政府促进企业家精神传播的场域以及注意事项

·· 201

三、政府推动新时代企业家精神培育的学习机制

·· 211

本章小结 ·· 221

参考文献 ·· 223

附录 1 ·· 284

附录 2 ·· 288

附录 3 ·· 291

后记 ·· 293

绪　论

　　国外在企业家精神的理论研究及实践研究方面均有诸多丰硕的成果。国内关于企业家精神的研究整体上呈现出理论引介—中西结合—实证分析—理论完善的发展阶段。目前国内的企业家精神研究试图在西方的理论框架之外寻找出一条兼具普遍性和特殊性的研究路径。然而，对于企业家精神的培育机制，国内外学者的全面探讨却很少。本书的研究就试图沿着这一思路向前拓展，力图从新时代的背景出发，探究新时代企业家精神的内容和政府推动企业家精神的培育机制。

　　党的十八大以来，党和国家领导人关于企业家精神有一系列重要讲话，中共中央、国务院也颁布了相关意见，这些讲话和意见都将企业家精神作为新时代中国发展的重要因素。因而，在新时代的背景下探究企业家精神的相关理论以及政府如何推动形成企业家精神的培育机制，并通过理论梳理、实证研究和机制构建等方面进一步将企业家精神理论化和可操作化，就成为本书研究的重要任务。因此，本书将以企业家精神的基本概念和理论基础为出发点，深入研究企业家精神的理论内涵，探讨其时代特色，并与政策研究相结合，展开对新时代企业家精神的理论、历史、实践以及机制的研究。

一、研究背景及意义

（一）研究背景

自党的十八大以来,党和国家领导人和各级政府对企业家精神的重视与强调,标志着弘扬与保护企业家精神进入了一个崭新的阶段。企业家是市场经济和全面深化改革的主力军,同时也是当前数字化转型和实现共同富裕的重要参与者。正如习近平主席于 2014 年 11 月 9 日在亚太经合组织工商领导人峰会的开幕式上所强调的:"我们全面深化改革,就要激发市场蕴藏的活力。市场活力来自于人,特别是来自于企业家,来自于企业家精神。"①优秀的企业家在创造就业机会、推动经济发展和承担社会责任等方面作出了极为重要的贡献。在市场经济中,优秀的企业家是不可或缺的,与此同时,他们也需要一个健康的市场环境来发挥他们的才华。值得一提的是,每位优秀的企业家都具备极强的企业家精神这一共同特质。李克强总理在《2017 年政府工作报告》中明确指出,要"激发和保护企业家精神"。②2017 年 9 月 8 日,中共中央和国务院正式发布了《关于营造企业家健康成长环境弘扬优秀企业家精神更好发挥企业家作用的意见》(以下简称《意见》),在该意见中明确提出要通过营造良好的法治环境、公平竞争的市场环境、良好的创业环境以及党建等方面来保护和激发企业家精神。③

---

① 习近平:《谋求持久发展 共筑亚太梦想——在亚太经合组织工商领导人峰会开幕式上的演讲》(2014 年 11 月 9 日),https://news.12371.cn/2014/11/09/ARTI14155164411191331. shtml,访问时间:2022 年 12 月 15 日。

② 李克强:《2017 年政府工作报告》(2017 年 3 月 5 日),http://www.gov.cn/guowuyuan/2017zfgzbg.htm,访问时间:2022 年 12 月 15 日。

③ 《关于营造企业家健康成长环境弘扬优秀企业家精神更好发挥企业家作用的意见》(2017 年 9 月 8 日),http://www.gov.cn/zhengce/2017-09/25/content_5227473.htm,访问时间:2022 年 12 月 15 日。整个意见对营商环境、弘扬企业家精神以及企业家培育等方面都做了较为详细的论述。《意见》对新时期弘扬优秀企业家精神、更好发挥企业家作用等做出了整体性安排。为了更好地落实该《意见》,国家发展改革委、工业和信息化部、国资委、市场监管总局、科技部、农业农村部等相关部门发布了落实企业家精神相关的政策和文件。各个地区根据中央的文件因地制宜地颁布了保护和弘扬企业家精神的相关文件。

2020 年 7 月 21 日,习近平总书记在企业家座谈会上指出,新时代企业家精神内涵具有爱国、创新、诚信、社会责任及国际视野等重要特质。①这一精神内涵的概括结合了新时代的现实情境,为企业家精神的发展指明了方向。

中国特色的社会主义市场经济体制具有普遍性及特殊性共存的特点。其普遍性主要表现为要尊重市场的运行规律;其特殊性则主要表现为在中国共产党领导下,政府同市场的有机结合。因而,这就决定了在企业家精神的培育中,一方面需要市场发挥其在资源配置中的决定性作用,另一方面则需要政府在培育企业家精神方面要兼顾时代化和本土化的情境。正如尼古拉斯·阿塔玛(Nicholas Attamah)所指出的,企业家精神在任何经济体中的作用都是至关重要的,因为它通过各种方式促进了社会和经济的发展。②目前关于企业家精神的研究非常丰富,但整体呈现出碎片化的现象。换言之,尽管关于企业家精神理论的研究相对比较多,但是较为系统和完整地介绍和分析新时代企业家精神的理论、政策文本和机制方面的研究则相对比较少。本书尝试对这些问题进行较为详细地梳理和分析。

(二)研究意义

本书的理论意义主要体现为如下三个方面:第一,笔者试图以创新和责任来概括新时代企业家精神的内涵。改革开放以来,在中国向西方学习的过程之中,西方的企业家精神也是中国重要的学习内容之一。西方学者更多地把创新及冒险视作企业家精神的主要内涵。笔者在西方学者对企业家精神的研究基础之上,结合新时代中国特色,尝试将创新和责任作为新时代企业家精神的主要内容。第二,笔者在对企业家精神理论进

---

① 需要指出的是,在 2018 年 11 月,习近平总书记在与民营企业家座谈会上也提到了民营企业家精神的内容:"民营企业家要珍视自身的社会形象,热爱祖国、热爱人民、热爱中国共产党,践行社会主义核心价值观,弘扬企业家精神,做爱国敬业、守法经营、创业创新、回报社会的典范。"《习近平谈治国理政》第 3 卷,外文出版社 2020 年版,第 263 页。

② Nicholas Attamah, "Entrepreneurship, Government and Their Roles", *Journal of Current Issues in Arts and Humanities*, Vol.2, No.1, 2016, p.139.

行梳理的基础之上,提出了一种基于社群主义的新时代中国企业家精神观,同时把社群主义作为新时代中国企业家精神的理论基础。第三,在对数字化转型与企业家精神研究的基础之上,笔者提出"大众企业家精神"的概念。

本书的应用价值则主要体现在如下几个方面:第一,提出衡量企业家精神的指标体系。通过指标体系,政府可以更容易把握企业家精神如何培育以及构建何种机制来进行培育。指数是实践的一个重要的指挥棒,通过客观数据,可以对企业家精神作更加客观的评价,同时,通过指数可以对企业家精神发扬得好的地区进行表彰,对发展不足的地区进行鞭策。第二,提出政府推动企业家精神培育的机制,并且对这些机制在功能上进行详细的分类:先是通过党建进行引领,然后再通过指数进行激励,之后通过法治进行制约,最后通过培训进行保障。这是一个相对比较完整的机制方案。

二、国内外研究现状

本部分首先将概述国内关于企业家精神的研究现状,其次就国外关于企业家精神的研究进展及现状做一详细梳理。

(一)国内研究现状

1. 整体情况介绍

笔者从中国知网搜索关于"企业家精神"的篇名,大约有 3167 篇(截至2022 年 11 月 24 日),其中共有 509 篇为中文社会科学引文索引(CSSCI)来源期刊论文。[①]本部分主要对这 509 篇论文进行整体性的分析。分析

---

① 需要指出的是,在中国知网搜索的第一篇企业家精神的论文于 1986 年发表。作者是原国家体改委生产体制司副司长贾和亭。其发表的论文题目是:《大力倡导企业家精神》。在文章中,作者认为,企业家精神是一种超经济的概念,并重点讨论了文化和制度对企业家精神的影响。在作者看来,企业家精神主要包括:专注于企业发展的专注精神、具有开拓的创新精神、实事求是基础之上的冒险精神,以及竞争精神和求实精神等。贾和亭:"大力倡导企业家精神",载《经济工作通讯》,1986 年第 22 期,第 14—18 页。

的内容主要包括发文年份与发文数量、获较多转引的文献以及相关内容等。

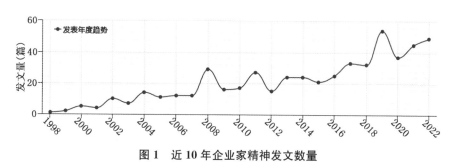

图 1　近 10 年企业家精神发文数量

信息来源:中国知网。

通过图 1 的发文年份,我们可以发现,从 1998 年开始到现在可以大致分为四个阶段。第一阶段为 1998—2007 年,在这近十年之中,企业家精神的相关研究总体呈现出低位徘徊的特征,即每年的发文数量低于 20 篇;第二阶段为 2007—2012 年,这一阶段的相关研究成果数量尽管有所增加,但也存在波动性,即 2007 年的发文数量迅速上升为近 30 篇,之后又回落为 20 篇左右;第三阶段为 2012—2018 年,该阶段整体呈现出稳步上升的趋势,即从不到 20 篇,稳步上升为 30 篇左右;第四阶段为 2018—2022 年,呈现出急剧上升、快速回落,然后再稳步上升的态势,之后,每年相关研究整体数量在 30 篇以上。总而言之,进入新时代以来,尤其是 2017 年的《意见》颁布之后,关于企业家精神的研究总体呈现出上升的趋势。其原因可能是党和国家领导人,以及各级政府对企业家精神重要性的强调。

从表 1 的发文作者所属的专业分布来看,此类研究的作者大多数来自管理学和经济学领域。从引用量排序来看,有 5 篇文献获得 200 次以上的引用。其中,三篇出自管理类期刊,两篇出自经济类期刊,一篇出自《清华大学学报(哲学社会科学版)》期刊(表 1)。

表 1　企业家精神研究领域获较多转引的文献

标　题	作者	期　刊	时　间
社会资本和公司企业家精神与绩效的关系:组织学习的中介作用——江苏与广东新兴企业的实证研究	蒋春燕、赵曙明	《管理世界》	2006 年10 月 15 日
公司治理与企业家精神	李新春、苏 琦、董文卓	《经济研究》	2006 年2 月 20 日
企业家精神的性别差异——基于创业动机视角的研究	刘鹏程、李 磊、王小洁	《管理世界》	2013 年8 月 15 日
企业家精神、持续技术创新和长期经济增长的微观机制	庄子银	《世界经济》	2005 年12 月 10 日
企业家精神与经济增长理论	鲁传一、李子奈	《清华大学学报(哲学社会科学版)》	2000 年6 月 30 日
创业团队企业家精神与公司绩效关系的实证研究	陈忠卫、郝喜玲	《管理科学》	2008 年2 月 20 日

来源:作者根据知网资料统计。

与此同时,为了更加直观地观察新时代(2012)以来学界对企业家精神的研究现状,笔者尝试把此前 10 年发表在中文社会科学引文索引(CSSCI 期刊)的论文,按照年份、发文数量和相关内容做了一个表格。其具体内容如下:

表 2　近 10 年企业家精神(CSSCI 期刊)的发文数量和相关内容

年份	数量	相关内容(包括但不限于)
2012	14	出版业、经济增长、国外研究综述、中小企业创新创业、社会责任、创业人才培养、政策、民族国家构建、青少年、农村金融改革
2013	24	区域企业家精神、出版人、奥地利、资本主义精神、创业创新、城镇化质量、FDI、产业、出口、美国高科技产业集群、市场化腐败、国内团队企业家精神、经济增长、市场需求
2014	22	企业社会责任、创新、电子商务、省内企业家精神外溢、制度、年龄、制造业、竞合关系、金融、产学研、领导行为、中小企业、经济增长、企业成长、农业产业化、制造业、寻租、出版

（续表）

年份	数量	相关内容（包括但不限于）
2015	22	法治、培育、产权保护、收入不平等、金融、贸易开放、组织层面、制造业、企业制度、影响因素和政策、创业、自主知识产权、经济增长、地区腐败、企业绩效与战略企业家精神、企业精英、政企关系
2016	24	制度、创新创业、核心内涵、制造产业、人力资源、区域企业家精神、海归人员、激励机制、制度与民营经济、企业文化、经济增长、金融、商业传统、商业模式创新、制度变迁与家族企业、知识创新、企业绩效、企业家精神内涵、法治与金融、社会资本、产权保护
2017	32	政府规模、激发、法治培育、动态变化（北京、上海和天津）、农村迁移人口创业、中小企业成长、逆全球化风险、扎根理论与企业家精神动态演化、工匠精神、经济增长、城市的企业家精神、地区出口、历史上的企业家精神、出版传媒、市场化进程、城市企业家精神、要素价格扭曲、经济增长、海归回流、国有企业企业家精神培育、资源竞争、金融多样性、研究现状与未来展望、培育、奥地利学派、报酬和税收、房产行业、双独家庭、制度、加拿大绿色社区企业家精神
2018	30	创新、改革开放以来的农村企业家精神、改革开放、中外比较、内涵、新时代新内涵、技术赶超、创业、经济发展和人力资本、融资约束、改革开放、制造业、企业家精神的涌现、中国制造业、融资约束、政商关系、培育、市场、儒家、资源禀赋、企业绩效
2019	43	要素配置和制造业、外商直接投资、激发民营企业家精神、返乡农民工、公司的估值、中国工业的全要素生产率、演进、当代企业家精神特征和对策、培育、工资标准与城市企业家精神、制度和历史视角的企业家精神、管理控制、创业创新、经济增长、区域差异和政策启示、金融发展、企业家精神的涌现、行为经济学、制度环境、产业升级、内涵、家族企业、区域收入差距、重塑、融资约束、政府规模和高质量发展、美好生活、制度创新、高新技术产业、企业绩效、营商环境、政府管制、时空演化、张謇、出版人、不平等、激发企业家精神的制度环境、经济增长、弘扬、容错机制、新时代企业家精神、尊重、全要素生产率、抑制
2020	37	培育、创新、员工企业家精神、家族企业、人口老龄化、创业、高质量增长、经济绩效、产业结构、可持续发展、环境规制、民营企业、产业绩效和产业政策、高质量发展、激励与穷人企业家精神、经济增长、独生子女与企业家精神的消失、民营企业、基础设施促进企业家精神、企业家精神评价、抑制、农村经济增长、儒家、民营企业、族群文化、企业价值、制度环境、扶贫、城市、营商环境与外来移民的企业家精神

年份	数量	相关内容（包括但不限于）
2021	36	新颖事件如何塑造企业家精神、政府创新与企业家精神、政府治理、儒商与政商关系、营商环境、企业家精神推动技术创新、数字转型、家国情怀、农村合作社带头人的企业家精神、国有企业的企业家精神、企业家精神与经济增长、贸易开放、可持续、欠发达地区的企业家精神、污染与企业家精神的实证研究、创业创新、文化、数字时代、营商环境、企业家精神的南北差异、家族企业、企业声誉、经济增长、高质量发展、互联网发展与企业家精神、儒家文化、正式关系网络与中小企业、传承
2022	27	可持续发展、传承、市场化、效率、高质量发展、数字经济、行政审批制度改革、阳明心学、中美贸易摩擦、金融发展、经济增长、产权保护和第三次分配、民营企业家精神、技术创新、企业韧性

来源：笔者自制（截止时间为 2022 年 11 月 2 日）。

从上面的表格可以看出，党的十八大以来，关于企业家精神的研究的数量基本上呈现逐年增长的态势。需要指出的是，从 2017 年开始出现关于企业家精神培育的相关论文，其培育的机制主要表现为法治，而对党建、指数和培训在培育企业家精神的作用方面的研究则相对比较少。

2. 企业家精神研究的具体内容

笔者详细梳理了国内学者的相关研究，并在已有研究的基础之上，确定新的研究方向和问题，从而可以对当前的研究进行较为有效的补充。从整体来看，国内学者关于企业家精神的研究在总体上可以被分为如下八个方面：

第一，对企业家精神理论及其内容的讨论。其主要内容涵盖对中西方企业家精神理论的梳理。譬如，李军、杨兴时在论文中梳理了国内外学者对企业家精神的讨论，即国外学者更多将企业家精神概括为创新、机会敏感和利用不均衡创造利润等方面，而国内学者则更关注企业家精神中的心理特征和经营能力。[1]汪岩桥在其论文中亦将国内外关于企业家精

---

[1] 李军、杨兴时："对企业家精神的辨析"，载《管理研究》，2010 年第 12 期，第 34—35 页。

神的研究总结为四种模式,即经济学模式、经济伦理模式、制度模式及文化特质模式。[①]郝晓彤、唐元虎则在论文中从人力资本角度出发,将企业家精神概括为一种特殊能力,主要包括创新性、承担风险和挑战不确定性等方面。[②]朱乾、杨勇等在论文中讨论了未来企业家精神的四种分类,即跨层面的企业家精神研究、空间视角的企业家精神研究、情境化的企业家精神研究和演化视角的企业家精神研究。[③]夏洪胜等人则从企业的创业期、成长期及成熟期这三个方面对企业家精神进行了讨论。[④]杨江、戴林则强调,企业家精神的本质乃是企业家行为理性化的一个过程。[⑤]从以上学者对企业家精神的梳理和总结中可以发现,企业家精神的内容并没有一个确定的内容或框架,整体呈现出碎片化的现象。

第二,对企业家精神的实证研究。这一类论文相对比较多。譬如,王娟等人从实证主义的角度对企业家精神的概念、内涵与测量标准进行讨论,同时构建了企业家精神的综合研究框架。[⑥]吴炯等人在论文中用扎根理论的方法对企业家鲁冠球的企业家精神进行分析,并构建了中国企业家精神内涵的系统模型。[⑦]刘晓扬等人则从文本分析的视角探讨了中国企业家精神研究的发展脉络和趋势。[⑧]郭燕青和王洋以空间计量经济学为视角,重点分析了中国企业家精神的驱动因素。[⑨]此外,这些实证研究

---

①　汪岩桥:"关于企业家精神的思考",载《浙江社会科学》,2004 年第 3 期,第 157—162 页。

②　郝晓彤、唐元虎:"刍议企业家精神",载《经济与管理研究》,2003 年第 5 期,第 17—19 页。

③　朱乾、杨勇、陶天龙、达庆利:"企业家精神影响因素的国外研究综述",载《东南大学学报(哲学社会科学版)》,2012 年第 4 期,第 52—57 页。

④　夏洪胜、张世贤:《创业与企业家精神》,经济管理出版社 2014 年版,第 75—157 页。

⑤　杨江、戴林:"中国企业家精神与企业家行为理性化",载《管理世界》,2000 年第 5 期,第 116—121 页。

⑥　王娟、刘伟:"企业家精神的涌现:一个整合框架",载《理论述评》,2019 年第 4 期,第 118—121 页。

⑦　吴炯、张引:"中国企业家精神内涵研究——以企业家鲁冠球为例",载《管理案例研究与评论》,2019 年第 3 期,第 259—272 页。

⑧　刘晓扬、范炜烽:"中国企业家精神研究的发展脉络与趋势——基于文本分析的视角",载《现代经济探讨》,2022 年第 5 期,第 106—113 页。

⑨　郭燕青、王洋:"中国企业家精神时空演化及驱动因素分析",载《科技进步与对策》,2019 年第 13 期,第 21—30 页。

成果还重点关注企业家精神与经济增长二者的关系,并从数据分析的视角来探讨这一问题。譬如,朱乾等人在论文中运用探索性空间数据分析方法对2000—2009年市场化进程、区域企业家精神与经济发展的关系进行分析,结果显示,市场化程度和区域企业家精神对经济增长具有显著的正效应。①陈俊龙等人在论文中亦利用面板数据对企业家精神与经济增长正向作用之间的关系进行了论证,并在论文中提出了培育企业家精神的具体对策,即营造有助于培育企业家精神的文化氛围、大力培育企业家的市场、根据国有企业和民营企业的性质塑造不同类型的企业家精神等。②马忠新等人在论文中则研究了中华老字号企业的空间分布情况,考察了中国不同地区企业家精神的历史传承对经济增长的影响机制。③何予平在其论文中通过实证研究发现,企业家精神对中国经济增长做出了显著的贡献。④陈立泰、陈春丽等人在论文中以动态面板数据为基础,对企业家精神对重庆经济增长的积极影响进行了深入研究。⑤王先柱、陈峰等人则使用中国省级面板数据,研究了企业家精神与收入不平等之间的关系。⑥除了经济增长的实证研究之外,还有少部分学者通过实证研究分析了企业家精神与高质量发展的关系。譬如,王新平等人在论文中以西安经济技术开发区384家制造业企业为样本,研究了企业家精神有助于促进企业创新和产品质量升级,进而可以推动企业实现

①　朱乾、杨勇:"空间视域下的市场化进程、区域企业家精神与经济增长",载《南通大学学报(社会科学版)》,2014年第1期,第125—134页。

②　陈俊龙、齐平、李夏冰:"企业家精神、企业成长与经济增长",载《云南社会科学》,2014年第3期,第84—88页。

③　马忠新、陶一桃:"企业家精神对经济增长的影响",载《经济学动态》,2019年第8期,第86—98页。

④　何予平:"企业家精神与中国经济增长——基于C-D生产函数的实证研究",载《当代财经》,2006年第7期,第95—104页。

⑤　陈立泰、陈春丽、万丽娟:"企业家精神与区域经济增长",载《重庆大学学报(社会科学版)》,2011年第3期,第23—29页。

⑥　王先柱、陈峰、杨义武:"企业家精神与收入不平等——来自中国省级面板数据的实证研究",载《学习与探索》,2015年第11期,第111—116页。

高质量发展。①

　　第三,从层次论、系统论等视角对企业家精神的研究。时鹏程、许磊在论文中探讨了企业家精神在个体层次、组织层次和社会层次等三个不同层面的内涵。②汪岩桥则把企业家精神界定为一个涵盖多种要素的文化有机系统。该系统包括:人性假设、系统要素和环境、协同作用和系统反馈等内容。③张守凤、周海洋等学者在论文中则将企业家精神的发展路径分为三个层面:个人层面、企业层面和社会层面。④欧雪银、刘琼娥在论文中探讨了企业家精神形成的两个博弈机制,即显性竞争机制和隐性交流机制。⑤

　　第四,企业家精神与经济增长、可持续发展及城镇化质量等方面的理论研究。譬如,杨宇等人在论文中整理了国内外有关企业家精神与经济增长之间的关系。他们指出,企业家精神对于经济增长的作用主要体现在创新行为和创业行为两种机制上。⑥靳卫东等人在论文中则提到企业家精神是实现经济发展的关键。⑦鲁传一等人在论文中也强调企业家精神是经济增长的一个关键因素。⑧而学者们除了对企业家精神和经济增

① 王新平、周采霞:"企业家精神与企业高质量发展——基于被调节的链式中介模型",载《调研世界》,2022年第8期,第55—66页。
② 时鹏程、许磊:"论企业家精神的三个层次及其启示",载《外国经济与管理》,2006年第2期,第44—50页。
③ 汪岩桥:"论企业家精神的系统模式",载《华中师范大学学报(人文社会科学版)》,2005年第2期,第135—140页。
④ 张守凤、周海洋、李淑萍:"企业家精神发展路径及其研究方法概述",载《华东经济管理》,2011年第5期,第141—143页。
⑤ 欧雪银、刘琼娥:"企业家精神形成的博弈机制研究",载《求索》,2010年第4期,第36—38页。
⑥ 杨宇、郑垂勇:"企业家精神对经济增长作用的实证研究",载《生产力研究》,2008年第18期,第11—13页。
⑦ 靳卫东、高波:"企业家创新行为的经济学分析",载《经济评论》,2008年第5期,第113—120页。
⑧ 鲁传一、李子奈:"企业家精神与经济增长理论",载《清华大学学报(哲学社会科学版)》,2000年第3期,第42—49页。

长的关系进行细致的研究之外,还探讨了企业家精神与高质量发展、可持续发展以及城镇化质量等方面的关系。譬如,卜美文在论文中提出企业家精神对公司可持续发展发挥了显著促进作用。①刘诚、叶雨晴在论文中则探讨了企业家精神对城镇化质量的影响。②刘志铭、李晓迎在论文中则尝试为经济增长构建一条有助于企业家精神成长的制度路径。③需要指出的是,学者们尽管讨论了高质量发展、可持续发展等新时代以来的重要议题,但对共同富裕和数字化转型与企业家精神的相关探讨和研究则很少或者几乎没有。

第五,从中国传统文化出发对中国企业家精神的讨论。其主要表现在以中国传统文化和中国情境作为前提来构建中国的企业家精神。譬如,孙黎等人在对东西方企业家精神的历史进行梳理时,提出了中国企业家精神可以通过"兼济天下"和"以利为先,但义不可失"等理念来体现。④贾良定、周三多则从中华传统文化出发,提出了修炼企业家精神的五个境界。⑤曹艳则从企业家精神的时代理念与和谐社会的关系出发对企业家精神进行讨论,并提出了四种意识。⑥赵红凌在对马克斯·韦伯(Max Weber)"资本主义精神"分析的基础之上,指出中国企业家精神是以"合法赚钱"为目的,并具有"内圣外王"的文化特征。⑦张雄、季小江等

---

① 卜美文:"企业家精神赋能可持续发展的影响机制研究",载《财经科学》,2022 年第 9 期,第 75—90 页。

② 刘诚、叶雨晴:"企业家精神对城镇化质量的影响",载《南方经济》,2013 年第 9 期,第 27—36 页。

③ 刘志铭、李晓迎:"企业家精神与经济增长——奥地利学派的视角",载《华南师范大学学报(社会科学版)》,2008 年第 6 期,第 12—19 页。

④ 孙黎、朱蓉、张玉利:"企业家精神:基于制度和历史的比较视角",载《外国经济与管理》,2019 年第 9 期,第 3—15 页。

⑤ 贾良定、周三多:"论企业家精神及其五项修炼",载《经济学研究》,2006 年第 9 期,第 29—35 页。

⑥ 曹艳:"企业家精神的时代理念与和谐社会的构建",载《经济问题探索》,2008 年第 11 期,第 100—104 页。

⑦ 赵红凌:"资本主义精神、创业精神与中国企业家精神重塑路径",载《海南大学学报(人文社会科学版)》,2013 年第 6 期,第 98—102 页。

人则从精神现象的视角探讨了中国企业家精神的哲学路径。①整体而言，学者们都讨论了中国传统文化对企业家精神的重要性，但缺乏进一步的理论探讨和概括，譬如，对社群主义与企业家精神关系的讨论则几乎没有。

第六，关于政府行为与企业家精神关系的研究。大多数学者主要从实证分析的角度探讨政府行为与企业家精神之间的关系。例如，秦甄、谢璐华等学者选择了 2007—2018 年 30 个省份的面板数据，提出提升企业家精神以及政府的创新行为对提高创新效率具有显著影响。②张晔探讨了政府干预经济自由与企业家精神的关系，即政府干预某种程度上既可以促进也可以抑制企业家精神的增长。③王效俐、马利君通过对 30 个省份的面板数据进行分析，探讨了政府规模、行政审批等管制行为对当地企业家精神的影响。④马忠新在论文当中讨论了地方政府的治理能力和企业家精神的关系。在作者看来，地方政府的治理能力对企业家精神有着非常重要的正面影响。⑤郑鹏主要讨论了行政审批制度改革某种程度上提升了不发达地区的城市的企业家精神。⑥张敏以 2003—2014 年的 283 个地级市的面板数据，研究了地方政府的行政审批改革对企业家精神的影响。⑦李元旭、曾铖讨论了政府规模、技术创新与高质量发展与企业家

---

① 张雄、季小江："中国企业家精神现象问题的哲学透视"，载《哲学动态》，2007 年第 3 期，第 37—38 页。

② 秦甄、谢璐华、郭娟娟："政府创新偏好、企业家精神与省域创新效率"，载《华东经济管理》，2021 年第 12 期，第 63—71 页。

③ 张晔："政府干预、经济自由与企业家精神"，载《南京大学学报（哲学·人文科学·社会科学版）》，2005 年第 2 期，第 88—96 页。

④ 王效俐、马利君："政府管制对企业家精神的影响研究——基于 30 个省份的面板数据"，载《同济大学学报（社会科学版）》，2019 年第 2 期，第 107—117 页。

⑤ 马忠新："善治兴业：地方政府治理能力对企业家精神的影响研究"，载《当代经济管理》，2022 年第 1 期，第 19—26 页。

⑥ 郑鹏："行政审批制度改革能否提升企业家精神"，载《南京财经大学学报》，2022 年第 3 期，第 44—54 页。

⑦ 张敏："营商制度环境对企业家精神的影响研究——以中国地方行政审批改革为例"，载《中央财经大学学报》，2021 年第 6 期，第 90—103 页。

精神的关系。[①]

第七,关于政府培育企业家精神的相关机制研究。这方面的研究一方面表现为较为宏观的营商环境和制度环境的研究,另一方面则主要表现为法治、金融支持、容错机制等较为中观或微观的研究。关于整体的营商环境与企业家精神关系的研究相对比较多。譬如,谢众等人认为,政府培育企业家精神对实体企业的绩效有着显著的促进作用。[②]林涛等人探讨了营商环境对外来移民的企业家精神的影响。[③]赵德森、窦垚等人则探讨了营商环境与绿色经济增长的关系。[④]李言等人研究了2008—2016年全国260个地级及以上城市的营商环境指数对企业家精神的影响。[⑤]韩书成、梅心怡等学者选取了2009—2018年30个省市级面板数据,分析了营商环境的质量对企业家精神的作用。[⑥]刘鹏程、李磊等学者则采用了全球企业家观察(GEM)的数据分析了外国直接投资(FDI)对东道国企业家精神的促进和抑制作用。[⑦]

关于制度与企业家精神关系的研究也比较多。譬如,江春、周宁东等人在论文中探讨了制度与中国企业家精神培育的问题。在作者看来,保护企业家精神就要从产权制度、法律制度和政治体制等方面着手,并强化

---

① 李元旭、曾铖:"政府规模、技术创新与高质量发展——基于企业家精神的中介作用研究",载《复旦学报(社会科学版)》,2019年第3期,第155—166页。

② 谢众、张杰:"营商环境、企业家精神与实体企业绩效——基于上市公司数据的经验证据",载《工业技术经济》,2019年第5期,第89—96页。

③ 林涛、魏下海:"营商环境与外来移民的企业家精神",载《宏观质量研究》,2020年第1期,第57—68页。

④ 赵德森、窦垚、张建民:"营商环境与绿色经济增长——基于企业家精神的中介效应与遮掩效应",载《经济问题探索》,2021年第2期,第66—77页。

⑤ 李言、张智:"营商环境、企业家精神与经济增长质量——来自中国城市的经验证据",载《宏观质量研究》,2021年第3期,第48—63页。

⑥ 韩书成、梅心怡、杨兰品:"营商环境、企业家精神与技术创新关系研究",载《科技进步与对策》,2022年第9期,第12—22页。

⑦ 刘鹏程、李磊、王小洁、刘斌:"FDI对东道国企业家精神的动态影响",载《当代经济科学》,2013年第4期,第32—41页。

市场公平竞争环境。①庞长伟、李垣探讨了制度转型与中国的企业家精神的关系。②陈怡安、赵雪苹在论文中则认为,市场经济的活力在于企业家精神的发挥,而企业家精神则需要依靠健全的制度环境。作者基于2011—2015年的面板数据,发现制度环境对企业家精神具有积极影响。③林善浪、宋时达在论文中讨论了良好的制度环境与培育企业家精神的关系。这里的良好制度主要表现在完善的金融制度、良好的法治环境、有序的市场竞争环境等方面。④孔令池也认为,能否激发企业家精神和推动高技术产业在空间上形成积聚,关键取决于制度环境的变迁。⑤肖建忠、易杏花从经验性的视角分析了湖北地区的企业家精神与制度的关系。⑥

关于法治与企业家精神的关系的研究也相对比较多。譬如,邵传林、张存刚等人根据中国省级层面的数据得出,法治通过影响金融发展,并间接地作用于企业家精神市场化的进程。⑦江春、李安安在论文中认为,法制的不健全,某种程度上会带来企业家精神的消沉和低迷。⑧潘健平、王铭榕等学者则讨论了知识产权保护与企业家精神和企业创新的关系。⑨贾海

---

① 江春、周宁东、张龙耀:"中国企业家精神的动态变化与政策支持",载《财政研究》,2012年第5期,第69—72页。

② 庞长伟、李垣:"制度转型环境下的中国企业家精神研究",载《管理学报》,2011年第10期,第1438—1443页。

③ 陈怡安、赵雪苹:"制度环境与企业家精神:机制、效应及政策研究",载《科研管理》,2019年第5期,第90—100页。

④ 林善浪、宋时达:"为培育企业家精神营造良好制度环境",载《人民论坛》,2019年10月上,第64—65页。

⑤ 孔令池:"制度环境、企业家精神与高技术产业集聚",载《中国经济问题》,2020年第2期,第16—29页。

⑥ 肖建忠、易杏花:"企业家精神与绩效:制度研究视角",载《科研管理》,2005年第6期,第42—48页。

⑦ 邵传林、张存刚:"法治如何影响了企业家精神?",载《经济与管理研究》,2016年第1期,第89—95页。

⑧ 江春、李安安:"法治、金融发展与企业家精神",载《武汉大学学报(哲学社会科学版)》,2016年第2期,第90—97页。

⑨ 潘健平、王铭榕、吴沛雯:"企业家精神、知识产权与保护企业创新",载《财经问题研究》,2015年第12期,第104—110页。

东和关然两位学者讨论了产权保护、企业家精神与第三次分配的关系。①

一些学者对社会保障和金融支持对企业家精神的影响进行了研究。例如,孙早和刘李华在其论文中指出,较高水平的社会保障可以促进或激发企业家精神的增长。②应千凡在论文当中也有类似观点。③官兵在论文中也提到,良好的金融环境是激励企业家精神最重要的机制。④程锐、马莉莉以2000—2017年的省级面板数据为基础探讨了金融发展和企业家精神的关系。⑤吴娜、于博等人则探讨了金融企业家精神与金融资产的动态协同关系。⑥还有少数论文探讨了容错机制与企业家精神的关系。譬如,张玉利在论文中认为,良好的容错机制能够激发和推动企业家精神的发挥。作者认为,政府、企业家和学者应该从多方面的视角,结合市场规律、政策、法律等方面的内容来不断地使容错机制更加健全。⑦

第八,创新创业与企业家精神的相关研究。譬如,韩文龙在论文中指出,企业家精神是实现创新型国家必不可少的基础要件。⑧王长刚和罗卫东讨论了约瑟夫·熊彼特(Joseph Schumpeter)的创新和企业家精神的相关内容,分析了资本主义的本质和兴衰等问题。⑨张玉利讨论了企业家

① 贾海东、关然:"产权保护、企业家精神与第三次分配",载《商业研究》,2022年第2期,第104—110页。

② 孙早、刘李华:"社会保障、企业家精神与内生经济增长",载《统计研究》,2019年第1期,第77—91页。

③ 应千凡:"金融支持与企业家精神成长:内在机理与实证分析",载《上海金融》,2011年第1期,第16—21页。

④ 官兵:"企业家精神、金融制度与金融发展",载《中央财经大学学报》,2008年第9期,第28—32页。

⑤ 程锐、马莉莉:"市场化改革、金融发展与企业家精神",载《北京工商大学学报》,2019年第4期,第100—114页。

⑥ 吴娜、于博、白雅馨、樊瑞婷:"营商环境、企业家精神与金融资产的动态协同",载《会计研究》,2021年第3期,第146—165页。

⑦ 张玉利:"容错机制与激发保护企业家精神",载《社会科学辑刊》,2019年第1期,第71—78页。

⑧ 韩文龙:"'技术进步—制度创新—企业家精神'的创新组合及其增长效应",载《社会科学辑刊》,2019年第3期,第202—212页。

⑨ 王长刚、罗卫东:"创新、企业家精神与资本主义的兴衰——作为社会思想家的熊彼特",载《浙江大学学报(人文社会科学版)》,2021年第2期,第83—92页。

精神与创业的关系,在作者看来,如果要开展企业家精神相关的教育就要将创新意识放到现在的教育体系当中。①唐艳艳和肖建忠两位作者在论文中讨论了创意与企业家精神的关系。②王立夏和宋子昭在论文中则认为,企业能否延续主要取决于对商业模式的创新,而创新则主要取决于企业家精神。③葛宣冲在论文中认为,企业家精神对民营企业发展有促进作用。④

目前政治学对这一领域的研究主要集中在对政商关系的讨论方面,其主要内容主要集中在如下三点:一是对国外政商关系的比较研究。譬如,刘得手对美国政商关系的研究⑤、于悦对日本政商关系的研究⑥、周方冶对泰国政商关系的研究⑦、利布曼对中亚政商关系的研究,⑧等等。二是对中国政商关系的研究,这一方面的研究主要集中在对传统政商关系的模式、构建健康的政商关系等方面的讨论。例如,汪建华对中国中小城市新兴制造业中所出现的包揽式政商关系所进行的研究⑨;叶静从中央财政策略的视角,探讨了地方政商之间的三种关系:层级型政商关系、统合型政商关系和自由型政商关系。在叶静看来,不同类型的地方政商关

① 张玉利:"创业与企业家精神:管理者的思维模式和行为准则",载《南开学报(哲学社会科学版)》,2004年第1期,第12—15页。

② 唐艳艳、肖建忠:"创意与企业家精神:为什么企业家需要企业",载《商业研究》,2010年第3期,第83—87页。

③ 王立夏、宋子昭:"动态演化视角下企业家精神与商业模式创新关系研究——以尚品宅配为例",载《管理案例研究与评论》,2020年第3期,第287—299页。

④ 葛宣冲:"企业家精神与民营企业创新发展的耦合机制研究",载《经济问题》,2019年第6期,第43—48页。

⑤ 刘得手:"美国政商关系观察及借鉴",载《人民论坛》,2015年第2期,第26—28页。

⑥ 于悦:"日本政治中政商关系的历史传承性",载《当代世界社会主义问题》,2016年第1期,第85—92页。

⑦ 周方冶:"泰国政治转型中的政商关系演化:过程、条件与前景",载《东南亚研究》,2012年第4期,第46—53页。

⑧ 利布曼:"中亚的政商关系:比较分析的方法",载《俄罗斯研究》,2009年第5期,第57—70页。

⑨ 汪建华:"包揽式政商关系、本地化用工与内地中小城市的劳工抗争",载《社会学研究》,2017年第2期,第51—75页。

系建构了不同时期中央政府策略的基本特征①；陈家喜从私营经济的视角，将传统的政商关系划分为四种模式，即先赋性关系、利用金钱关系、利益捆绑和招募官员四种模式②；佟德志认为，当代中国政商关系是一种博弈的复合结构，并趋向于一种以法治为基准，以市场为导向的新常态③；田国强等人则认为，只有以规范、制约和监督政府权力相结合的综合治理手段，从合理界定好政府与市场、政府与社会治理边界入手，才能建立起健康的政商关系。④三是对新型政商关系的研究，这一部分的研究成果比较丰富，主要集中在对新型政商关系模式、构建过程中面临的问题等方面的讨论。譬如，徐邦友从批判的视角对过去"控制—依附性"政商关系的消极影响进行了探讨。在徐邦友看来，现代社会应该建立一种以"亲""清"为特点的新型政商关系；⑤谢志强等人则对新型政商关系在构建过程中所面临的问题进行了研究⑥；杨典认为，构建新型政商关系是一项庞大而复杂的系统工程⑦；储建国则认为，只有对政商关系进行清晰界定才能更好地构建。⑧

通过详细梳理企业家精神的相关文献，我们可以发现，国内学者对企

---

① 叶静："中央财政策略与地方政商关系"，载《上海交通大学学报（哲学社会科学版）》，2014年第1期，第34—44页。

② 陈家喜："政商'关系'的构建模式"，载《云南行政学院学报》，2008年第2期，第20—22页。

③ 佟德志："当代中国政商关系博弈复合结构及其演变"，载《人民论坛》，2015年第5期，第16—18页。

④ 田国强、陈旭东："重构新时期政商关系的抓手"，载《人民论坛》，2015年第2期，第84—91页。

⑤ 徐邦友："新型政商关系的重构——基于政商关系的历史分析"，载《中共浙江省委党校学报》，2017年第5期，第84—91页。

⑥ 谢志强、王涛："新型政商关系构建面临哪些'绊脚石'"，载《人民论坛》，2016年第10期，第23—25页。

⑦ 杨典："政商关系与国家治理体系现代化"，载《国家行政学院学报》，2017年第2期，第30—35页。

⑧ 储建国："政商关系清晰界定才能更好构建"，载《中国党政干部论坛》，2016年第6期，第7—9页。

业家精神的研究内容整体比较丰富,但笔者也发现如下问题和值得关注的地方:第一,整体来看,当前对中国企业家精神的研究呈现出碎片化的特征,大多数学者只是从自己的研究领域出发对企业家精神进行探讨和论述;第二,虽然许多学者强调从中国传统文化中提炼出具有独特中国特色的企业家精神内涵,但就中国企业家精神的理论基础而言,缺乏统一的认知;第三,关于新时代特征与企业家精神的关系尽管已经发表一些论文,但对数字经济和共同富裕这两个重要议题与企业家精神的相关探讨相对比较少;①第四,关于企业家精神的实证方法比较多,但利用社会网络分析、定性比较分析(QCA)、固定效应模型、事件史分析、熵权 Topsis 法以及再辅以深度访谈等对企业家精神的研究则相对比较少;第五,在新时代政府推动企业家精神的培育机制方面的研究缺乏全面系统的成果。一些论文尽管提到了法治和制度对企业家精神的重要性,但多数都只是出现在文末最后的对策和建议中,而缺乏系统的论述;第六,整体上来看,关于中国企业家精神的历史梳理也非常少。一些学者在著作中梳理了中国企业家精神的历史,却并未对新时代以来的企业家精神进行讨论;第七,当前对企业家精神的研究主要集中在管理学和经济学领域,而在政治学领域中讨论政府推动企业家精神培育的机制研究相对比较少。这是因为政治学领域关注更多的是政商关系。针对以上研究存在的问题,对企业家精神进行较为系统的研究是非常有必要的。

(二)国外研究现状

国外学者对企业家精神的研究主要侧重于如下五个方面:

第一,对企业家创新创业的研究。国外学者在讨论企业家精神时

---

① 目前看到有三篇相关文章,分别是:赵东辉、孙新波、钱雨、张大鹏:“数字化时代企业家精神的涌现:基于多案例的扎根研究”,载《中国人力资源开发》,2021 年第 7 期;余东华、王梅娟:“数字经济、企业家精神与制造业高质量发展”,载《改革》,2022 年第 7 期;周文辉、李兵、李婉婉:“数字平台的企业家精神、行动学习与商业模式演进”,载《科学学与科学技术管理》,2022 年第 6 期。

更多是从创业的视角来讨论的。学者们对企业家精神的创业研究多以实证方法来探讨环境与创业的关系。譬如,努尔丹·奥扎拉利(Nurdan Ozaralli)和南希·瑞文堡(Nancy Rivenburgh)两位学者就以美国和土耳其的两所大学的本科三年级和四年级的589名学生为样本,试图发现大学生的创业动机与政治、经济与社会的关系。其研究结果表明,尽管美国和土耳其学生对创业持积极态度,但他们的创业意愿水平都较低。具体来说,美国学生认为与创业相关的因素存在一定的风险,而土耳其学生对本国的经济和政治条件评价不高。对于上述问题,两位作者提出通过创业培训和教育来促进大学生创业。[1]克里斯托弗·施莱格尔(Christopher Schlaegel)和迈克尔·柯尼希(Michael Koenig)探讨了创业意向的决定因素。其研究结果为竞争理论提供了支持,并表明了环境边界条件在创业意向发展中的调节作用。[2]杰森·菲茨西蒙斯(Jason Fitzsimmons)和埃文·道格拉斯(Evan Douglas)以多国样本为基础证实了创业意向取决于对可取性和可行性的感知,并在论文中提出了三种类型的企业家概念,即新生企业家(nascent entrepreneurs)、偶然企业家(accidental entrepreneurs)及不可避免的企业家(inevitable entrepreneurs)。[3]约翰·格尔多夫(John Geldhof)等人通过研究发现,企业家精神是一种适应发展的调节形式,通过这种调节,企业家和他们所生活的生态系统都将受益。作者通过将3461名美国高校就读的大学生作为样本,考察了个人属性、情境

① Nurdan Ozaralli and Nancy Rivenburgh, "Entrepreneurial Intention: Antecedents to Entrepreneurial Behavior in the U.S.A. and Turkey", *Journal of Global Entrepreneurship Research*, Vol.6, No.1, 2016, pp.1—32.

② Christopher Schlaegel and Michael Koenig, "Determinants of Entrepreneurial Intent: A Meta-Analytic Test and Integration of Competing Models", *Entrepreneurship Theory and Practice*, Vol.38, No.2, 2014, pp.291—332.

③ Jason Fitzsimmons and Evan Douglas, "Interaction between Feasibility and Desirability in the Formation of Entrepreneurial Intentions", *Journal of Business Venturing*, Vol.20, 2011, pp.431—440.

属性以及个人—情境关系的特征等内容对创业意向的作用。其结果表明：自律、创新意向以及拥有创业榜样（即父母）对大学生创业意向具有突出的影响。①安娜·维里奥（Anna Vuorio）等学者讨论了企业家精神与可持续创业之间的关系。在作者看来，关注企业家精神与经济增长之间的关联仅仅是一方面，我们同样需要关注企业家精神与可持续创业之间的联系。②

　　第二，企业家精神培育的相关机制的研究。譬如，索林·高格（Sorin Gog）指出企业孵化器和政府监管对创业发展方面的影响和作用。高格经过实证研究发现：企业孵化器为企业家所提供的资金支持、网络服务以及培训计划对创业发展具有有效的中介作用，而政府在创业相关方面的政策规定则会对创业发展存在积极的调节作用。③美国著名的经济学家威廉姆·鲍莫尔（William Baumol）在其论文中指出，政策可以更加有效地影响企业家的分配（the allocation of entrepreneurship）。④鲁塞尔·索伯（Russell Sobel）对鲍莫尔的观点给予了充分的肯定。在索伯看来，鲍莫尔的贡献在于其提出了生产性和非生产性企业家精神，并将学术研究的焦点转向了制度与企业家精神的关系。⑤卡塔琳娜·弗兰霍菲（Katharina Fellnhofer）讨论了学术界、企业家、教育工作者和政策制定者如

---

① John Geldhof, Michelle Weiner, Jennifer Agans, Megan Mueller and Richard Lerner, "Understanding Entrepreneurial Intent in Late Adolescence, The Role of Intentional Self-Regulation and Innovation", *Journal of Youth and Adolescence*, Vol.43, 2014, pp.81—91.

② Anna Maija Vuorio, Kaisu Puumalainen and Katharina Fellnhofer, "Drivers of Entrepreneurial Intentions in Sustainable Entrepreneurship", *International Journal of Entrepreneurial Behavior & Research*, Vol.24, No.2, 2018, pp.359—381.

③ Cai Li, Naveed Ahmed and Sikandar Ali Qalati, Asadullah Khan and Shumaila Naz, "Role of Business Incubators as a Tool for Entrepreneurship Development: The Mediating and Moderating Role of Business Start-up and Government Regulations", *Sustainability*, Vol.12, 2020, pp.1822—1845.

④ William Baumol, "Entrepreneurship: Productive, Unproductive, and Destructive", *Journal of Business Venturing*, Vol.11, No.1, 1996, pp.3—12.

⑤ Russell Sobel, "Testing Baumol: Institutional quality and the productivity of entrepreneurship", *Journal of Business Venturing*, Vol.23, No.6, 2008, p.642.

何一起努力促进企业家精神。作者认为,政府应该设计有效的政策去推动企业家精神的发挥。①亚历山大·沃德(Alexander Ward)则从阿根廷、智利、巴拿马和西班牙四个国家分别选取了 200 名大学生。作者经过研究发现,政府政策和相关培育项目在激发大学生的创业兴趣、增强大学生能力方面发挥着重要的作用。②布里吉特·豪根道(Brigitte Hoogendoorn)等学者探讨了普通企业家与可持续企业家在创业时所面临的挑战。在作者看来,可持续企业家在创业过程中如果缺乏财务、行政和信息等方面的支持,将会比普通的企业家面临更多的障碍。③卡门·波内斯库(Carmen Paunescu)和伊丽莎贝塔·莫尔纳尔(Elisabeta Molnar)认为,稳定的规章制度、健全的税收政策、有利的经济形势以及技术的可获得性对企业家精神具有积极的影响。④大卫·斯莫邦(David Smallbonea)等人则考察了国家制度变革和企业家精神的关系。其研究表明,苏联各共和国与企业家关系存在重大差异,这些国家体制改革的缓慢步伐和重大制度缺陷制约了生产性企业家精神的发展。在作者看来,中国的企业既具有纯粹的经济维度,又受到社会和政治的影响。⑤高格在论文中探讨了罗

---

① Katharina Fellnhofer, "Toward a Taxonomy of Entrepreneurship Education Research Literature: A Bibliometric Mapping and Visualization", *Educational Research Review*, Vol.27, 2019, pp.28—55.

② Alexander Ward, Brizeida Hernández-Sánchez and Jose Sánchez-García, "Entrepreneurial Intentions in Students from a Trans-National Perspective", *Administrative Sciences*, Vol. 9, No.37, 2019, pp.1—15.

③ Brigitte Hoogendoorn, Peter van der Zwan and Roy Thurik, "Sustainable Entrepreneurship: The Role of Perceived Barriers and Risk", *Journal of Business Ethics*, Vol. 157, 2019, pp.1133—1154.

④ Carmen Paunescu and Elisabeta Molnar: "Country's Entrepreneurial Environment Predictiors for Starting a New Venture—Evidence for Romanania", *Sustainability*, Vol.12, No.18, 2020, pp.7794—7812.

⑤ David Smallbonea and Friederike Welterb: "Entrepreneurship and Institutional Change in Transition Economies: The Commonwealth of Independent States, Central and Eastern Europe and China compared", *Entrepreneurship & Regional Development*, Vol. 24, 2012, pp.215—233.

马尼亚的劳动力市场在去监管、短期合同和工人的灵活性就业和就业能力等方面的变化与企业家精神的关系。①

第三,企业家精神与经济增长和可持续发展之间的关系。譬如,桑德尔·万奈克斯(Sander Wennekers)等学者在论文中探讨了企业家精神对经济增长的促进作用。其主要表现为,企业家本人财富的增长、企业业绩的提升以及整个国家经济总量的增长。②努尔马利亚(Nurmalia)等人则对印度尼西亚的 33 个省份的 2008—2013 的面板数据进行了分析。该文作者发现,企业家精神在区域经济增长中具有积极的作用。③马丁·卡利(Martin Carree)等人也讨论了企业家精神与宏观经济增长的关系。④杰里米·霍尔(Jeremy Hall)等人在论文中探讨了企业家精神对可持续发展的贡献。该文作者把企业家精神划分为可持续企业家精神(sustainable entrepreneurship)、环境企业家精神(environmental entrepreneurship)、生态企业家精神(ecological entrepreneurship)、绿色企业家精神(green entrepreneurship)以及社会企业家精神(social entrepreneurship)。该文作者着重讨论了社会企业家精神同可持续发展的关系。⑤

除了以上的相关研究之外,还有一些学者探讨了文化对企业家精神的影响。譬如,佐尔坦·埃克斯(Zoltan Acs)和艾玛·拉皮(Emma

---

① Sorin Gog, "Neo-liberal Subjectivities and the Emergence of Spiritual Entrepreneurship: An Analysis of Spiritual Development Programs in Contemporary Romania", *Social Compass*, Vol.67, No.1, 2020, pp.103—119.

② Sander Wennekers and Roy Thurik, "Linking Entrepreneurship and Economic Growth", *Small Business Economics*, Vol.13, No.1, 1999, pp.27—56.

③ Nurmalia, Djoni Hartono and Infani Fithria Ummul Muzayanah, "The Roles of Entrepreneurship on Regional Economic Growth in Indonesia", *Journal of the Knowledge Economy*, Vol.11, 2020, pp.28—41.

④ Martin Carree and Roy Thurik, "The Impact of Entrepreneurship on Economic Growth", in Zoltan Acs, David Audretsch, eds., *Handbook of Entrepreneurship Research*, Boston: Kluwer Academic Publishers, 2003, pp.437—471.

⑤ Jeremy Hall, Gregory Daneke and Michael Lenox, "Sustainable Development and Entrepreneurship: Past Contributions and Future Directions", *Journal of Business Venturing*, Vol.25, No.5, 2010, pp.439—448.

Lappi)曾试图阐释饮酒文化对企业家精神的影响。两位作者经过研究后发现,饮用啤酒较多的国家,生产性企业家精神(productive entrepreneurship)的比例较高,饮用葡萄酒较多的国家则主要表现为非生产性的企业家精神(unproductive entrepreneurship),而饮用烈酒较多的国家,破坏性企业家精神(destructive entrepreneurship)则相对比较高。①

三、研究目的与研究方法

本书将始终以马克思主义理论和方法为指导,坚持历史和逻辑相结合、理论和实践相结合、综合研究与比较研究相结合、国内和国外相比较的基本原则,采取多种方法开展研究。具体来说,本书所运用的研究方法如下:

第一,文献法。笔者将以企业家精神概念、企业家精神的历史、企业家精神的理论基础、数字经济与企业家精神、共同富裕与企业家精神、企业家精神的实证研究以及政府培育企业家精神的四大机制等论题作为分析核心。针对上述这些核心论题,笔者在第一部分对新时代企业家精神的有关问题进行系统的文献梳理和研究。针对企业家精神、社群主义下的企业家精神、大众企业家精神等理论和概念等众多问题进行较为系统的梳理和探讨。文献分析有助于了解企业家精神的整体脉络和理论基础,同时也有助于厘清关于新时代政府培育企业家精神的机制方面的讨论和争论。

第二,比较分析法。本书将充分利用比较分析法,对中外关于企业家精神的定义和内涵、理论基础、制度结构、文化形态等方面进行全面的比较。本书将在比较研究的基础上,探索适合中国国情的企业家精神的理论基础和培育机制。

---

① Zoltan Acs and Emma Lappi, "Entrepreneurship, Culture, and the Epigenetic Revolution: A Research Note", *Small Business Economics*, Vol.56, No.5, 2021, pp.1287—1307.

　　第三,深度访谈法。笔者通过对企业家、政府工作人员进行深度访谈,充分了解新时代企业家精神的基本现状和存在的问题,并对政府推动企业家精神的培育机制提出具有建设性的建议。

　　第四,跨学科研究方法。本书将融合政治学、经济学、哲学、法学、教育学、心理学、文化学、马克思主义理论等学科和内容,较为全面及系统地对企业家精神的相关问题进行讨论和研究。

　　总之,结合研究的需要,本书将运用逻辑与历史、实证与抽象、综合与比较相结合的方法,从多个视角开展多层面、全方位、宽领域的整体研究。此外,课题组将立足于文献与理论,着眼于实际和应用,在充分调研的基础上收集材料。最后,课题组还将在对材料进行深入分析的基础上进行理论总结,并在理论研究的基础上提出相关的机制和对策,以指导制度建设的实践。

第一部分

企业家精神的基本定义与历史回顾

第一章　新时代企业家精神的界定及内涵

在研究任何现象与问题之前,我们对一些基本的概念进行梳理与界定都是十分重要的。本部分主要从文献法和比较法出发,尝试界定和讨论新时代中国企业家精神的内涵。本章的内容按照以下逻辑展开:第一部分主要讨论了企业家以及与其相关概念的区别和联系;第二部分则主要尝试对企业家精神的概念和内涵进行梳理和讨论,并对新时代中国企业家精神这一概念进行本土化的界定;第三部分主要对新时代企业家精神的创新内涵进行讨论;而第四部分则主要探讨新时代企业家精神的责任内涵。

一、企业家、资本家等相关概念的区别和联系

经济学领域的学者较早对企业家这一概念进行了讨论。例如,经济学家让·巴蒂斯特·萨伊(Jean-Baptiste Say)早在《经济学概论》一书中就对企业家的内涵和相关内容进行了讨论。[①]萨伊认为,企业家就是把低效率的领域转到高效率领域的人。[②]英国近代经济学家阿尔弗雷德·马歇尔(Alfred Marshall)认为,企业家就是在市场竞争中承担一定风险、消

① 需要指出的是,亚当·斯密(Adam Smith)和约翰·穆勒(John Mill)都认为企业家就是资本家。

② [法]萨伊:《政治经济学概论》,陈福生译,商务印书馆1963年版,第83页。

除不均衡现象的关键人物。①萨伊和马歇尔更多的是从功能主义的视角将企业家理解为促进经济发展的要素。随后,富兰克·奈特(Frank Knight)、哈维·莱本斯坦(Harvey Leibenstein)、马克·卡森(Mark Casson)等学者从不同角度丰富了萨伊和马歇尔所讨论的企业家理论。

熊彼特被认为是对企业家讨论最具代表性的经济学家之一。他在分析资本主义本质时,强调了企业家与创新的紧密联系。在熊彼特看来,资本主义的本质在于创造性破坏,而这一过程的源动力来源于企业的生产创新。而企业的生产创新主要由企业家来完成。②熊彼特也从功能主义的角度探讨了企业家的角色,其认为企业家是一个具有"智慧和意志的巨人",同时他们也是执行生产创新职能的人。③现代管理学之父彼得·德鲁克(Peter Drucker)进一步发展和丰富了熊彼特的创新理论,同时在其专著《创新与企业家精神》中讨论了创新的七大机遇以及企业如何运用创新的原则来发展其可行的事业等。④从整体层面来看,经济学与管理学两大领域对企业家讨论得相对比较多。⑤企业家更多地被界定为冒险及创新事业的经营者与管理者。

随着社会的进一步发展,越来越多的学者开始认识到企业家对整个社会所产生的强大推动效应,⑥尤其是社会转型时期,经济的发展需要更

---

① [英]马歇尔:《经济学原理》(下卷),陈良璧译,商务印书馆1954年版,第259—288页。

② [美]约瑟夫·熊彼特:《经济发展理论》,何畏、易家祥等译,商务印书馆1990年版,第70—74页。

③ [美]约瑟夫·熊彼特:《资本主义、社会主义与民主》,吴良健译,商务印书馆1999年版,第73页。

④ [美]彼得·德鲁克:《创新与企业家精神》,蔡文燕译,机械工业出版社2019年版。

⑤ 当然,还有其他领域的学者也对企业家进行了讨论,譬如,我国学者米加宁等人从社会学的阶层分析理论的视角对企业家做了详细的梳理。米加宁、高德想:"企业家阶层的社会学含义",载《社会学研究》,1997年第4期,第44—49页。

⑥ Acs, Zoltan and Catherine Armington, "Employment Growth and Entrepreneurial Activity in Cities", *Research Papers in Economics*, Vol.7, No.38, 2004, pp.911—927; David Audretsh, Max Keilbach and Erik Lehman, *Entrepreneurship and Economic Growth*, London: Oxford University Press, 2006, 35; Martin Carree and Roy Thurik, "The Impact of （转下页）

多的刺激性力量,而企业家群体则是新风尚的倡导者。企业家创办企业不仅给社会大众带来了新的就业机会,而且也使得人们的工作和生活形态发生了转变。在此基础上,整个社会逐渐向现代社会转型。需要指出的是,在企业之中,企业家是极为少数的个体,只有在企业中扮演着重要的战略协调功能的个体才能成为企业家,如企业的创始人、首席执行官等。企业的中层干部则很难被称为是企业家,因为中层干部所考虑的核心内容是执行董事会或经理层的意志。企业家需要一种战略眼光。如果企业的中层人员离开企业重新创业,那么他们其实就具备了企业家的条件。然而,要成为优秀的企业家,就需要他们在激烈竞争的市场环境中找到合适的商业模式或者是研发新的产品,并且得到市场的认可。

　　为了更好地理解企业家这一概念,笔者尝试对一些与企业家相类似的概念进行梳理。譬如,资本家、发明家和管理者与企业家这三个概念之间的异同。关于资本家的讨论,最为经典的讨论是由卡尔·马克思(Karl Marx)作出的。马克思在其著作中更多的是从批判主义的视角对其进行了讨论。资本主义兴起之后引发的一系列社会不平等问题是马克思研究的出发点,而资本家是马克思在研究中重点阐述的一个概念。马克思对资本家与剩余价值之间的关系进行了充分的论述。[①]在马克思看来,资本家是为资本谋求更多利益的群体,其恰恰是通过占有资本,榨取工人的剩

(接上页)Entrepreneurship on Economic Growth", *Handbook of Entrepreneurship Research：An Interdisciplinary Survey and Introduction*，Vol.14，No.46，2003，pp.557—594；Sheila Puffer, Daniel McCarthy and Max Boisot, "Entrepreneurship in Russia and China：The Impact of Formal Institutional Voids", *Entrepreneurship Theory and Practice*，Vol.34，No.3，2010，pp.441—467；John McMillan and Christopher Woodruff, "The Central Role of Entrepreneurs in Transition Economies", *Journal of Economic Perspectives*，Vol.16，No.3，2002，pp.153—170；Simeon Djankov et al., "Entrepreneurship in China and Russia compared," *Journal of the European Economic Association*，Vol.4，No.2，2006，pp.352—365.

　　① 《马克思恩格斯文集》第5卷,人民出版社2009年版,第243—251页。依照恩格斯的说法,剩余价值是马克思一生之中继历史唯物主义之后的第二个伟大的发现。

余价值。①马克思试图通过剩余价值、资本等核心概念来剖析西方资本主义社会形成早期诸多社会问题的根源。马克思的强批判思想仍然影响到主流的学术界对资本家的讨论。可以说,至今中西方的大量成果都仍然在尝试与马克思进行对话。②

相比于资本家,企业家这一概念更多地从正面而非批判的角度来讨论。随着股份制企业的兴起带来了所有权和控制权分离,资本的所有者不一定是资本的使用者。因此,企业家与资本家有了明显的区分。这时的资本家主要指的是通过出借资本并承担一定风险而获得资本租金的人,而企业家则更多地以其有效管理企业而获取酬劳。③正如鲍莫尔所指出的,资本家的主要功能是承担风险。其收益的来源是对风险承担的补偿。④这是因为资本家需要在更大程度上来承担风险,而企业家尽管在经营过程当中也需要承担风险,但是该企业如果采用了有限责任或者股份公司的形式,那么企业家所承担的责任则是有限的。资本家的收入在很大程度上是风险收入,而企业家的收入则是在经营过程当中产生的管理收入和部分风险收入。恰如熊彼特所指出的,企业家并非风险的承担者。当一项事业失败时,最终承担风险的是向该企业提供贷款的债权人。⑤

企业家与管理者也存在诸多差别。企业家是领导者,而管理者只是按照管理的基本知识和规律,例行地处理企业经营过程中的一些日常事

---

① 《马克思恩格斯全集》第 23 卷,人民出版社 1972 年版,第 243 页。

② 马克思对资本的强批判对许多国家的发展形成了较大的影响。其主要表现为,整个资本主义体制一定程度上围绕着马克思的观点进行了较大的调整。例如,在西方左翼党党执政期间,往往会形成规模较大的国有化改造和密集的社会福利政策,这实际上就是对马克思观点的充分运用。西方资本主义社会一直以来力图运用马克思的观点来调和资本主义社会发展过程中的矛盾。马克思的思想对中国的影响则体现为我们在马克思核心观点的基础上建立了一个全新的社会形态即社会主义社会。我们希望在社会主义建设的过程中,可以避免资本的支配性影响。

③ 田凯:"构建时代的企业家精神",载《社会科学研究》,1998 年第 3 期,第 38 页。

④ [美]威廉·鲍莫尔:《企业家精神》,孙志军等译,武汉大学出版社 2010 年版,第 7 页。

⑤ [美]约瑟夫·熊彼特:《经济发展理论》,何畏等译,商务印书馆 2017 年版,第 157 页。

务。譬如,管理者需要检查整个生产过程当中的效率和准确地制定一系列相关的合同,同时也要时刻关注成本、销售设计以及广告支出等相关内容。这一整套的程序规则相对是固定的。相较而言,企业家则主要是从较为宏观的层面,创新性地实现企业目标的最优决策。与此同时,管理者和企业家的目标也不同。管理者的目标是在现有的制度框架之下,尽可能地按照行政系统的规则来实现企业的目标。而企业家则需要创新性地突破某些领域,重新设计资源的组合方案,从而实现拓展经营管理活动的新的可能性。从这个意义上讲,多数情况下许多商科的教育主要培育的是管理者,而实际上无法或者很难来培育企业家。例如,德国经济学家路德维希·冯·米塞斯(Ludwig von Mises)就曾很直白地说道,企业家并没有必要从工商管理学校里获得学位,因为其所训练的只是照章办事的职员而已。①

企业家和发明家也存在一些异同。二者共同之处在于都具有极强的创新性,都对某个问题的解决具有非常强的兴趣。二者不同之处在于企业家可以将某一创新活动用在商业活动之中,并能创造出某种新的价值;而发明家往往只是通过某种技术方案的变革,找到一种解决问题的新的技术方案。换言之,商业价值的实现与转化是区分两者的关键。譬如,发明家蒂姆·伯纳斯-李(Tim Berners-Lee)发明了互联网,然而真正运用互联网并使之产生商业价值的却是马克·扎克伯格(Mark Zuckerberg)、马云及马化腾等企业家。

质言之,企业家与资本家、管理者、发明家密切相关,但与他们也有一些不同。企业家的创新性活动恰恰是把发明家的创新成果、管理者的日常管理活动与资本家的风险补偿结合起来,在这三大要素之间达到某种平衡。如果仅仅致力于某些产品的创新,那企业家就会变成发明家;如果

① ［奥地利］路德维希·冯·米塞斯:《人的行动:关于经济学的论文》,余晖译,上海人民出版社2013年版,第338页。

用资本来从事风险性的活动,那么企业家就会变成资本家;如果企业家仅仅在日常的管理活动当中循规蹈矩,那么企业家又会变成管理者。企业家精神就是在这三者活动基础上的一种新的化学反应,要超越发明创造、日常经营和风险博弈,但是这样一种创新活动恰恰又是这三者的结合。经济学中的发展理论认为,企业家精神对于经济发展具有不可或缺的重要性。譬如,经济学家华尔特·罗斯托(Walt Rostow)强调,在经济发展阶段,特别需要一批支持创新及冒险的企业家。①

二、企业家精神的内涵

同企业家一样,企业家精神一直是主流经济学所重点关注的问题。学者们对企业家精神进行了许多讨论,但至今还没有统一的标准来界定这一概念。②关于企业家精神的起源,大多数学者认为它与企业家一样,都是近代资本主义发展的产物。但也有少部分学者认为,企业家精神从人类文明产生就存在。譬如,尼古拉斯·阿塔玛(Nicholas Attamah)认为,企业家和企业家精神自人类文明产生之后就一直存在。③戴维·兰德斯(David Landes)、乔尔·莫克(Joel Mokyr)等人在《历史上的企业家精神:从古代美索不达米亚到现代》一书中则认为企业家精神最早产生于两河流域文明,即约公元前18世纪的古巴比伦文明。④因此,要对企业家精神进行一个明确的界定是相对困难的。正如查理·卡尔森(Charlie Karlsson)等人在论文中所指出的,"我们无法对企业家精神作出统一的

---

① [美]华尔特·罗斯托:《经济增长的阶段》,张保煦译,中国社会科学出版社2001年版,第51页。
② 企业家精神的英文单词为"entrepreneurshi",这一单词经常被学者们翻译为创业精神、创业学、创业等。
③ Nicholas Attamah, "Entrepreneurship, Government and Their Roles", *Journal of Current Issues in Arts and Humanities*,Vol.2, No.1, 2016, p.134.
④ [美]戴维·兰德斯、乔尔·莫克、威廉·鲍莫尔编著:《历史上的企业家精神:从古代美索不达米亚到现代》,姜井勇译,中信出版集团2016年版。

界定,大多数理论和方法在操作上都会存在一些困难,大多数操作和界定都是不完整的,其只是包含概念的某个部分。"①尽管企业家精神难以界定,但通过梳理相关文献,我们可以发现企业家精神所具有的共性。整体上来看,西方经济学家更多地将创新和冒险作为企业家精神的重要内容。譬如,经济学家理查德·坎蒂隆(Richard Cantillon)和奈特等人将冒险视作企业家精神的重要组成部分。而熊彼特、德鲁克及维杰·萨思(Vijay Sathe)等学者则在其著作中更倾向于从创新的视角去讨论企业家精神。②

需要指出的是,除了在经济学和管理学领域对企业家精神进行讨论之外,最具代表性的成果是马克斯·韦伯(Max Weber)的讨论。韦伯从文化主义的角度对资本主义精神进行了深入探究。他认为资本主义精神包括理性、责任、勤俭、节制和冒险等内涵。韦伯在书中试图解释的问题是:为什么资本主义精神在中国没有出现?③譬如,在中国的宋朝,已经产生了资本主义的萌芽和较为繁荣的商品经济,但是为什么一个完整形态的资本主义社会并没有在中国出现,而是出现于西方? 韦伯把新教伦理界定为资本主义精神的核心内容。④在韦伯看来,西方能出现资本主义精神的关键因素是新教徒的禁欲传统。⑤新教徒将其所有的努力作为献祭贡献给上帝,从而得到上帝的恩宠,因此他就需要不停地努力工作并增加

---

① Charlie Karlsson, Christian Friis and Thomas Paulsson, *The Emerging Digital Economy*, Springer, 2006, 83.
② [美]彼得·德鲁克:《创新与企业家精神》,彭志华译,海南出版社 2000 年版,第 6—15 页;[美]维杰·萨思:《公司的企业家精神:高层管理者和业务创新》,邢华、钟正生译,中国人民大学出版社 2008 年版,第 2—5 页。
③ [德]马克斯·韦伯:《新教伦理和资本主义精神》,赵勇译,陕西人民出版社 2009 年版,第 9 页。
④ [德]马克斯·韦伯:《新教伦理和资本主义精神》,赵勇译,陕西人民出版社 2009 年版,第 28 页。
⑤ [德]马克斯·韦伯:《新教伦理和资本主义精神》,赵勇译,陕西人民出版社 2009 年版,第 127 页。

积蓄,而积蓄的财产就会成为资本。资本家一方面以资本为中心创造大规模的机械工业,另一方面也会创办和投资各种慈善事业。这样一种整体性效果就构成了西方资本主义社会早期的动力机制和调和机制。换言之,集聚后的资本不仅推动了企业的进一步发展,而且在一定程度上缓和了资本主义的矛盾,这就构成了西方近代资本主义精神的核心内容。早期的一些著名企业家,譬如,安德鲁·卡耐基(Andrew Carnegie)及约翰·洛克菲勒(John Rockefeller)都是其中的典型代表。洛克菲勒终生非常节俭,积累了大量财富并成为石油大王,但在晚年却投入大量的资金做慈善。①卡耐基亦是如此,前期极强的进取心使他成为钢铁大王,但是他在晚年时期却推动了诸多大学和研究机构的建立,而其对大众教育和对科技的推动对国家发展形成了重要支撑。②这种具有社会责任意识的企业家精神在一个国家的长期发展过程中发挥了重要作用,无论是其在社会中形成先导效应,还是推动社会大众的观念转变,都产生了积极的作用和影响。

在这里需要指出的是,关于企业家精神还有一种错误的界定。譬如,一些人将企业家精神定义为一种赌徒思维,认为企业家精神就是在外部条件允许的情况下,结合各类资源"疯狂地赌一把,赚一把就走"。③这种赌徒行为和心理希望在短期内把自己的获益最大化,同时挤压对手的空间,其实并不利于整个企业家生态的建设。因为商业活动具备高度的不确定性。尽管企业家在外部环境允许的条件下,集合各类资源,敢于冒险并获得高收益,这确实也是必要的。然而,如果过多地追求冒险而缺乏长远规划,那么企业的永续经营则可能面临诸多困难。换言之,如果企业家长期运用一种强风险偏好来经营企业,而在经营过程中缺乏创新,那么风

---

① [美]约翰·洛克菲勒:《洛克菲勒自传》,亦言译,中国友谊出版公司2008年版。

② [美]安德鲁·卡耐基:《卡耐基自传》,文武译,吉林出版集团股份有限公司2019年版。

③ 张维迎:"为什么产业政策注定会失败?",载《中国连锁》,2016年第11期,第84—86页。

险的防控就会成为一个难题。一旦外部环境对自己不利时,那么其失败的概率就会变得更高。从这一层面上来说,企业经营如果没有创新,一味地追求冒险,就会变成一种大起大落的赌博行为。这种行为不仅不利于企业的长期发展,而且很难算作真正的创新。换言之,形成百年老店,同时进行永续经营是企业活动中最大的挑战。长期处于赌博状态的企业无法长期有效地积累大量人才,也无法持续不断地进行创新性活动。同时,剧烈的变化也不利于企业维系与社区、城市以及国家的稳定互动关系。

在我国,许多学者在研究企业家精神时也会将冒险视为企业家精神内涵的一个重要因素。例如,丁栋虹等学者通过对企业家排行榜数据的分析,认为创新、机会识别和冒险是企业家精神的三大要素。[①]任佳等学者也主张我们应该从创新性、开放性、冒险性及竞争性四个维度来构建企业家精神的评价体系。[②]笔者认为,这种对企业家精神的定义更多地考虑了企业家精神的普遍性因素,同时也更多借鉴了西方学界的成果,但较少强调责任的重要性。同时,笔者认为开放性、冒险性和竞争性这三个方面的维度似乎与创新性都有较强的交叉性和相关性。换言之,不同企业家具有不同的风险偏好,短暂的冒险是企业经营活动中必须经历的,但是将冒险性作为企业家精神中的一个核心特征来进行定义,这势必将导致新时代企业家精神的定义在一定程度上出现偏误。

整体而言,企业家精神尽管受到了国内外学者的关注,但企业家精神至今都没有形成一个较为统一的概念。我国学者高波曾对这一现象进行过分析。高波认为,企业家精神之所以难以被界定的原因主要有两个方面:一方面,企业家精神的主体具有层次性特征。譬如,主体可以包括个

---

① 丁栋虹、赵荔:"企业家精神的三大要素:创新、机会识别和冒险——来自企业家排行榜的证据",载《上海管理科学》,2009 年第 3 期,第 94 页。

② [英]玛丽安娜·马祖卡托:《创新型政府:构建公共与私人部门共生共赢关系》,李磊、束东新等译,中信出版社 2019 年版,第 53 页。

体、企业、组织、政府,甚至一个国家。另一方面则在于,其难以用传统的经济模型去分析企业家精神。①换言之,如果从集体心理来看,企业家精神的主体是一个个体,但是如果从一个区域的经济增长来看,企业家精神的主体则更多地表现为企业、产业、地区和国家等层次。假如把企业家精神划分为宏观和微观两个层面,则宏观层面的企业家精神主要包括行业、社区和国家三个方面,主要体现的是企业家精神的责任层面;而微观层面的企业家精神则主要表现为企业家个体的角度,在当前社会则更多地体现为企业家的创新方面。

正如我们在采访国家注册质量管理体系某高级咨询师时也曾询问了类似问题。这位咨询师这样回答道:"我们今天经常强调,企业必须承担社会责任,在经营获得利润的时候,应当要回馈社会。然后应当承担一定的社会责任,这个也是必须做的,实际上这不仅仅是个人的事情,也是国家层面和社会层面上的事情,同时更重要的是要对他们所有的员工,对企业的整个经营负责任。无论从国家来讲,从社会层面来讲,还是从整个世界经济发展的层面来讲,现在我们都把创新放在非常高的位置。因为你要把企业经营好的话,没有创新精神,企业是很难发展的,创新是很重要的。"(A15 C市某科技企业高级咨询师)

整体上来看,企业家精神与企业家一样,也受到时代和情境的影响。正如桑德尔·万奈克斯(Sander Wennekers)和罗伊·塞力克(Roy Thurik)指出的:"企业家群体所拥有的特质,会受到其所在的文化和制度等因素的影响。"②在上面讨论的基础之上,笔者尝试将新时代的企业家界定为能够按照社会需求,并能够在法律的框架下对企业进行有效的组

---

① 高波:《文化资本、企业家精神与经济增长:浙商与粤商成长经验的研究》,人民出版社2011年版,第13—14页。

② Sander Wennekers and Roy Thurik, "Linking Entrepreneurship and Economic Growth", *Small Business Economics*, Vol.13, No.1, 1999, pp.27—56.

织和管理、勇于创新和承担一定社会责任的人。新时代的企业家精神主要指的是企业家群体所表现出来的一种以创新和责任为特质的集体心理状态。同其他的精神相类似,企业家精神亦是一种正能量的精神状态。

三、创新:新时代企业家精神的内核之一

"创新是一个民族进步的灵魂。"①自进入新时代以来,我国经济已经从过去的强调速度和规模转向注重高质量发展。实现当前高质量发展的必由之路在于持续创新。譬如,保罗·罗默(Paul Romer)就认为,创新对高质量发展具有重要的推动作用,并将创新作为经济增长的长久驱动力。②以习近平同志为核心的党中央始终把创新驱动发展作为国家发展的核心,同时着重强调创新是社会主义市场经济发展的第一动力。与此同时,全球新一轮科技革命及产业革命正在兴起,科技创新已经成为各国推动经济复苏的重要动力。恰如习近平总书记所强调的:"谁在创新上先行一步,谁就能拥有引领发展的主动权。"③企业家是实施创新活动的重要参与者,而创新也是企业家精神的重要组成部分。整体来看,企业家所进行的创新主要表现为对劳动和资本要素等进行重新组合和优化升级,然后生产出新的产品,并完成销售的过程。笔者这里所讨论的企业家精神的创新是一个系统性概念,其主要包括产品创新、技术创新、管理创新以及商业模式创新四个维度。

第一,产品创新。产品创新是企业家创新活动的基础。它主要指的是一种创造新产品或对旧产品进行优化升级的活动。而产品是消费者同

---

① 中共中央文献研究室:《习近平关于科技创新论述摘编》,中央文献出版社 2016 年版,第 3 页。

② Paul Romer,"Increasing Returns and Long-run Growth",Journal of Political Economy,Vol.94,No.5,1995,pp.1002—1037.

③ 习近平:《论把握新发展阶段、贯彻新发展理念、构建新发展格局》,中央文献出版社 2021 年版,第 82 页。

企业发生联系的最为直接的纽带。因此,创新首先要体现在产品之中。这里的创新不仅包括产品的功能创新,而且还包括产品的设计创新。譬如,苹果手机的发布就是一个颠覆式的创新。这里的颠覆式创新不仅表现为对原有产品或服务的替代,而且还表现为以比较合适的价格给消费者高价值的体验。①在苹果发布 iPhone 手机之前,主流产品基本上都采用按键式设计。然而,苹果的触控屏开创了全新的手机业态。②苹果的创新还体现为设计创新。斯蒂文·乔布斯(Steven Jobs)带领团队在设计 iPhone 的外观时,非常强调要把工业美学传递到产品之中。这样的设计可以让消费者每次使用产品时都感受到独特的工业美感。这些颠覆式创新与苹果创始人乔布斯的贡献密不可分。另一典型案例是索尼。索尼的伟大就在于其创造了一种便携式的产品。索尼公司通过把晶体管收音机的体积变小,由此创造了新一代的现象级产品。③

第二,技术创新。技术创新主要指的是对新技术的开发或者将原先的技术再进行优化等。李克强总理在 2022 年的《政府工作报告》中也提到,要强化企业的创新主体地位,并持续推进关键核心技术方面的攻关工作,同时促进科技成果的转化与应用。在这个过程中,要深刻认识到技术创新是推动产品创新的最核心要素。这是因为产品的功能实现需要依赖于相关的技术专利以及工艺的不断改善。目前的智能手机设计得越来越精巧,其背后强大的支撑就是集成电路工业的不断发展。手机产品如果要设计得小巧并且达到便携的效果,就需要手机中的芯片或其他元器件的体积要随之变小,而这些需要在技术方面实现创新。此外,企业要实现

---

① 刘文勇:"颠覆式创新的内涵特征与实现路径解析",载《商业研究》,2019 年第 2 期,第 18 页。

② 尽管当时的诺基亚已经在产品质量上达到一种极致,但是 iPhone 的这一功能创新却催生出一个史诗级的产品,并对后来的许多产品都产生了重要的影响。另外,在 iPhone 发布之前,数码相机是消费中的一个重要品类,然而,在智能手机发展数年之后,数码相机却不断地被淘汰,譬如,尼康、佳能等数码相机的国际领先企业都在这一大潮中受到强大的冲击。

③ 之前的收音机的个头很大,需要放在桌子上来收听。

高质量发展也必须依靠技术创新。①

第三,管理创新。管理创新是企业获取有利地位的重要手段,它指的是企业组织形成的创造性思想,并把这一思想运用到产品以及服务的过程之中。企业如果要想在激烈的竞争环境里获取有利地位,管理创新就会变得非常重要。其不仅需要企业家的宏观视野,同时也需要企业的管理者要根据企业的发展情况,有计划有步骤地对企业进行管理方面的创新。而在管理创新之中,制度创新则是一个核心内容,即如何通过制度的方式而非因人而异的方式来推动企业管理。②尤其是对于一些超大型企业而言,其员工数量可能会达到几十万人。对于企业来说,如何通过管理创新使一个"庞然大物"变得轻巧灵动、行动敏捷,那么创新就会变得至关重要。

第四,商业模式创新。商业模式创新是企业提升顾客体验和竞争力的重要手段之一。其主要指的是企业通过改变价值创造的基本逻辑来实现创新。商业模式可以分为收费和免费两种,其中免费商业模式是目前互联网领域中的一种流行趋势。③譬如,早期的江民杀毒软件、瑞星杀毒软件等都以一种收费的方式给用户提供服务,而360杀毒软件却打破了这种收费模式。360的免费杀毒大大地提高了用户的基数。需要指出的是,企业在提供免费服务的同时如何在免费的商业模式中获得经济利益,这就需要企业要通过其他渠道来实现变现。譬如,通过付费广告等其他方式来摊平成本则会变得至关重要。腾讯之所以变得如此庞大,与其商业模式有着密切关系。腾讯的核心产品QQ与微信均为免费,而免费就

---

①　陈昭、刘映曼:"政府补贴、企业创新与制造业企业高质量发展",载《改革》,2019年第8期,第140—151页;陈丽姗、傅元海:"融资约束条件下技术创新影响企业高质量发展的动态特征",载《中国软科学》,2019年第12期,第108—128页。

②　韩文龙:"技术进步—制度创新—企业家精神的创新组合及其增长效应",载《社会科学辑刊》,2019年第3期,第202—212页。

③　[美]克里斯·安德森:《免费:商业的未来》,蒋旭峰、冯斌、璩静译,中信出版社2009年版,第76—78页。

意味着会带来巨大的流量。腾讯在引入巨大流量之后,再通过其他方式将巨大流量转化为商业价值。这样的商业模式是中国互联网发展的一个重要基础。同样,一些小的互联网软件企业也可能会调整商业模式,从免费到收费服务。譬如,为一些特殊的商业用户提供专门化的服务并单独定价,这也会成为一种新的商业模式。再如,伴随着人工智能时代的到来,云计算就体现为一种商业模式的创新。云计算的核心是一种资源的集聚。在智能时代,算力资源变得至关重要。在用户使用高峰阶段,如果没有极为充足的算力,那么相关企业的服务器可能就会在巨量的访问中崩塌。如果企业只保障高峰时的算力,又会在低谷时形成巨大的算力浪费。因此,头部企业可以把在低谷期的算力以某种商业服务的方式提供给其他需要算力的企业用户或个人用户,由此形成了一种全新的云计算商业模式。

总之,对于具有创新精神的企业家而言,创新将成为企业家毕生追求的目标。[1]这是因为企业既有的商业活动在市场竞争中已经达成了一种微妙平衡。譬如,头部企业一般可以拿到一半左右的市场份额和利润,而第二名的企业则可能只能拿到10%～20%,第三名可能只能拿到10%以内。这种模式成为产业竞争的常态。而排名靠后的企业如果要打破这一平衡,就需不断地进行创新。譬如,阿里巴巴是电子商务的主导性玩家。作为电商平台的头部企业,阿里主要是为中小企业提供一种平台服务。京东的出现就是一种创新性的打破。京东的模式是自建平台,即自营商品在京东的体系中占有重要位置。京东的模式某种程度上借鉴了亚马逊模式,并通过自营和把控供应链的方式与阿里形成了错位竞争。京

---

① 李维安、王辉:"企业家创新精神培育:一个公司治理视角",载《南开经济研究》,2003 年第 2 期,第 56—59 页;叶勤:"企业家精神的兴起对美国经济增长的促进作用及其启示",载《外国经济与管理》,2000 年第 10 期,第 16—20 页;王炳成、张士强、王俐、王森:"商业模式创新、员工企业家精神和企业文化的跨层次研究",载《研究与发展管理》,2016 年第 4 期,第 39—51 页。

东的自营不仅表现为物流到销售,而且还表现为通过内部协作来降低成本,这与阿里的模式形成了鲜明的对比。京东通过创新活动而获得突围。其带来的结果就是整个电子商务形成了由阿里和京东作为头部企业的一种微妙平衡。之后,拼多多又通过创新性的努力,将自己运营的商品锁定为中低端的商品和买家。拼多多发力的基础是那些收入不高的消费群体,即所谓的下层市场。因此,在最初运作时,拼多多往往以便宜廉价作为其标签特征,其主要面向的对象是三、四线城市和广大农村地区。然而,在拼多多站稳脚跟之后,其便开始逐步发力于上游市场。譬如,通过百亿补贴等来逐步提高其商品的品质。

质言之,创新的基础是要面向市场和产品。创新的根本是要通过一定的技术升级或产品研发来满足市场的新需求,从而使得企业在经济上获得新的受益。企业的创新活动不仅是一种理想化的头脑实验,而更多地要将其转换成为成果。企业创新的目的是在激烈竞争的环境中获得更有利的市场地位,通过创新而获得更多的经济效益。需要指出的是,企业也是社群中的一部分,因此,企业在获得利润的同时也需要承担一定的社会责任。

四、责任:新时代企业家精神的内核之二

同创新内涵一样,责任内涵也始终是西方主流经济学所关注的核心问题。西方学者对企业社会责任讨论得相对比较多,中国学者在讨论企业社会责任时更多借鉴了西方主流的思想和观点。尽管一些学者也提出了中国企业家的社会责任,但整体来看,还呈现出一种碎片化的特征。本节首先尝试梳理西方学者们对企业社会责任的讨论,并在此基础之上力图总结和概括新时代中国企业家精神的责任内涵。

企业社会责任的提出与西方发达国家大型企业权力的扩张密切相关。伴随着经济的不断发展,企业在人类生活中所扮演的角色越来越重

要。一方面,企业为人们的生活提供了充裕的商品,并高效率地帮人类解决了从一开始就必须面对的稀缺性难题。譬如,约翰·加尔布雷思(John Galbraith)的《丰裕社会》和丹尼尔·贝尔(Daniel Bell)的《后工业社会的来临》这两本书都清楚地讨论了这一问题。①另一方面,企业在高效率地处理社会问题时,也产生了权力的过度膨胀。权力的膨胀导致企业对国家和社会的侵蚀等问题,正如斯科特·鲍曼(Scott Bowman)在讨论美国企业时所指出的,企业只不过演变成控制美国经济和政治的一种更加强有力的手段罢了。②在此背景下,西方的一些学者开始从企业社会责任或者企业伦理的角度来讨论如何制约企业的权力等问题。这些观点普遍认为企业不仅要增加自己的利润,更有义务提高社会公正。最典型的例子是"企业公民"的提出。企业公民是企业与公民的有机结合体,其不仅强调企业是一个商业利益主体,而且还强调企业也要承担社会责任。换言之,就是让企业的商业价值与公共价值同时发生。③

从整体来看,西方学者对于企业社会责任的讨论主要包含三大理论,即利益相关者理论、三重底线理论以及金字塔模型。④利益相关者理论最

---

① [美]约翰·加尔布雷思:《丰裕社会》,赵勇译,江苏人民出版社 2009 年版,第 118—129 页;[美]丹尼尔·贝尔:《后工业社会的来临——对社会预测的一项探索》,高铦等译,新华出版社 1997 年版,第 302—326 页。

② [英]斯科特·鲍曼:《现代企业与美国的政治思想》,李存捧译,重庆出版社 2001 年版,第 2 页。

③ 吴伯凡:"序言",载吴伯凡、阳光等:《企业公民:从责任到能力》,中信出版社 2010 年版,第 2 页。当然,也有学者反对企业承担社会责任。譬如,米尔顿·弗里德曼(Milton Friedman)指出,"企业仅具有一种而且只有一种社会责任——在法律和规章制度许可的范围之内,利用它的资源和从事旨在增加它的利润的活动"。[美]米尔顿·弗里德曼:《资本主义与自由》,张瑞玉译,商务印书馆 2004 年版,第 144—145 页。韩国学者李哲松则将反对企业社会责任的理由总结为以下三点:第一,企业社会责任某种程度上违背了企业的初衷;第二,企业社会责任内涵的不确定性;第三,企业社会责任没有明确具体的对象。[韩]李哲松:《韩国公司法》,吴日焕译,中国政法大学出版社 2000 年版,第 50 页。

④ 在这里需要指出的是,对企业社会责任讨论较早的是法学家,而不是经济学家。目前紧密围绕企业社会责任内涵的讨论主要集中在利益相关者理论、三重底线理论以及金字塔模型等三大理论上。

早是由爱德华·弗里曼（Edward Freeman）在其 1984 年的著作《战略管理：利益相关者方法》中提出的。弗里曼认为，企业的投入并不仅限于股东的资本投资，还包括其他利益相关者的人力资源（如由企业员工提供的人力资本）和环境资源（如由政府创建的良好的外部经营环境）投入。因此，股东不该独占企业创造的财富。相反，企业应当使所有的利益相关者分享其创造的财富。正因如此，对企业业绩的衡量不应只是考察企业创造的经济利润，还应考察企业在提高其他利益相关者福利方面所作的努力。①

三重底线理论（Triple Bottom Line，TBL）由约翰·埃尔金顿（John Elkington）在其 1997 年所出版的《食人以叉：21 世纪商业的三重底线》（Cannibals with forks：the triple bottom line of 21st century business）一书中提出，并得到了完整阐述。该理论一出现便获得了舆论的广泛关注，并受到商业界的普遍欢迎。②三重底线理论的整体框架主要包含三个部分：社会底线、环境底线与财务底线，抑或称作"民众""星球"和"利润"。首先，"民众"对应社会底线。它要求企业在运营的同时对劳动者和企业所在社区负责，保障劳动者的基本权利，促进社区的进一步发展。其次，"星球"对应环境底线。该底线主张企业应当避免对自然生态造成破坏，

① ［美］爱德华·弗里曼：《战略管理：利益相关者方法》，王彦华、梁豪译，上海译文出版社 2006 年版，第 9—26 页。需要指出的是，我国有一些学者在讨论企业社会责任时借鉴了利益相关者理论的内容。譬如，刘俊海认为，企业的社会责任不仅表现在为股东赚取利润，同时还表现在能够最大程度地为股东之外的其他相关者增进其社会利益。刘俊海：《公司的社会责任》，法律出版社 1999 年版，第 6—7 页。李萍在其著作中也借鉴了弗里曼的观点。李萍认为，企业的社会责任应该包括基本的责任和非基本责任。前者主要指的是能够为顾客提供物美价廉的商品和增加企业的绩效。后者则主要指的是保护员工利益、依法纳税以及防治环境污染等方面。其主要通过企业的伦理实现。李萍：《企业伦理：理论与实践》，首都经济贸易大学出版社 2008 年版，第 179—180 页。

② 在过去五十多年当中，针对企业，有且仅有一条盈利的底线。对此，强调环境保护与社会正义的学者们引入了"全面成本会计"的概念，认为商业盈利统计应把企业经营行为所引起的一切内外开支与收入都考虑在内。在 1987 年联合国世界环境与发展委员会提出"可持续发展"概念后，西方学界又进一步肯定了上述的融合趋势。埃尔金顿的三重底线理论正是在这一背景下发展而来。

并尽可能为改善生态环境作出积极贡献。最后"利润"对应财务底线。需要注意的是,财务底线并不完全等同于传统的"盈利",因为这一底线要求企业综合考虑各利益相关方的收支平衡。因此,三重底线理论并非传统的盈利底线加上企业的社会影响和环境考虑,而是从整个社会的层面来考量企业运营所造成的影响。①

金字塔模型最早由阿奇·卡罗尔(Archie Carroll)在 1979 年提出。为了解决企业经济定位与社会定位之间的协调问题,卡罗尔认为需要对企业社会责任概念进行分层。因此,卡罗尔初步提出了一个包含经济、法律、伦理和自行裁量这四个层次的企业社会责任框架。②需要指出的是,卡罗尔在 1991 年对上述内容进行了修正,并在《企业社会责任金字塔:关于组织利益相关方的道德管理》一文中正式提出了企业社会责任的金字塔模型。卡罗尔把创造利润定义为企业社会责任的基础。这是因为实现盈利是企业确保生存并进而履行其他责任的必要前提。尽管如此,这并不意味着企业可以为了追求利润而无视相关法律规定。因为法律规定决定了企业的生存环境。在此基础上,卡罗尔主张企业还应担负伦理责任,即企业有义务使自己的运营行为符合正当、公平的伦理要求。在卡罗尔看来,这样会契合股东、消费者、员工以及社区对企业的基本期望,从而有助于为企业构建一个良好的发展环境。最后,企业可以在慈善领域多有建树。卡罗尔认为,相对于伦理责任,慈善责任并不属于硬性规定,即使企业未曾有过行善义举,社会公众也不会认为企业违反了伦理规范。从卡罗尔的角度来说,慈善责任不过是企业社会责任金字塔"蛋糕上的一层糖衣"。尽管值得追求,但慈善责任终究是企业在完成其他三大责任之后

---

① John Elkington, *"Cannibals With Forks: The Triple Bottom Line of 21st Century Business"*, Oxford: Capstone, 1997.

② Archie Carroll, "A Three-dimensional Conceptual Model of Corporate Social Performance", *Academy of Management Review*, Vol.4, No.4, 1979, pp.497—506.

才需考虑的问题。①

　　整体上来看,尽管西方一些学者强调企业要承担社会责任,但是在西方的企业文化中,会更加强调自由主义影响下的契约精神和基督教文化影响下的慈善事业。②譬如,在西方的学术表达中,这种责任意识更多地体现为一种契约主义,即企业首先是一个契约集合体。③在所有的契约中,企业首先体现为与股东之间的契约。特别是股份制公司,企业的实际运营者是企业的管理层,然而,企业的所有者却是企业的股东,这也是现代企业运作中的一个重要特征。因此,在西方的企业文化中更为强调企业的管理层对企业股东的信托义务和责任。换言之,在西方的契约主义文化中,股东相当于委托方,而管理层相当于受托方,这其实是一种信托关系。因此,在这一关系之中,经济效益就会被放在首位。换言之,对于企业的运作而言,首先要实现股东利益的最大化,这是契约主义逻辑中的一个基本判断,即企业首先要为股东创造更大的价值。这就像德鲁克在《将社会问题转化为商业机会:企业社会责任的新意义》一文中所强调的,履行社会责任乃是为了更好地为股东的利益最大化而服务。德鲁克反对把企业盈利同履行社会责任看作是相互冲突的。德鲁克认为,只有将这

---

　　① Archie Carroll,"The Pyramid of Corporate Social Responsibility: Toward the Moral Management of Organizational Stakeholder",*Business Horizons*,July-August,Vol.34,No.4,1991,pp.39—48.

　　② 需要指出的是,企业社会责任尽管在理论中取得了很多成就,但在实践中,越来越多的企业把社会责任作为一种营销手段,而不是真心诚意地履行社会责任。许多商学院或管理学院关于企业社会责任的课程也更多地教授相关的理念,即把行善作为赚钱的手段。这在很大程度上有悖于企业社会责任的初衷。管理学对企业社会责任的研究,最容易导致的问题是替代性履行问题。譬如,企业在履行社会责任时应该先从其内部相关者开始,譬如,股东和债权人权益、产品责任以及对员工的承诺。许多公司采取一种杠杆的方式,用较少的花费来做某项创造形象的慈善公益活动。慈善是企业通过向需要者捐赠金钱和财产的方式来推动社会进步。美国公司进行大规模捐赠,只是近五六十年的事情,大约在五六十年以前,法院认为公司财产属于股东,管理层无权捐赠公司财产。其原因是,当时企业规模较小,企业规章主要由企业主,即股东来制定。然而伴随着企业规模逐渐变大,职业经理人逐渐获得了公司的控制权,从而也逐渐将捐赠公司的部分财产用于慈善。

　　③ [美]博特莱特、张敦敏:"企业契约论",载《哲学译丛》,1997年第1期,第23—30页。

两者有效地结合起来,社会责任转化为真正的商业机会,这样的社会责任才能持久。①

在西方学者对企业社会责任梳理的基础之上,笔者尝试提出适合新时代中国情境的责任理论,即社群主义下的企业责任理论。②企业所处的社群主要由内部社群和外部社群共同构成。企业本身是一个社群,这是企业的内部社群,其主要由股东、债权人、雇员、消费者组成。同时,企业的外部社群分别由行业社群、社区社群和国家社群等不同的层次构成。笔者认为这四个层级存在着一种层层递进的关系。从社群主义出发,企业的社会责任也呈现出一种递进的关系。譬如,史际春等人就认为,公司存在的价值首先是把企业做好。做好自己本身是履行企业社会责任的基础。③企业在经营的过程之中,不仅要关注内部社群的利益,同时要关注外部社群的利益。

质言之,笔者这里所提出的社群主义下的企业社会责任理论呈现出一种层次性特征。这里的层次性具有两点意义:第一,其尝试将企业放在社群之中,并从社群出发对整个企业社会责任的理论进行重构。管理学的研究试图为企业履行社会责任而松绑,或者说是为企业履行社会责任提供一种更大的灵活性。然而,社群主义视角的研究却试图回归到企业社会责任原初的位置。层次理论的构建有助于增强社群主义在企业社会责任研究中的主流地位。在企业社群主义的基础上构建的层次理论既有思想的支撑,同时又有实践的可操作性。第二,层次理论的提出也可以被视作中国学者对于企业社会责任研究的重要贡献。层次性还体现了中国

---

① Peter Drucker, "Converting Social Problems into Business Opportunities: The New Meaning of Corporate Social Responsibility", *California Management Review*, Vol.26, No.2, 1984, pp.53—63.

② 在本报告第三章将会更加详细讨论该部分内容,这里只是作一个简要说明。

③ 史际春、肖竹、冯辉:"论企业社会责任:法律义务、道德责任及其他",载《首都师范大学学报》,2008年第2期,第45页。

文化中的内容,即中国人在传统中特别强调的逐级递推的思想。这一思想最简明的表达是"修身、齐家、治国、平天下"。第三,层次性某种程度上还包括了企业规模的问题。而这也体现了中国人的过程主义和实用主义的阶段论。中国人尤为强调因时、因地、因事的实用主义传统。因此,在考虑企业履行社会责任时,不能简单地一概而论,而应该在规模的基础上进行分类推动。换言之,不同规模的企业在实践企业社群主义时的任务和功能会稍显不同。规模较大、盈利较多的企业不仅要关注内部社群,更要在外部社群上负担更多的义务,而规模较小的企业则需要更多地考虑内部社群的利益,在此基础之上要兼顾外部社群的利益。①只有这样,才会有效地推动企业社会责任的履行。层次理论的提出基于中国传统的一些理论,但同时又在普遍性的理论基础上展开,并有效地整合了西方管理学理论的前沿成果。

本章小结

中西方学者对企业家精神的讨论与研究相对比较多。而从整体层面来看,西方学者更多地将创新与冒险作为企业家精神的重要内容。在对中西方文献进行梳理和讨论的基础之上,笔者尝试对新时代企业家精神的内涵进行界定。新时代企业家精神的本质是企业家群体所表现出的一种以创新和责任为特质的集体心理状态。同其他精神相似,企业家精神也是一种正能量的精神状态。笔者在文章里所讨论的创新是一个系统性概念。具体而言,创新主要包括产品创新、技术创新、管理创新和商业模式创新等方面。在对企业社会责任相关文献进行梳理研究的基础上,笔

---

①　楼建波等人也指出:"不同性质、不同状态的企业所应当承担的社会责任应该是有所区别的,例如私人公司与公众公司、国有企业与私营企业、跨国公司和小企业就有所不同。"楼建波、郭秀华:"现代企业社会责任核心理念和中国实践之路",载《企业社会责任专论》,北京大学出版社 2009 年版,第 15 页。

者试图提出适合中国新时代情境的企业社会责任理论。该理论强调企业的社群属性，即企业处在一个社群之中。该社群包括内部社群和外部社群。笔者在社群主义的基础之上提出了企业社会责任的层次理论。层次理论的构建有助于增强社群主义在企业社会责任研究中的主流地位。层次理论展示了层次原则与规模原则的结合。质言之，中西方学者对企业家精神的强调有所不同。尽管西方一些学者强调企业要承担社会责任，但是西方的企业文化会更加强调自由主义影响下的契约精神和基督教文化影响下的慈善事业。而中国的企业家精神则更多地强调在社群主义影响下的企业家精神。

第二章　中国企业家精神的历史发展

当前对中国企业家精神的研究更多地表现为理论和实证方面的研究,而从历史的视角来梳理企业家精神的文献则相对较少。[①]对企业家精神进行历史性地梳理与研究极为重要。通过历史性地梳理,我们不仅可以了解中国企业家精神的历史进程和每个阶段的特征,而且还可以了解每个阶段政府与企业家精神的关系。这些对于我们理解当前政府和企业家精神的关系具有一定的启示意义。基于此,本章主要以时间为脉络,尝试总结企业家精神的表现、特征以及每个阶段政府的作用和角色等。本章主要分为六部分内容。第一部分主要尝试从经典文本《史记·货殖列传》出发,探讨中国古代的商人精神及商人的活动特征。第二部分主要探讨了在中国古代整体缺乏企业家精神的原因。第三部分论述了中国近代以来的企业家精神。第四部分主要梳理了中华人民共和国成立之后的企业家精神。第五部分主要梳理和总结了改革开放以来的企业家精神。第六部分则主要梳理和总结了新时代以来的企业家精神。

[①]　目前,对企业家精神进行历史梳理较为详细的著作是《中国企业家精神录》,其主要以讲故事的方式介绍了企业家精神的发展史。其从先秦开始,一直到 2017 年。每个阶段都选取了一些典型的个案作为代表。其优点则在于其生动有趣,其不足之处则在于对每个阶段的企业家精神缺乏学理的分析。张桂平、张杰、林锋:《中国企业家精神录》,光明日报出版社 2018 年版。

一、《货殖列传》中的商人精神[①]

在中国古代，一般把从事商业活动的人称为"商人"，而并没有使用"企业家"这一说法。如前面章节所述，企业家这一称呼最早出现在近代西方学者的文本之中。[②]需要指出的是，中国古代尽管缺乏近现代严格意义上的企业家精神，但是却存在着商人精神。司马迁的《货殖列传》是最早关于商人精神的相关文献。该书是研究中国古代商业文化的重要资料之一，其记载了春秋末期到秦汉时期的经济状况、各地经济风貌以及货殖家（汉朝以前的七位货殖家和汉朝时期的九位货殖家）的经济活动和优秀品质等。笔者尝试论述这些货殖家的相关故事，以此发现那时货殖家身上所体现的商人精神。[③]当然，每个商人身上所体现的精神不止一种。为了论述的方便，笔者尝试将其与商人精神相关的内容概括为如下几点：

第一，战略眼光。司马迁在《货殖列传》中详细地记载了卓氏家族在蜀郡从以制铁为生到繁荣发展的历程。卓氏的先辈们最初定居在赵国，他们熟练掌握冶铁技术，并靠该技术而发家致富。然而，在秦始皇消灭赵国之后，卓氏夫妇二人几经周折被迁移到四川临邛一带。卓氏夫妇到达该地区之后很快发现了铁矿，并依靠当地的丰富铁矿开始铸造铁器。其生产的铁器产品遍及云南、四川等地区。蜀郡卓氏经过几辈的经营，家族

[①] 大多数学者认为，我们古代的商人所具有的品格应该被称为"商人精神"，而不是近现代以来的"企业家精神"。对此，很多学者在论文中都有所论述。譬如，彭贺："中国传统商人精神的现代性转换"，《经济管理》，2008 年第 7 期，第 10—13 页；陈宝良："明代的致富论——兼论儒家伦理与商人精神"，《北京师范大学学报（社会科学版）》，2004 年第 6 期，第 55—65 页。也有少部分学者认为，《货殖列传》是最早为企业家立传和对企业家精神讨论的文献。孙黎、朱蓉、张玉利："企业家精神：基于制度和历史的比较视角"，《外国经济管理》，2019 年第 9 期，第 6 页。笔者在这里将《货殖列传》中所讨论的商人品格称为"商人精神"。

[②] 企业家"entrepreneur"这个词 16 世纪出现在法语中，即指挥军事远征的人。18 世纪法国人将这个词界定为"冒险事业的经营者或组织者"。

[③] 司马迁所讨论的商人基本有三个共性，即不危害政治、不危害百姓以及以正当的手段赚取钱财。

的财富则达到富可敌国的地步。卓氏本身掌握一定的冶铁技术,尽管环境发生巨变,但是他们依靠自身的智慧和战略眼光,在冶铁事业方面取得了进一步的成功。①

汉朝时期的无盐氏和桥姚的商业行为也充分体现了这一点。吴楚七国之乱期间,长安列侯的封邑在关东,而吴楚七国的叛乱发生在关中。由于需要筹钱购买武器和车马,当地列侯急需借贷资金。虽然有些人持观望态度,担心收不回本息,但无盐氏决定果断行动并将资金贷给了长安列侯,并成为当时关中的富豪。由于得到了无盐氏的支持,长安列侯三个月之内就平定了吴楚之乱。②与此类似的案例还有商人桥姚的故事。桥姚与汉武帝的开疆拓土有密切关系。当时西北边疆地广人稀。桥姚在边疆地区经营畜牧业,并积累了大量的粮食和牲畜(马牛羊)。桥姚在边疆开展贸易,从而获得了非常丰厚的回报。③这两则故事都表明了商人对机会的把握。无盐氏之所以选择支持长安列侯,就是因为长安列侯是平定叛乱的重要力量。而桥姚则在汉武帝开疆拓土之际,充分抓住机遇,最后发家致富。

第二,尊重市场。这一特征主要体现在战国时期的商人白圭身上。白圭将自己的经商理论总结为:智、勇、仁、强。"智"更多地表现为一种对市场的判断能力,而"勇"则表现为一种抓住市场机遇的能力,而"仁"则表现为商人要有扶危助困之心,"强"则表现为商人要有自己的经营策略,既要学会适应变幻不定的外部环境,又要有自己的定力。白圭不仅建议国家要减轻农民的税赋,而且还提出要依靠市场规律增加社会财富。战国时期,商品交换基本依靠行政的力量而展开。而白圭则认识到市场的重要性,并提出通过市场的供需变化来实现商品的自由流动。④

---

① 司马迁:《史记》,韩兆琦译注,中华书局2010年版,第7614页。
②③ 司马迁:《史记》,韩兆琦译注,中华书局2010年版,第7620—7621页。
④ 司马迁:《史记》,韩兆琦译注,中华书局2010年版,第7578页。

第三,培育人才。齐国的刀间将重点放在发现能够从事商业活动的人才方面。刀间的思维不同寻常,专门在奴隶中物色极为有性格但同时有经营才干的人。而这些被发现的人为了报答刀间的知遇之恩,都会竭尽全力为其效力。同时,这些奴隶也非常希望能够通过自身的商业活动改变自己的低贱地位。①刀间这种注重发现和培养人才的做法对当今仍然具有非常重要的启示意义。其意义在于要保护和激发人才的能动性,就要打通社会上下流动的渠道,这样才能激发出下层人民向上的动力,而这种向上的动力就可以转化为一种商人积极进取的精神。

第四,家国情怀。《货殖列传》中所记载的寡妇清、卜式等人的经商故事表现了商人的家国情怀。寡妇清早年丧夫,终身守寡,但她精通炼丹技术。这项技术使其成为当时全国在丹砂及水银两大行业的商业巨子。同时她还出巨资帮助秦始皇修建长城。在清死后,秦始皇为清建造了"怀清台",以示对其的奉献精神进行表彰。②汉武帝时期的卜式也是一名具有家国情怀的商人。在匈奴入侵的背景下,卜式致书朝廷,主动表示愿意捐出一半的财产,支持朝廷讨伐匈奴。尽管汉武帝并没有接纳,但这也表达了卜式的爱国精神。之后,由于匈奴投降,大量平民迁徙,卜式捐出巨额资金用于民众安置。其一系列支持国家的举动打动了汉武帝,汉武帝赐卜式为关内侯,尊其为楷模。③

第五,扶危济困。范蠡帮助越王勾践打败吴国后主动辞去官职,转而从商,不断积累巨大的财富。尽管范蠡拥有大量钱财,但他却乐善好施,仗义疏财,经常将钱财施舍给穷困人家。④范蠡的这一行为更多地体现为一种扶危济困的优秀品格。换言之,范蠡既能聚财,更能散财,这也是他

---

① 司马迁:《史记》,韩兆琦译注,中华书局 2010 年版,第 7617 页。
② 司马迁:《史记》,韩兆琦译注,中华书局 2010 年版,第 7581 页。
③ 司马迁:《史记》,韩兆琦译注,中华书局 2010 年版,第 2385—2386 页。
④ 司马迁:《史记》,韩兆琦译注,中华书局 2010 年版,第 7570 页。

被推为"商圣"的主要原因。

二、中国古代缺乏企业家精神的原因

前文论述了《货殖列传》中关于商人精神及其相关内容。但从整体上来看(尤其是汉代以后),中国古代社会由于长时间地实行"重农抑商"政策,在中国历史上,商人一直处于社会阶层的末位,长期得不到重视。[1]这也成为中国现代化转型遭遇的阻碍性因素之一。不过,要分析企业家精神整体缺乏的原因却比较复杂。笔者尝试从较为宏观的层面讨论古代缺乏企业家精神的原因。

第一,重农抑商的政策。古代社会的官方政策整体轻视商人。古代社会的重农抑商政策主张要实现重农就必须进行抑商,抑商服务于重农。[2]中国古代,商业并不在官方重点发展的目录之中。换言之,在农业社会,重点发展的产业是农业,而商业活动往往被看成投机取巧的活动。因此,作为商业的主要从业者商人也往往被轻视。即便是在今天的话语体系之中,当人们使用到"商人"这一概念时,往往还隐含着"商人好利""无商不奸"等内涵。[3]商人较低的社会地位就意味着他们的观点、话语、声音很难被重视。这也导致大量优秀的人才也很少会愿意成为这一群

---

[1]　郑永年教授在 2022 年 12 月 8 日的"湾区科创峰会"的分论坛"民营企业与科创新型举国体制"发言当中提到:"中国缺乏企业家精神。"在郑永年教授看来,中国的商人群体普遍缺乏企业家精神,原因主要是存在着如下问题:以钱的数量来衡量成功、赚快钱、"跟风"严重、产品附加值低、缺少进取心以及缺乏创新的简单再生产。在郑永年教授看来,把"商人"和"企业家"区分开来的就是经济学家们一直在讨论的"企业家精神",其主要包括:对企业承担责任并为企业的长远利益着想,同时具有创新、突破或者变革的特征等。郑永年:"科创时代中国需要更多的企业家精神",https://new.qq.com/rain/a/20221227A05DMX00,访问时间:2022 年 12 月 28 日。

[2]　刘玉锋:"中国传统重农抑商政策评议",载《江汉论坛》,2005 年第 9 期,第 48 页。在这里需要指出的是,早在古希腊城邦时期也存在着与重农类似的相关政策和文化。譬如,雅典学者色诺芬就曾反复强调保护土地和发展农业的重要性。在色诺芬看来,拥有土地的人会为了土地而斗争,而且从事农业是最好的职业。色诺芬的思想之后影响着人们对农业地位的认知。[古希腊]色诺芬:《经济论　雅典的收入》,张伯健译,商务印书馆 2009 年版,第 21 页。

[3]　这句话出自《孟子·滕文公上》中的"为富不仁矣,为仁不富矣"。

体。在中国历史上进行商业活动的很多人都是在政治中竞争失败或者是选择退出的个体。①在"士农工商"四个职业之中,商人处于末位,绝大多数的商人最终的梦想是"商而优则仕"。而不读书的人则更多从事农业活动,而商人往往被看成谋取利益的另类。譬如,商人群体在商业上取得成功之后,往往会选择仕途,或者努力培养自己的子孙后代,让后代通过科举考试等方式进入官僚体制之中。②诸多劝诫中所表达的内容都是希望优秀的人要努力读书考取功名。正如韦伯所指出的,两千多年以来,士人无疑是中国社会的统治阶层。尽管他们的地位会受到外部的挑战,或者曾经中断过,但是总会复苏,并进一步扩张。③在古代中国,社会地位主要由官职资格而非财富多寡决定。此项资格本身又为教育,特别是考试所决定。

需要指出的是,这种"商而优则仕"的思想如今仍然在影响着一部分人。④整体而言,古代中国将经济活动看成附属品,而非执政的关键内容。对此,现代化理论的代表人物阿尔弗雷德·艾森斯塔德(Alfred Eisenstaedt)将中国文明概括为一种"农业官僚型文明"。⑤而创新性的行动可能被视为对社会稳定和秩序的威胁因素。从某种意义上讲,中国之所以没有出现像西方的工业化文明,跟传统秩序极其厚重也有一定的关系。大量由于经济繁荣而带来的创新性活动,只能出现在传统秩序的一些边缘地区。

有一些西方学者从治水这一视角对中国古代重农轻商进行过相关的

① 司马迁:《史记》,韩兆琦译注,中华书局 2010 年版,第 7570 页。
② 郭学信:"论宋代士商关系的变化",载《文史哲》,2006 年第 2 期,第 120—125 页。
③ [德]马克斯·韦伯:《儒教与道教》,洪天富译,江苏人民出版社 1995 年版,第 125—126 页。
④ 还有一种观点认为,重农抑商是官方的政策,而在民间社会,商人则是受到尊重的,譬如,在民间社会出现重农但是农民不被重视,而商人则受到尊重的悖论现象。唐任伍:"唐代'抑工商'国策与'重商'社会观念的对立",《河北师范大学学报》,1995 年第 3 期,第 58—64 页。
⑤ [以]艾森斯塔德:《现代化:抗拒与变迁》,张旅平译,中国人民大学出版社 1988 年版,第 123—127 页。

讨论,譬如,长期研究中国历史的卡尔·魏特夫(Karl Wittfogel)把中国的社会概括为以治水任务为主要内容的社会。①在韦伯看来,中国之所以缺乏掠夺资本主义,部分原因在于大内陆帝国的地理条件,也来自中国的政治与经济特性。正如韦伯所指出的:除非有新的移民、进行水利工程以改良土壤,以及财政或军事的利益等因素介入,国家才会干涉经济生活,这些干涉包括赋役、垄断政策或者税收诸方面。换言之,政府所实行的政策不具有现代意义。②从学者们的讨论和概括中,我们可以发现中华文明与西方文明有着明显的区别。西方文明表现为一种海洋文明。在古希腊文明时期,航海和贸易是其活动的主要内容。这种外向型文明将商人及其冒险精神看成优先级别较高的一种文化。这种重视商业的文明与企业家精神存在内在交互,相比之下,中华文化呈现为一种大河文明。中国很早就进入了官僚制,其更多地强调政治权力与社会秩序,而对末位的商业则相对不那么重视。

第二,主流文化轻视商人。中国传统社会的主流文化整体上也对商人比较轻视。道家思想重视个人的生命和自由,而对身外之物则不怎么看重。道家的代表人物老子在《老子》一书中就明确指出:"难得之货令人行妨。"道家思想强调对现实世界的超越,那么其对商业活动就更加轻视。儒家思想对商人的态度则呈现出一种阶段性的特征。尽管孔子明确指出:"君子喻于义,小人喻于利。"③然而,孔子的重要弟子端木赐是成功的商人。换言之,儒家在早期并不那么轻视商人。汉朝以后,儒家开始对商业有了偏见。宋代儒家代表人物朱熹认为经商有损于"道",但随着士大夫地位下降,明清时期许多儒生开始从事商业活动。而在明朝时期,王阳

---

① [美]卡尔·魏特夫:《东方专制主义:对于极权力量的比较研究》,徐式谷等译,中国社会科学出版社 1989 年版,第 2—9 页。尽管魏特夫的概括中充满了意识形态,对中华文化的运作形式也多有批评,然而,其部分概括也较为完整地展现出了中华文明的整体性特征。

② [德]马克斯·韦伯:《儒教与道教》,洪天富译,江苏人民出版社 1995 年版,第 160 页。

③ 张燕婴:《论语》,中华书局 2006 年版,第 73 页。

明则将"士"与"商"放到同等重要的位置。总体来看,儒家思想整体上是
轻视商人的。法家思想也轻视商人。商鞅变法中的内容之一就是抑制商
人的发展。法家代表人物之一吕不韦就指出:"民舍本而事末则好智,好
智则多诈。"①

　　质言之,轻商的文化几乎贯穿整个古代社会,一直到明清时期才有所
改变。②需要指出的是,尽管明清时期对商人的态度有所改变,但明清时
期的商人并没有突破传统,他们仍然处在传统的边缘。对此,我国著名经
济学家张维迎教授也曾有所总结:"所有传统文化,无论东方的还是西方
的,宗教的还是世俗的,都鄙视商人,鄙视企业家活动。"③

　　第三,缺乏培育企业家精神的机制。中国古代缺乏培育企业家精神
所需的制度和激励机制。正如之前所提到的,士文化或官文化在中国古
代王朝秩序中占据主导地位。因此,即便是商业最为繁荣的宋朝时期,企
业家精神也并没有作为政府的培育对象。中国古代整体缺乏对从商者财
产权以及其他权益进行保护的相关制度以及相关的商业激励政策。④譬
如,汉武帝时期采取的算缗令和告缗令就反映了政权对商人及其经济活
动的全面管制。算缗令指的是针对古代商人和手工业者征收高额营业税
和财产税的政策。此外,汉武帝颁布的告缗令规定检举者可获得被检举

　　① 　徐子宏、金忠林:《白话吕氏春秋》,岳麓书社1993年版,第648页。
　　② 　需要指出的是,明清之际出现的十大商帮具有独特的商人精神。每个商帮都具有不同
的企业家精神的内容。譬如,晋商的企业家精神主要表现为:义利并举、讲究诚信、商行天下;徽
商:亦商亦儒、见利思义、家国情怀;闽商的企业家精神主要表现为:爱拼敢赢、坚韧不拔、桑梓情
怀;潮商:亦盗亦商、开放融合、超越精神;浙商的企业家精神主要表现为:财自道生、草根本色、
善于学习;苏商:以商为魂、灵活多变、融合创新;鲁商的企业家精神主要表现为:信义为重、品牌
意识、善于借势;陕商:勇猛阳刚、乡土情怀、品牌意识;赣商的企业家精神主要表现为:重视天
道、小本经营、勤奋简朴;粤商:亦商亦官、亦中亦西、勇于冒险。张桂平、张杰、林锋:《中国企业
家精神录》,光明日报出版社2018年版,第36—66页。
　　③ 　张维迎:"引论:我的企业家研究历程",载张维迎:《重新理解企业家精神》,海南出版社
2022年版,第1页。
　　④ 　需要指出的是《货殖列传》中的政商关系尽管相对比较良好,但纵观整个古代社会,商
人的财产权随时都可能受到侵犯。

者所被查没资产的一半。①汉武帝之后还实行盐铁专卖制度,将各地盐铁产业纳入官方统一经营,私自制造盐铁的民间个体则要受到刑罚并没收产品。②

在算缗令、告缗令和盐铁专卖等一系列政策之下,朝廷没收了商人的巨额财产和土地。经过一系列的打击,很多中产家庭纷纷破产。客观而言,汉武帝通过这一系列政策,打击了一大批不支持国家政策或者违法经营的不法商人,某种程度上缓和了当时已经出现的土地兼并等社会矛盾,并进一步加强了中央集权。但需要看到的是,这一系列政策在客观上又导致在中国历史早期出现萌芽的商人精神受到抑制。在此之后,商人在中国的政治舞台和社会活动中处于更加边缘的位置。陈锦江在《清末现代企业与官商关系》一书中指出:"清末的税收结构则完全是按不同的地方特点而变化的、非正式的规则。"③陈锦江的论述在某种程度上也间接说明了不健全的产权保护制度一定程度上压制了企业家精神的发展。

三、中国近代以来企业家精神的发展(1840—1949)④

在鸦片战争之后,中国进入了十分艰难的社会转型阶段。尽管在此之前,中国已经积累了很多可以向现代化转型的因素,但是无论是在自近代社会以来的转型过程中,还是在近代国家为中心的技术革新出现后,作为核心驱动力的商人或企业家群体以及与之相关的企业家精神整体上还是处于被压制的状态。相比而言,同时期英国的经济策略则以重

---

① 司马迁:《史记》,韩兆琦译注,中华书局 2010 年版,第 2395 页。
② 吕思勉:《秦汉史》,商务印书馆 2010 年版,第 141—142 页。
③ 陈锦江:《清末现代企业与官商关系》,王笛、张箭译,中国社会科学出版社 1997 年版,第 5—6 页。
④ 关于中国近代和现代的时间划分,多数学者认为,中国近代的时间段应该为 1840 年鸦片战争—1949 年 10 月(新中国成立),而现代的时间为 1949 年 10 月至今。还有一部分学者认为,1840 年鸦片战争—1919 年辛亥革命为近代,1919 年辛亥革命—1949 年 10 月为现代,1949 年 10 月至今为当代。为了论述的方便,笔者在这里采用第一种说法。

商主义为主,政府对经济进行了较强的干预和保护。对此,安·福斯(Ann Firth)指出,英国即便是在 19 世纪,改变重商主义政策之后,对国内产业的保护仍然没有减弱。[①]在埃里克·霍布斯鲍姆(Eric Hobsbawm)看来,英国在 1750 年与其他国家区别并不大,但其之所以能够率先进入工业革命,则与其发达的商业传统和一系列支持商业发展的政策有关。[②]需要指出的是,英国当时还出现了由科学家、工程师及制造商等成员组成的月光社。月光社中的成员聚集在一起,相互讨论一些科学问题,并将新的蒸汽机技术运用在纺织行业,推动了工业革命的发展。与此同时,以纺织业为核心的产业革命还带动了交通等其他行业的发展,并使整个英国都进入工业时代。[③]

英国的第一次工业革命发生时正是乾隆皇帝在位时期。之后,法国与美国也相继发动了工业革命,它们差不多在咸丰年间完成。这一时期,清朝政府尽管知道西方已经开启工业革命,但可能并不了解工业革命对于国家发展的重要性。究其原因可能有两个方面:一方面,由于中国自给自足的小农经济能够满足人们的基本需求;另一方面,工业革命某种程度上也不符合当时读书做官的主流认知。尽管少数开眼看世界的人也强调技术的重要性,但通常都是以国家为中心而开展的。譬如,我国近代科技先驱徐寿在传播和引进国外的先进技术方面有着非常重要的作用。徐寿于 1818 年出生。父母希望他努力读书并考取功名,但生活的磨难使其转向了经世致用之学。徐寿对科学技术知识的了解最初主要

---

① Ann Firth, "State Form, Social Order and the Social Sciences: Urban Space and Politico-economic Systems 1760—1850," *Journal of Historical Sociology*, Vol. 16, No. 1, 2003, pp.69—70.

② [英]埃里克·霍布斯鲍姆:《工业与帝国:英国的现代化历程》,梅俊杰译,中央编译出版社 2016 年版,第 13—77 页。需要指出的是,清政府在 1903 年 4 月,专门成立商部,这是中国传统封建农耕社会里唯一的一次专门为商业设立的专属政府机构,其地位高于传统的六部,仅次于外交部。张桂平、张杰、林锋:《中国企业家精神录》,光明日报出版社 2018 年版,第 71 页。

③ [英]戴维·多伊奇:《无穷的开始:世界进步的本源》,王艳红、张韵译,人民邮电出版社 2014 年版,第 72 页。

靠自学。在自学过程中,他与同乡好友华蘅芳一起研习难题。1862—1867 年间,徐寿和华蘅芳等人在曾国藩创建的安庆机械所工作,并成功设计和制造出我国第一艘蒸汽船"黄鹄号"。后来,他进入江南制造总局主持相关工作。1868 年,徐寿与传教士傅兰雅等合作翻译了大量关于科学技术方面的书籍,尤其是在化学方面,为我国近代的化学发展奠定了重要的基础。①

　　我们从徐寿的经历可以看出,其活动仍然是以国家为中心,而不是以社会为中心的。与英国在工业革命早期的月光社组织明显不同,徐寿的科学研究活动主要服务于当时的洋务运动,而在洋务运动期间,由政府官僚主导的官督商办企业居多。由于官僚提供的保护和优待,官督商办企业享有一定的垄断经营权。②这里所说的官督商办中的"商"更多地表现为一种买办身份。买办是一类较为特殊的商人。③其中最有名的四大买办人物是唐廷枢、徐润、郑观应与席正甫。④买办的业务主要是把西方的一些先进东西买进来和把本土的产品卖出去。从总体来看,官督商办企业开启了兴办民用工业的先河与风气。其缺点则在于中国自身的一些科技进展和发明整体上并不能转换成正常的、具有社会效益的经济活动。总之,官督商办企业尽管培养了一批近代儒商(譬如,经元善和郑观应等),但这种方式终究还是无济于事,以至于张之洞后来也对这类企业有了新的看法,并主张对经营不力的企业实行民营化改革。⑤

　　需要指出的是,这一时期除了强大的官僚资本之外,还出现了一批力量相对比较弱小的民族资本。民族资本和民族企业家的崛起不仅宣告了

---

①　王扬宗:《过渡时代的奇人:徐寿的故事》,吉林科学技术出版社 2012 年版,第 35—85 页。
②　邹进文主编:《新编经济思想史:中国近代思想的发展》第 6 卷,经济科学出版社 2016 年版,第 63—64 页。
③　买办是中国近代不成熟市场经济中所存在的一种较为特殊的商人,其主要从事进出口业务。孙毅:"论近代买办的企业主形态",载《云南社会科学》,2004 年第 1 期,第 109 页。
④　傅国涌:《大商人:追寻企业家的本土传统》,五洲传播出版社 2011 年版,第 4—7 页。
⑤　王建均:《中华商道与企业家精神》,华文出版社 2021 年版,第 139—149 页。

中国传统农耕文化的没落和现代商业文化的崛起，而且有力地推动了中国的现代化转型。①民族企业家主要以实业为主，其中最为代表性的人物是清末民初的企业家张謇、民国时期的荣氏家族、"中国民族化学工业之父"范旭东和"中国船王"卢作孚等。张謇在 1894 年考取状元，但其并没有像当时的大多数知识分子一样坐而论道，而是深刻地认识到国家要富强必须通过创办实业。这一行为充分彰显了他"以商界保国界，以商权张国权"的伟大爱国情怀。②张謇除了创建大生纱厂，他还涉足冶铁、面粉、印刷、轮船航运、金融和房地产等多个领域。在经商的过程之中，张謇赚取了非常多的财富，但他的生活却异常简朴。他把自己创办企业所赚取的利润用于振兴家乡的教育和投资公益。在张謇看来，创办实业的目标不仅是为了应对国家的危机，"为国家着想"③，而且还要带动当地发展。张謇在其家乡南通进行了长达 20 多年的农工商企业实践，并为当地的经济和社会的发展带来重大影响。④其最终目标是"以创办实业之余财，为嘉惠地方之盛业"。⑤总之，作为标志性人物，张謇的经商经历引领了一种新的文化。⑥其行为被人称为"儒魂商才"。⑦

荣氏家族创办的企业也是民族资本的早期代表。荣氏家族所经营的企业从本质上说是纯粹的民营经济。在创业的初期，他们没有依靠官方

① 民族资本大多在沿海、沿江和通商口岸分布。其在整个国民经济的比例很小。其特征呈现为：规模小、资本少、技术落后以及效率低等特征，尽管如此，但对中国之后的工业化发展产生了非常重要的影响。刘沂："中国近代民族资本畸形发展原因探析"，载《苏州大学学报（哲学社会科学版）》，1998 年第 3 期，第 102 页。
② 《请设上海大达轮步公司呈》（1904 年），《张謇全集》第 1 卷"公文"，上海辞书出版社 2012 年版，第 73 页。
③ 《上倪文蔚书（三）》（1887 年 12 月 7 日），《张謇全集》第 2 卷"函电"（上），上海辞书出版社 2012 年版，第 35 页。
④ 温铁军：《告别百年激进》，东方出版社 2016 年版，第 223 页。
⑤ 张孝若：《南通张季直先生传记》，上海书店 1991 年影印版（《民国丛书》第 3 编第 73 号），第 410 页。
⑥ 常宗虎：《末代状元张謇家族百年纪》，中国社会出版社 2000 年版，第 232—247 页。
⑦ 2020 年 11 月 12 日，习近平总书记在江苏南通参观张謇的生平展览时，称赞张謇是"中国民营企业家的先贤和楷模"。

照顾和政府的资金扶持,完全利用资本进行增殖,不断地进行投资,并实现了工业产业化。譬如,荣氏兄弟自 1917 年先后在无锡、汉口和上海创设福新面粉公司、申新纺织公司和茂新等公司。荣氏兄弟(荣宗敬和荣德生兄弟)所经营的面粉和纺织业占当时全国面粉厂总量的三分之一和纱布的五分之一。荣氏兄弟尽管在事业上取得了巨大成功,但他们却过着异常节俭的生活。荣德生曾说:"以勤俭为主,附以平心。"①荣宗敬也被其弟荣德生评价为:"气魄宽广""自奉节俭"。②他们兄弟两人在事业上取得了巨大成功之后,仍不忘报效国家。他们为家乡的教育及各项公益事业做出了巨大的贡献。荣氏家族更多地表现了一种新型的企业家精神,即独立自主、商才卓著、忠心爱国等。③

　　范旭东也是当时民族企业家的代表之一。1910 年,他从日本京都帝国大学化学系专业毕业后留校任教。辛亥革命爆发后,他闻讯立即回国。回国之后他被梁启超推荐进入当时的财政部工作,两个月之后辞职。1913 年被派往欧洲考察盐业,并对制盐产生了极大的兴趣。范旭东深刻地认识到:"要复兴中国,首先必要争取科学这套新武器。"④1914 年,范旭东在天津创立久大精盐厂,在之后的 1917 年又筹办了永利碱厂等企业。与此同时,范旭东极为注重科学研究工作,并成立了久大化学实验室,开始对精盐及海盐的制备进行深入研究。正如范旭东所说:"唯学术研究始有前程。"⑤1926 年,范旭东的企业生产的"红三角牌"纯碱在美国费城举办的万国博览会上获得金质奖章,使中国赢得世界的尊重。需要指出的

---

① 上海大学、江南大学《乐农史料》整理研究小组:《荣德生与企业经营管理》,上海古籍出版社 2004 年版,第 187 页。

② 上海社会科学院经济研究所:《荣德胜文集》,上海古籍出版社 2002 年版,第 316 页。

③ 张桂平、张杰、林锋:《中国企业家精神录》,光明日报出版社 2018 年版,第 82—84 页。

④ 久大盐业公司、水利化学工业公司、黄海化学工业研究室联合办事处:《我们初到华西》,中国文史出版社 1987 年版,第 214 页。

⑤ 范旭东:"创设海洋研究室缘起",载《化工先导范旭东》,中国文史出版社 1987 年版,第 236 页。

是,范旭东不仅在制碱工业上取得巨大成功,而且他在1929年又投入制酸工业中(之前中国完全依赖国外进口),之后又创办卸甲甸硫酸亚厂。当制酸工厂完工之后,范旭东开心地说道:"不再怕基本原料缺乏的恐慌了。"①抗日战争全面爆发之后,日本曾派人向范旭东提出合作意向或者买下范旭东的企业,但都被拒绝。范旭东的企业在抗战全面爆发后,搬迁到四川犍为县,并在那里建立了一座新工厂。在这段时间里,范旭东及侯德榜等人经过多次试验,成功地发明了著名的"侯氏制碱法"。作为民族企业家的代表,范旭东身上体现了一种振兴中华的爱国情怀。

民族企业家卢作孚在推动中国轮船航运业的发展和教育方面也做出了非常重要的贡献。卢作孚小时候家境并不富裕,基本上靠自学成才。其在17岁时加入同盟会,并参加辛亥革命,之后担任中学教师、报纸编辑和主编等。1925年创建民生公司。两年之后他又在重庆北碚创建了嘉陵江三峡乡村建设试验区。②卢作孚提出教育救国的主张。他把轮船航运作为实业的基础,并把实业与教育结合起来。他在北碚设立各种各样的教育文化设施和灵活的民众教育,譬如,开办峡区小学、创建平民图书馆和短期培训班等。③他的梦想就是建设一个现代化的中国。④卢作孚尽管事业上取得巨大成功,但他生活却非常节俭,被人称为"没有钱的爱国大亨"。⑤在2020年7月21日召开的企业家座谈会上,习近平总书记在谈话中特别提到并赞扬卢作孚是爱国企业家的典范。⑥

---

① 李祉川等:"祖国·事业·科学·人才",载《化工先导范旭东》,中国文史出版社1987年版,第7页。

② 张守广:《卢作孚年谱长编》,中国社会科学出版社2014年版,第1页。

③ 刘重来:《卢作孚与民国乡村建设研究》,人民出版社2007年版,第186页。

④ 张桂平、张杰、林锋:《中国企业家精神录》,光明日报出版社2018年版,第98页。

⑤ 赵晓铃:《卢作孚的梦想与实践》,四川人民出版社2002年版,第237—252页。

⑥ 同时习近平总书记还提到:"企业营销无国界,企业家有国界。优秀企业家必须对国家、对民族怀有崇高使命感和强烈责任感,把企业发展同国家繁荣、民族兴盛、人民幸福紧密结合在一起。"习近平:"在企业家座谈会上的讲话"(2020年7月21日),http://www.gov.cn/xin-wen/2020-07/21/content_5528791.htm?gov,访问时间:2023年2月20日。

总而言之,中国近代的企业家精神刚开始并不突出,或者处于被压制的状态。而政府同商人的关系则更多地表现为一种主导与被雇用的关系。①其主要表现为官员以权逐利,商人以利围权,两者之间相互勾连,官和商渐渐形成一种稳定的利益结构,或可将其称作政商利益共构网络。在政商化之情形下,政商结合日益制度化,官员给商人以支持或商人对政客之支持均呈现常规化,甚至以某种制度性办法来操作进行,当然这也可能造成官僚体系或政治运作体系之潜规则。②正如陈锦江所指出的,"商与官相互作用是中国工业发展的重要模式"。③随着 20 世纪初期"实业救国"的兴起,具有家国情怀的实业家们在中国最为艰难的社会环境中以救亡图存和振兴中华为目标创办实业,同时通过实业的发展与繁荣来带动区域与国家进入整体性发展。这些实业家在创建企业、经营目标以及为国家和社会服务等方面都体现了社群主义下企业家精神的内涵。

四、新中国成立后的企业家精神(1949—1978)

中华人民共和国成立之初,我们主要向苏联学习,并采取了以计划经济为主导的模式。这一时期,民营企业家群体则在社会主义改造之中进行了转化。正如 1952 年 6 月周恩来在全国统战部会议上所指出并强调的:中国的民族资产阶级"它既是我们的朋友,又是要被消灭的阶级"。④公私合营作为社会主义改造的重要手段,主要发生在 1953 年至 1956 年。

---

① 唐力行在《商人与中国近代社会》一书中将晚清的商人分为五个层次:第一层次是具有权力、地位和财产的官商,其主要以盛宣怀为代表;第二层次是拥有地位和财富的商人,以胡雪岩为代表;第三层次是以华侨商人为代表,其主要拥有财产;第四层次是以徐润和荣氏兄弟为代表的下层商人;第五层次是拥有权力和财产的买办。唐力行:《商人与中国近代社会》,浙江人民出版社 1993 年版,第 262—273 页。

② 冯筱才:"前言",载冯筱才:《政商中国:虞洽卿与他的时代——读懂中国近现代史的另一种角度》,北京:社会科学文献出版社 2013 年版,第 7 页。

③ 陈锦江:《清末现代企业与官商关系》,王笛、张箭译,中国社会科学出版社 1997 年版,第 7 页。

④ 《周恩来选集》(上),人民出版社 1984 年版,第 93 页。

公私合营的核心内容之一便是对民族资本主义工商业和私营个体劳动者进行社会主义改造,其目的在于逐步消除旧的剥削关系,推动经济向社会主义方向发展。这里的改造主要表现为将个人所有制改为全民所有制并由国家来控制资本。公私合营包括个别企业的公私合营和全行业的公私合营两方面内容。对于个别企业的公私合营,其主要实践有两点:一是在私营企业中增加公股,并由国家派专人负责企业的管理;二是将企业由资本家所有变为公私共有,资本家丧失了企业的经营管理权,而公方代表处于主导地位。至于全行业公私合营,则主要发生在 1956 年,即国家对企业家私股实行定息制度,规定年利息为五厘。截至当年底,工业已完成公私合营的工作量达 99％,商业也完成了 85％。这一实践基本上实现了对私营工商业的社会主义改造。①公私合营之后,私营企业主失去了对企业的所有权和管理权。企业利润的大部分归国家与工人所有。这一时期却出现了以民族精神为主要内容的国营企业的企业家精神。②中华人民共和国成立初期的国营企业主要来源于三个方面:一是在延安的 13 年局部执政期间创办的国营企业;二是国家投资所建设的国营企业;三是国有金融与商贸体系的建立。国营企业的特点主要表现为:企业的安排由国家统一下达,职工由国家统一分配,物资由国家统一配置,产品由国家统一收购以及利润由国家统一支配等。

---

① 王敦琴:"建国初期私营企业走公私合营之路的历史必然性——以大生、荣氏两大企业集团为例",载《社会科学家》,2009 年第 11 期,第 32 页。

② 这一时期的国有企业被称为国营企业。国有企业是在中国共产党领导下开展生产和经营管理的,其承担着国家的希望。因此,国有企业的企业家精神更多地表现为中国共产党的文化和精神。张桂平、张杰、林锋:《中国企业家精神录》,光明日报出版社 2018 年版,第 102 页。有学者指出,中国的国有企业(官营手工业作场)最早可以追溯到商周时期,其模式主要表现为官营工场 + 分包制的形式。近代国有企业发展模式主要表现为官营工场 + 准工业化。中国工业化的真正意义的历史起点是中华人民共和国成立之后的"国家工厂"的建立和发展。其发展模式主要表现为国家工厂 + 计划科层制 + 工业化。中国现代国有企业发展模式主要从改革开放以来,其发展模式主要表现为现代企业 + 现代分包制 + 市场化。现代国有企业发展模式的主要特征表现为从国家占有逐步迈向社会占有。许光伟:"中国国有企业历史特性分析",载《经济评论》,2008 年第 1 期,第 56—63 页。

这一时期的国营企业是在中国共产党领导下进行生产、经营和管理的,其具有显著的政治优势。国营企业的企业家精神主要体现在鞍钢宪法、大庆精神和三线精神等方面。①"鞍钢宪法"的主要内容可以被概括为"两参一改三结合"。"两参"主要强调的是干群关系,其主要表现为干部和工人的工作发生了变化,即工人管理企业,而干部参加生产劳动。这些实践正是中国共产党密切联系群众的生动体现。"一改"主要针对企业中的不合理的制度进行改革,这充分体现了企业要适应市场需求和与时俱进的特征。"三结合"则主要指的是企业在改革的过程之中需要实行企业的领导人员、技术人员与工人相结合的原则。这在某种程度上有利于促进企业人员的凝聚力和团结精神,并充分地体现了以人为本的思想。②总之,鞍钢宪法所体现的国有企业家精神可以概括为与时俱进、团结协作、以人为本等。

大庆精神起源于 20 世纪 60 年代的大庆石油会战。当时中国面临着石油短缺等制约经济发展的因素,为了摆脱依赖进口石油的困境,中国开启了不同于苏联的工业化道路的艰难历程。大庆油田是在既无外援,环境又比较恶劣的条件下诞生的。它标志并宣告"中国人民使用'洋油'的时代,即将一去不复返了!"③大庆精神主要继承和发展了社会主义革命时期的延安精神与井冈山精神。④1990 年 2 月,时任中共中央总书记的江泽民同志在视察大庆油田的时候把大庆精神生动地概括为"为国争光、为民族争气的爱国主义精神,独立自主、自力更生的艰苦创业精神,讲求科学、三老四严的求实精神,胸怀全局、为国分忧的奉献精神"。⑤需要指出

---

① 鞍钢是一个具有多年历史的老企业,也是新中国成立后最早恢复和建立起来的特大型钢铁联合企业。戴茂林:"鞍钢宪法研究",载《中共党史研究》,1999 年第 6 期,第 38 页。

② 李振城主编:《鞍钢宪法五十年回顾》,云南人民出版社 2011 年版,第 10—16 页。

③ 余秋里:《余秋里回忆录》,解放军出版社 1996 年版,第 1023 页。

④ 马吉芬、王革:"论大庆精神的文化维度",载《学术交流》,2017 年第 11 期,第 48 页。

⑤ 张桂平、张杰、林锋:《中国企业家精神录》,光明日报出版社 2018 年版,第 109 页。

的是,大庆精神在中国共产党成立 100 周年之际被包含进中国共产党人精神谱系之中。

三线精神起源于 20 世纪六七十年代的三线建设时期。三线包括西北三线、西南三线与中南三线。三线建设的主要目的是以巩固国防工业为中心的大规模经济建设,其成就主要表现在中国西部地区建成了一大批产业基地,为社会主义现代化国家的建设奠定了重要的基础。在带领人民进行三线建设的过程中,中国共产党孕育了伟大的"三线精神",即勇往直前、舍小利、顾大义、崇尚实践、艰苦创业等精神。[1]2018 年 10 月,中宣部决定把"三线精神"列为新时代大力弘扬的民族精神与奋斗精神。

质言之,从中华人民共和国成立到改革开放前的近三十年间,企业家精神主要地体现在国营企业之中,其内容也主要表现为以国家建设为核心的民族精神和奋斗精神。而这一时期的政府在经济活动中的角色主要表现为管制者和引导者等。

五、改革开放以来的企业家精神(1978—2012)

十一届三中全会的召开标志着我们党的工作中心全面转移到经济建设上来。在随后的改革开放的探索中,党和国家领导人逐渐认识到市场经济的重要性。譬如,1982 年党的十二大提出:"计划经济为主,市场调节为辅。"[2]1985 年,邓小平同志强调,国内政策最为重要的两条路径:一是在经济上进行改革,二是在政治上发展民主。[3]1992 年,邓小平同志在南方谈话中提出了"计划与市场都是经济手段"的重要观点与论断。[4]自此之后,在党的十四大、十五大、十六大与十七大上,党更加强调了市场在

① 郑妮:"'三线建设'的凝练历程与时代价值——以攀枝花三线建设为例",载《天府新论》,2021 年第 3 期,第 8 页。
② 中共中央文献室:《十二大以来重要文献选编》,人民出版社 1986 年版,第 2 页。
③ 《邓小平文选》第 3 卷,人民出版社 1993 年版,第 116 页。
④ 《邓小平文选》第 3 卷,人民出版社 1993 年版,第 373 页。

资源分配方面的作用,同时党和国家领导人开始认识到民营经济的重要性。譬如,在1980年中央召开的全国劳动就业大会上,把"个体劳动者"与"个体户"写进了国家政策之中。而在1987年党的十三大报告中,更是正式承认私营企业是公有制经济必要和有益的补充。①这一正式承认为之后民营经济的繁荣与发展基本扫除了障碍。在1989年,党的十三届五中全会提出,计划与市场相结合的经济机制。②2004年,我国宪法第四次修正案则明确提出,要保护民营企业家的合法权利,并鼓励、支持和引导民营经济的发展。为了论述的方便,笔者尝试将改革开放后到2012年这段时间的企业家精神划分为发展期、壮大期和转型时期。

第一,发展期(1978—1992年)。③这一时期的典型特征是乡镇企业家的兴起。乡镇企业主要是以村社为中心而出现的一种新的经济形态。④一般来讲,这类村社企业的负责人既是村级组织的党支部书记,同时又是企业的法人代表。其代表人物有江苏江阴华西村的吴仁宝以及河南南街村的王宏斌等人。吴仁宝和王宏斌带领村民脱贫致富的行为充分体现了村社企业家的精神风貌。同时,在1984年之后,村社企业逐步向乡镇企业进一步发展,在不同地区出现了一些特殊的地域模式。例如,苏南模式

---

① 大成企业研究院:《中国民营经济70年大事记》,中华工商联合出版社2019年版,第166页。

② 《中共中央关于进一步治理整顿和深化改革的决定》(摘要),人民出版社1990年版,第4页。

③ 1978年改革开放开启,企业家精神逐渐成为一种社会新风尚。这一时期的企业家精神更多地体现为一种博弈思维。在一些乡村出现了一种敢为天下先、"第一个吃螃蟹的人"的弄潮儿思维。这一时期的企业家精神更多地体现在乡镇企业的创立上。同时,在城市中新创立的企业尽管具有更多现代企业的元素,但同样也处于一种探索期。需要指出的是,这一时期还出现了一大批个体户,他们属于草根型企业家或边缘型企业家,比如乡村里面不那么安分守己的农民,或者城市经济中的边缘青年、大型国营企业中的下岗工人,或者是找不到工作的退役军人,以及不甘于平庸生活的基层官员等。这类个体户身上所体现的特征是胆大,敢于在制度体系之外做更多的冒险性活动。

④ 在吴晓波看来,中国民营企业的成长从一开始主要有两个源头:一是华西式的乡村基层政权及其集体企业组织,二是鲁冠球工厂式的自主创业型企业。吴晓波:《激荡三十年:中国企业1978—2008》(上卷),中信出版社2014年版,第23页。

的代表性企业家包括无锡红豆服装的周耀庭、远东电缆的蒋锡培。①杭甬模式的代表性企业家包括杭州娃哈哈饮料的宗庆后、宁波雅戈尔服装的李如成、宁波杉杉服装的郑永刚等。温州模式的主要特征为私营经济,私人资本创业是其核心特征。温州模式的企业家代表包括温州正泰电器的南存辉、温州永嘉奥康皮鞋的王振滔等。另外,珠三角也出现了混合所有制的形态,代表性企业家包括顺德科龙电器的潘宁、三水健力宝饮料的李经纬、惠州 TCL 电器的李东生等。②另外,以村社为中心还出现了一些小作坊或者小工厂,其代表人物有浙江萧山万象的鲁冠球以及沙洲县轧钢厂的沈文荣等。③改革开放以来,乡镇企业为国家做出了巨大的贡献。截至 1991 年,乡镇企业的总产值占农村总产值的 66.4%,乡镇工业则占全国的 34.4%。④相较于国有企业,乡镇企业的优势在于其以自负盈亏和独立核算为特征,并能更好地顺应市场需求。正如邓小平在一次外宾迎接活动中所指出的,乡镇企业异军突起。⑤

城市的经济体制改革大约在 1984 年开始⑥,与之前的村社企业和乡镇企业相比,从城市开展的新经济形态更具有现代性特征。这一时期主

---

① 费孝通:"小城镇 再探索(之二)",载《瞭望周刊》,1984 年第 21 期,第 22—23 页。

② 费孝通:《志在富民——中国城乡发展的道路》,上海人民出版社 2004 年版,第 408—530 页。

③ 1969 年 7 月,鲁冠球带领 6 名农民,集资 4000 元,创办了宁围公社农机厂,目前已经发展成为国家 520 户重点企业和国务院 120 家试点企业集团之一;沈文荣创办的沙钢集团有限公司已经发展成为全国最大的民营钢铁企业。

④ 李炳坤:"乡镇企业改革开放十五年历程回顾与前景展望",载《管理世界》,1993 年第 5 期,第 157 页。需要指出的是,在此之外,在城市中还出现了一些个体劳动者,如安徽芜湖的"傻子瓜子"年广久、创立中关村的先驱人物陈春先和希望集团的创始人刘永行、刘永好兄弟。这些人身上所体现的企业家精神更多地表现为冒险和拼搏进取。譬如,年广久没有什么文化,被人形容为"天不怕,地不怕"。他在企业的经营过程中主要是根据时代的特征和自身的经验对企业进行经营和管理。吴晓波:《激荡三十年:中国企业 1978—2008》(上卷),中信出版社 2014 年版,第 59 页。

⑤ 中共中央文献研究室编:《邓小平年谱(1975—1997)》(下),中央文献室 2004 年版,第 1194 页。

⑥ 城市经济体制改革的主要内容表现为:政企分开、所有权与经营权的分离,以及增强企业活力等。

要出现了以柳传志、张瑞敏等为代表的新企业形态。正如有学者所指出的,柳传志的联想公司代表了"贸工技"模式,张瑞敏的青岛海尔公司则代表了"工贸技"模式。而"贸工技"主要表现为以流通领域来推动贸易,"技工贸"主要表现为以技术和研发来推动生产。①同时,这一时期还有任正非、段永平和王文京等企业家。任正非在1987年创立华为,段永平开发了小霸王学习机,王文京创立用友财务软件公司。

这一时期的企业家精神整体上呈现出冒险拼搏和务实进取等特征。其原因一方面表现为市场经济的发展,另一方面则表现为政府在政策方面的扶持。譬如,李炳坤在论文中就指出,乡镇企业的异军突起和快速发展主要取决于改革开放的政策环境、尊重市场、政府不断地优化政策体系以及富有活力的企业机制等方面。②

第二,壮大期(1992—1998年)。部分学者认为,真正意义上的企业家精神爆发始于1992年的邓小平南方谈话之后。③邓小平于南方谈话中明确地提出要建设社会主义市场经济。建设社会主义市场经济目标的提出为之后国家的发展奠定了重要的理论基础。根据张维迎教授的观点,市场是社会的关键道德基石。正如张维迎教授所指出和强调的:"企业家精神是通过市场发挥作用的,其财富积累也是通过市场来完成的,因此,对企业家的社会观念实际代表的是对市场的认识观念。"④在市场经济的激发和国家政策的引导下,这一时期一大批在大学或政府机构就职的知识分子在1992年的大环境明确之后,很多人纷纷下海。⑤譬如,许多曾在

①　吕峻、胡洁、石荣:"'技工贸'和'贸工技'战略谁更胜出?——基于制造业上市公司的分析",载《技术经济》,2020年第12期,第117—122页。

②　李炳坤:"乡镇企业改革开放十五年历程回顾与前景展望",载《管理世界》,1993年第5期,第160—162页。

③　需要指出的是,一部分下海的人在20世纪80年代后期参与了体制改革的部分顶层设计。

④　张维迎、王勇:《企业家精神与中国经济》,中信出版社2019年版,第271页。

⑤　董进:"'下海'及三次'下海'潮刍议",载《科学管理研究》,1994年第4期,第60—62页。乡镇企业在1992—1996年又迎来了第二个高速增长期。然而随着1997年的东南亚金融危机的发生,乡镇企业受到了一定的冲击。

政府机构工作过的人,如陈东升、田原、郭凡生,都离开了他们原本的职位,并成为各自领域内的杰出企业家。具体而言,曾在国务院发展研究中心工作的陈东升创建了泰康人寿;曾经担任国务院经济改革方案办公室价格组副组长的田原,创建了中国国际期货公司,正式进入金融领域;而曾经担任中国体制改革研究所联络室主任的郭凡生,则创办了慧聪网,进入电子商务领域。

在体制派大量下海的推动之下,一批大学生的创业热情也被激发出来。譬如,史玉柱在广东珠海成立了巨人电脑汉卡公司、求伯君在广东珠海成立了金山软件开发公司、郭广昌在上海成立了复兴市场调查公司、王传福在广东深圳创立了比亚迪充电电池企业。同时,在这一过程当中还出现了企业家精神的一些非常态做法。譬如,一些营销狂人在这一时期成为品牌营销的主导,其主要有济南三株保健品的吴炳兴、广东中山爱多VCD的胡志标以及山东临沂秦池白酒的姬长孔等人。此外,还出现了一些利用渠道创新来形成连锁经营的企业家,典型的代表是国美家电的黄光裕、苏宁家电连锁的张近东、宏图三胞的袁亚非、红星美凯龙的车建新等。需要指出的是,在这一过程当中还出现了快递行业的发展,广东深圳的顺丰快递的王蔚,以及申通、圆通、中通和韵达等具有较强地域特点的浙江"桐庐帮"。

在1992年到1998年的这一深度改革的时期,以市场机制为主导、取代了过去的计划手段。企业家精神已经作为一种全新的社会风尚弥散到了整个社会当中。这时企业家的主体与改革开放之后的乡镇企业家不同,其更多是知识型群体,他们既有响应邓小平南方谈话的党政干部,还有事业单位的知识分子等等。这些群体对国家政策有更加深刻的理解,他们在国家政策的鼓舞和感召之下投身于商业活动,在创办企业时带有明显的改造社会的意愿。

第三,转型时期(1998—2012年)。一方面,中国的地产经济和制造业等都成为该时期经济发展的核心特征。地产方面有万科的王石、广东顺德碧桂园的杨国强、天津融创的孙宏斌等。此外，这一时期的制造业也受到社会的关注。譬如，三一重工的梁稳根、苏州沙钢的沈文荣等。另一方面，随着互联网经济的快速发展，它已成为新型的经济形态。这种形态的代表人物包括新浪的王志东、搜狐的张朝阳、网易的丁磊，以及 BAT（百度、阿里、腾讯）等公司。互联网经济代表了一种新型的经济样态。[①]在此之外，还出现了其他的互联网代表企业，譬如，盛大网络游戏的陈天桥、京东电子商务的刘强东、360 的周鸿祎，以及携程的梁建章和沈南鹏等。

质言之，这一时期的企业家精神具有极为鲜明的时代特征。譬如，改革开放初期的企业家精神更多地表现为一种敢为天下先的冒险精神。随着对外开放的深入，大批人员下海，这时的企业家精神更多地表现为一种学习精神。而进入互联网时代后，中国的商业形态发生了一些新的变化。一批优秀的民营企业家让互联网产业与中国经济深度融合，这一时期的企业家精神更多地表现为一种开拓创新的精神。这一时期的政府角色也发生了巨大的变化。政府的角色从计划经济时期的全能型角色逐渐退场，而更多地扮演着引导者、监督者和管理者的角色。

六、新时代以来的企业家精神（2012 年至今）

党的十八大以来，中国特色社会主义进入了新时代。新时代的市场经济和政府角色也有了新的变化。譬如，在 2012 年，党的十八大明确提出："必须更加尊重市场规律，更好发挥政府作用。"[②]2013 年，党的十八届三中全会则进一步提出：市场在资源配置中起决定性作用。2017 年，党

---

① 刘鑫鑫、惠宁："互联网发展对企业家精神的影响——基于互联网资源量与普及度双重视角"，载《科技进步与对策》，2021 年第 24 期，第 151—160 页。

② 胡锦涛："坚定不移沿着中国特色社会主义道路前进　为全面建成小康社会而奋斗"，载《人民日报》，2012 年 11 月 18 日，第 001 版。

的十九大则提到：微观主体有活力、宏观调控有度的经济体制。①与此同时，国家也越发强调和重视对企业家精神的培育与保护。比如在 2017 年 9 月 18 日，中共中央、国务院发布了《关于营造企业家健康成长环境 弘扬优秀企业家精神更好发挥企业家作用的意见》。这一意见的发布标志着弘扬和培育企业家精神已经进入了一个崭新的阶段。换言之，在实现中华民族伟大复兴梦的指引下，新时代的企业家精神也已发生了一些新的变化，这一部分需要特别讨论的是，新时代的企业家精神主要表现为哪些方面？②根据新时代的内容和特点，笔者尝试将其总结为以自主创新为主、大众企业家精神的涌现、创造美好生活为目标以及法治作为主要的规范机制等几个方面。

第一，以自主创新为主。自新时代以来，中国越发走近世界舞台的中央并具有更多的话语权。③与此同时，国家越来越重视创新对经济发展的

---

① 习近平："决胜全面建成小康社会 夺取新时代中国特色社会主义伟大胜利"，载《人民日报》，2017 年 10 月 28 日，第 001 版。

② 关于新时代的内涵，主要包括如下五点：一、新时代是承前启后、继往开来、在新的历史条件下继续夺取中国特色社会主义伟大胜利的时代；二、新时代是决胜全面建成小康社会，进而全面建设社会主义现代化强国的时代；三、新时代是全国各族人民团结奋斗、不断创造美好生活、逐步实现全体人民共同富裕的时代；四、新时代是全体中华儿女勠力同心、奋力实现中华民族伟大复兴中国梦的时代；五、新时代是中国日益走近世界舞台中央、不断为人类作出更大贡献的时代。《习近平新时代中国特色社会主义思想基本问题》，人民出版社、中共中央党校出版社 2020 年版，第 30—37 页。

新时代的"新"主要表现为五点内容：第一，新时代的"新"首先表现在社会主要矛盾发生变化，即社会主要矛盾已由人民日益增长的物质文化需要同落后的社会生产之间的矛盾，转化为人民日益增长的美好生活需要和不平衡不充分的发展之间的矛盾；第二，新时代的"新"表现为创立了习近平新时代中国特色社会主义思想；第三，新时代的"新"则表现为确立了新的目标，即从 2020 年到 2035 年，在全面建成小康社会的基础上，再奋斗 15 年，基本实现社会主义现代化。从 2035 年到本世纪中叶，在基本实现现代化的基础上，再奋斗 15 年，把我国建设成富强民主文明和谐美丽的社会主义现代化强国；第四，新时代的"新"表现为中国和世界关系开创新局面，中国不再是国际秩序的被动接受者，而是积极的参与者、建设者和引领者。第五，新时代的"新"表现为中国共产党展现新面貌，具体表现为党的领导和党的建设取得了历史性、开创性成就。中共中央宣传部：《习近平新时代中国特色社会主义思想学习问答》，学习出版社 2021 年版，第 37—40 页。

③ 于洪君、吕楠："热话题与冷思考——中国走向世界舞台中心是历史的必然"，载《当代世界与社会主义》，2019 年第 4 期，第 4—11 页。

重要性。而在前三次工业革命中,中国一直处于相对滞后的"跟跑"阶段。随着第三次工业革命后期的移动互联网阶段,中国部分企业冲到了世界的最前面,我们出现了"并跑"和"领跑"的领域。譬如,支付宝和微信所代表的移动支付等已经处于较为领先的状态。如今,人类社会正在进入第四次工业革命阶段①,而此次工业革命的典型特征便是以科技为主导的智能革命。②这一次工业革命将会更加颠覆性地影响人类社会,并为其带来前所未有的机遇和挑战。这正如习近平总书记于 2018 年 7 月 25 日的金砖国家工商论坛上所提到的,新一轮科技革命和产业革命正在催生大量新产业、新业态、新模式。③新时代之前,企业的创新更多地表现为充分利用本国的劳动力优势,并积极地融入世界市场。自进入新时代以来,科技创新已经发生了巨大变革,国家越来越注重自主创新的重要性。这是因为自主创新不仅是民族独立的基础,更是国家发展的根本动力。④而企业则是自主创新的主体。正如习近平总书记所指出的,要使企业成为创新要素集成、科技成果转化的生力军。⑤而自主创新的提出也为企业家精神注入了新的元素,使其更加丰富多彩。自主创新要求企业家要充分发挥企业家精神,要敢于进入无人区,并在一些更为前沿的领域产生世界级的科技和产品。譬如,中国目前在集成电路、高端机床、航空发动机、特种工业、特种气体等领域仍然存在诸多卡脖子的问题,那么企业尤其是国有企业就需要围绕着这些重点领域展开自主创新,并争取在这些高端领域

---

①　目前学术界对"第四次工业革命"是否已经来临仍然存在争议。譬如,有学者从数字科技的视角将这一阶段称之为"第三波半技术革命"。叶成城:"数字时代的大国竞争:国家与市场的逻辑——以中美数字竞争为例",载《外交评论》,2022 年第 2 期,第 110—132 页。

②　杨述明:"新时代国家治理现代化的智能社会背景",载《江汉论坛》,2018 年第 3 期,第 11—23 页。

③　《习近平谈治国理政》第 3 卷,外文出版社 2020 年版,第 444—445 页。

④　李云:"新时代构建民营企业自主创新内生动力机制研究",载《中州学刊》,2020 年第 9 期,第 19 页。

⑤　习近平:"在经济社会领域专家座谈会上的讲话"(2020 年 8 月 24 日),http://www.gov.cn/xinwen/2020-08/25/content_5537101.htm,访问时间:2022 年 12 月 24 日。

占据主导权和话语权。

第二，大众企业家精神涌现。随着数字化时代的来临，企业家精神也越发呈现出大众化的趋势。换言之，出现了越来越多的大众企业家。大众企业家的出现与政府的重视和引导密不可分。为了更好地激励大众创新创业，政府也颁布了相关的优惠政策，譬如，在2018年9月，国务院颁布了《关于推动创新创业高质量发展打造"双创"升级版的意见》。2022年5月，国家税务总局发布了《"大众创业 万众创新"税费优惠政策指引》。大众企业家不仅表现在互联网领域，还表现在汽车和手机领域。在BAT等传统的互联网巨头之外，出现了一些新的标杆性企业家。譬如，今日头条的张一鸣在算法技术的支持下成为该行业新的翘楚，同时还引爆了TikTok等诸多新的应用。在此之外，美团的王兴、58同城的姚劲波、滴滴出行的程维和柳青等都成为互联网新经济的新型企业家代表。同时，在这些企业之外还出现了更多的互联网应用，譬如，哔哩哔哩、知乎等。与此同时，传统的制造业，尤其是在汽车领域也出现了新的标杆。譬如，吉利汽车的李书福、比亚迪的王传福、长城汽车的魏建军都成为该行业的领军人物。对于西方来说，汽车制造是一个百年的工业。在这百年的过程当中，一些欧洲传统的汽车制造企业，譬如，德国的奔驰和大众、美国的通用、日本的丰田等都经历过近百年的产业积淀。相比于西方，中国的汽车制造则起步较晚，因此能够在这一领域进行新的突破是异常艰难的。然而，近几年，中国的汽车企业，尤其是在新能源汽车方面出现了蔚来、理想和小鹏，再加上宁德时代的崛起，为新能源电池制造提供了重要的支撑。这些共同对西方传统的汽车制造领域发起了冲击。

这一时期，在竞争非常激烈的手机领域也出现了新的气象。譬如，华为、小米、OPPO和VIVO等一系列中国的制造品牌相继出现。这些品牌某种程度上可以与西方的顶尖品牌相竞争。在中美贸易摩擦和美国打压的影响之下，华为的芯片供应遭遇困境，这在某种程度上使得华为的高端机业务遭受重创。而这恰恰也反映了中国制造业的崛起,也意味着中国不仅仅是一个制造大国,部分领域也正在向着制造强国迈进。其中典型的例子便是小米。小米的创始人雷军,最初是金山软件的总经理。他在创立小米之后,将所有的精力都放在软件和硬件的开发上,与此同时,他还以乔布斯的企业家精神作为自己的榜样,并希望自己可以成为中国的"雷布斯"。在雷军的努力下,小米创造了一个新的奇迹,即在同样的价格上以最佳优秀的品质回报消费者。[①]同时,小米还抓住了智能手机换机的第一波红利期,并得到了快速的成长。此外,OPPO 和 VIVO 的成长则受益于企业家精神的传承。OPPO 和 VIVO 的创始人陈明永与沈炜原先都是步步高集团创始人段永平的弟子。相比于其他品牌的手机,OPPO 和 VIVO 的胜出则依赖于智能手机换机的第二波红利,即利用线下门店的推广,快速占领三线城市和乡村市场,并获得了巨大的成功。质言之,新时代以来,在政策红利和互联网的加持下,企业家精神得到了进一步的激发和飞跃。与此同时,伴随着"大众创业、万众创新"的提出和落实,越来越多的大众企业家精神开始涌现。

第三,以创造美好生活为目标。中国特色社会主义进入新时代,我国社会主要矛盾已经转化为人民日益增长的美好生活需要和不平衡不充分的发展之间的矛盾。因此,创造美好生活成为了全国各族人民进入新时代以来的目标。正如习近平总书记所指出的:"带领人民创造美好生活,是我们党始终不渝的奋斗目标。"[②]随着主要矛盾发生变化,我们对企业也由此提出了更高的责任要求。美好生活已经不再拘泥于过去的物质层面,其更多地表现为精神生活、生态环境、食品安全等各个方面。新时代

---

① 陈忠杰:"'中国版乔布斯'雷军的创富传奇",载《经济视野》,2012 年第 Z1 期,第 58—61 页。

② 习近平:《决胜全面建成小康社会 夺取新时代中国特色社会主义伟大胜利——在中国共产党第十九次全国代表大会上的报告》,人民出版社 2017 年版,第 45 页。

的企业家精神从本质上来说就是要为人民创造美好生活。格力电器董事长董明珠在 2022 年 6 月 28 日至 30 日举行的第二届 ESG 全球领导峰会上也提到企业与美好生活的关系,董明珠指出:"企业的发展不是以盈利为目的,是以创造美好生活为目的。"①

第四,法治作为主要的规范机制。随着数字经济的蓬勃发展,新时代下也出现了一些新问题,如平台垄断、资本扩张无序和互联网舆情等。为解决平台垄断与资本扩张无序等问题,中共中央政治局在 2020 年 12 月提出了"强化反垄断和防止资本无序扩张"的任务,并将其列为 2021 年要抓好的事项之一。②这是党中央根据新时代以来资本要素在市场运行中出现的新问题而提出的,也是在高质量发展中促进共同富裕的必然要求。③这里需要特别说明的是,目前国家所提出的"防止资本无序扩张"而采取的一系列措施并不是国家不支持企业的发展,而是希望在新时代这一背景下,企业家精神的内涵中需要包含更多的责任内涵,而不仅仅为资本服务。譬如,过去两年的"双减"政策实际上是在教育领域为资本降温的举动。这一举动不仅体现了教育公平,而且在某种程度上与人口的整体发展密切相关。现在中国进入了低生育阶段,如果不进行双减,这在某种意义上将会加剧人们在生育过程当中所负担的成本,这对于生育率的提高某种程度上具有约束效应。因此,国家也希望通过在教育领域的资本降温,为未来国家生育率的提高形成激励效果。④与此同时,过去几年,国家限制金融小贷的行为在某种程度上也是为了防止资本的无序扩张。

① 董明珠:"企业的发展不是以盈利为目的,是以创造美好生活为目的",http://finance.sina.com.cn/esg/2022-06-28/doc-imizirav0921584.shtml,访问时间:2022 年 12 月 29 日。
② 中共中央政治局会议:"分析研究二〇二一年经济工作 研究部署党风廉政建设和反腐败工作 审议《中国共产党地方组织选举工作条例》"(2020 年 12 月 12 日),http://cpc.people.com.cn/n1/2020/1212/c64094-31964037.html,访问时间:2022 年 12 月 31 日。
③ 肖潇:"正确认识'防止资本无序扩张'",载《马克思主义基本原理研究》,2022 年第 4 期,第 72 页。
④ 薛海平、刁龙:"基于多源流理论的我国基础教育课外补习治理政策分析",载《首都师范大学学报(社会科学版)》,2021 年第 1 期,第 153 页。

金融小贷领域是国计民生的重要领域,其涉及国家的金融主权。如果任其自行发展,将会损害广大人民的利益。因此,国家对这一领域要进行适度的干预,避免资本在其中形成垄断。

伴随着数字时代的来临,互联网企业中的社会舆情事件亦频频出现。譬如,2016 年百度的魏则西事件、2021 年腾讯由于其业务过多偏重游戏而被北京检察院进行公益诉讼、2021 年阿里女员工被侵犯事件等等。除此之外,美团、字节跳动、滴滴出行等互联网新兴企业都面临着各种各样的舆情挑战。譬如,与美团相关的"快递小哥被困在算法里"的争论、美团的非正式用工问题、字节跳动中的抖音和头条所涉及的信息茧房问题、滴滴在强行赴美上市之后面临的关于国家安全的审查等问题。在出现这一系列社会问题之后,国家是否需要对这些存在问题的互联网企业采取非常严重的惩罚措施,这都需要国家或政府采取一种审慎的平衡态度。一方面,政府需要对互联网企业采取更为严格的监管措施。譬如,反垄断审查、公平竞争等措施有助于对互联网企业中日益出现的垄断现象加以制止,以助力更多创新企业家的出现。①同时,政府也需要构建更为完善的法治环境、保障企业家的正当权益和企业家精神的社会性弥散。因为良好的法治可以保障企业家的预期并激发企业家精神。而法治的缺失可能会抑制企业家精神的社会传播,这在某种程度上也不利于创新型国家的建设。

本章小结

本章首先尝试从经典文本《货殖列传》中所记载的商人行为和事迹出发来梳理古代商人精神的内涵和特征。从整体而言,中国古代相对缺乏企业家精神。笔者尝试将其总结为几个方面的原因。首先,官方政策和

---

① 叶明、梁静:"我国互联网领域经营者集中反垄断审查的不足与改进",载《西南政法大学学报》,2021 年第 1 期,第 65 页。

主流文化整体轻视商人。其次，缺乏相关培育企业家精神的制度和激励机制。进入近代以来，中国社会进入了较为艰难的社会转型时期，而企业家精神也表现出了明显的时代特征。这一时期出现了民族资本与民族的企业家精神。其主要表现为一种家国情怀、为社会服务等。而在中华人民共和国成立之后，企业家精神更多地体现在国营企业之中。譬如，鞍钢宪法、大庆精神、三线精神等。其更多地体现为一种以国家建设为中心的民族精神与奋斗精神。这一时期的政府角色在经济活动中主要表现为一种管制者和引导者等。改革开放以来的企业家精神，则主要呈现出一种阶段性的特征。在改革开放初期，企业家精神更多地表现为一种冒险精神。随着对外开放的深入，这时的企业家精神则更多地表现为一种以学习为主的特征。而进入互联网时代后，企业家精神则更多地表现为一种创新精神。这一时期政府的角色从计划经济时期的全能型逐渐退场，而更多地扮演引导者、监督者与管理者的角色。进入新时代以来，企业家精神的时代特征主要表现为自主创新、数字经济下的大众企业家精神以及创造美好生活为目标等内容。除此之外，政府越来越把法治作为企业家精神的培育规范机制。

第二部分

数字经济与共同富裕：
新时代的中国企业家精神

第三章　在社群与契约之间：
新时代中国企业家精神的理论基础

本章试图对新时代中国企业家精神背后的理论基础——社群主义进行探讨。如果要对其进行理论方面的思考，就需要将其与其他学科以及一些基本思想流派的观点结合在一起。有关企业社群主义的讨论更多地出现在法学领域。因此，这就需要我们首先要对该领域的相关内容和研究进展进行梳理。在梳理的基础之上，再运用哲学等各方面的资源，并且结合中国的具体情境，对其进行较为深层次的理论抽象。总体来看，本章主要包括四个方面的内容。第一部分主要梳理和总结契约主义下的企业行为与企业家精神；第二部分主要梳理和总结社群主义对契约主义的回应；第三部分主要从较为抽象的哲学层面来讨论企业家精神的社群内涵；第四部分重点讨论社群主义下的新时代中国企业家精神。

一、契约主义下的企业行为与企业家精神[①]

关于契约主义与企业家精神的讨论较多出现在法学领域。法学领域

---

① 契约的理念最初产生于商业贸易之中，其主要指的商业来往的双方达成某种协议。契约主义的优点在于其表现了某种"同意""选择"和"互惠"的观念。姚大志："公平与契约主义"，载《哲学动态》，2017年第5期，第85页。另外，政治学领域对契约主义的讨论也比较多，但对契约主义与企业的关系论述相对较少。笔者这里主要从法学领域出发来讨论企业与契约主义的关系。

的契约主义理论认为,企业建立在私人的契约之上,而企业的经营活动表现为大量契约的整体性制度安排。譬如,富兰克·伊斯特布鲁克(Frank Easterbrook)和丹尼尔·费希尔(Daniel Fischel)就对契约与企业的关系进行了充分的讨论。①在伊斯特布鲁克和费希尔看来,企业首先表现为契约,而企业可以被称作"契约束",其原因在于契约弥散在整个企业结构之中。譬如,这些契约既包括企业成立或发行股票时的章程条款,还包括企业与雇员或服务提供者(供应商和承包商)之间的关系等等。②因此,企业可以被称为"契约的联结"③。换言之,企业某种程度上可以被看成一种基于契约的制度性组合。无论是企业与员工所签订的雇佣合同,还是企业和企业之间签订的产品或服务合同,其基本形式都是契约。围绕企业所签订的契约既有固定的,也有弹性的。譬如,债权人与债务人之间的契约是相对固定的,双方会在一定的时间内约定相关条款,并获得某种可预期的债务回报。劳动合同也是相对固定的,即劳动者付出一定量的劳动,在相应的时间内获得一定报酬。股东与企业之间的契约却是弹性的。如果企业经营得好,那么股东就会有较高的收益;如果企业经营不善,那么股东可能会遭遇亏损。需要指出的是,企业在发展过程中尽管包括诸多

---

① Frank Easterbrook and Daniel Fischel, "The Proper Role of a Target's Management in Responding to a Tender Offer", *Harvard Law Review*, Vol.94, 1981, pp.1161—1204; Frank Easterbrook and Daniel Fischel, "Corporate Control Transactions", *Yale Law Journal*, Vol.91, 1982, pp.698—738; Frank Easterbrook and Daniel Fischel, "Antitrust Suits by Targets of Tender Offers", *Michigan Law Review*, Vol.80, 1982, pp.1155—1178; Frank Easterbrook and Daniel Fischel, "Auctions and Sunk Costs in Tender Offers", *Stanford Law Review*, Vol.35, 1982, pp.1—22; Frank Easterbrook and Daniel Fischel, "Voting in Corporate Law", *The Journal of Law and Economics*, Vol.26, 1983, pp.395—428; Frank Easterbrook and Daniel Fischel, "Limited Liability and the Corporation", *University of Chicago Law Review*, Vol.52, 1985, pp.89—117; Frank Easterbrook and Daniel Fischel, "Close Corporations and Agency Costs", *Stanford Law Review*, Vol.38, 1986, pp.271—302.

② Frank Easterbrook and Daniel Fischel, "The Corporate Contract," *Columbia Law Review*, Vol.89, 1989, 1428.

③ Frank Easterbrook and Daniel Fischel, "The Corporate Contract," *Columbia Law Review*, Vol.89, 1989, 1426.

契约,但是在所有契约中,企业与股东的契约最为重要。股东是企业的所有者,而董事会是整个企业的管理者,股东和企业之间的契约主要是为了保障股东的利益。整体上看,契约主义下的企业家精神主要包括如下内容。

第一,重视契约。契约主义视角下的企业家精神首先表现为遵守契约。对于企业的运营而言,契约精神起到至关重要的作用。如果企业家希望在企业运营中达到较好效果,首先要遵守契约,这是西方商业文明的基础。这里的契约强调企业家对股东利益的一种承诺。股东和企业家之间实际上是委托者和代理者的关系,"委托—代理"也是西方契约主义的理论基础。譬如,迈克尔·詹森(Michael Jensen)和威廉·麦克林(William Meckling)就认为,企业的所有者与管理层之间的代理关系就是一种契约关系。在这一契约中,委托人(所有权人)聘请代理人(管理层)代表其进行经营活动。①需要指出的是,契约最初来源于西方的基督教文化。在基督教神学中,上帝与人之间的关系首先表现为一种定约和守约的关系。西方文化将这种定约和守约内化为生活中的一种习惯和偏好,这就是西方近代的契约精神。这种精神被看成自由主义的核心部分,其对西方近代出现的商业文明以及整个资本主义的兴起都有着重要的作用。因此,从这一角度来讲,契约是企业家精神中非常重要的组成部分。

第二,强调创新和冒险。契约主义下的西方企业家精神更强调创新和冒险。创新和冒险对于股东最为有利,这是因为企业只有通过不断地创新和冒险,创造更多的利润才可以更好地回馈股东。正如阿塔玛所指出的:"企业家精神是促进和参与商业创新和冒险的一种能力和意愿

---

①　Michael Jensen and William Meckling, "Theory of The Firm: Managerial Behavior, Agency Costs, and Ownership Structure," *Journal of Financial Economics*, Vol. 3, 1976, pp.305—360.

(capacity and willingness),其目的主要是赚取利润。"[1]换言之,在契约主义之下的企业家精神更多表现为少数商业精英的冒险行为,而企业家获得的收入往往体现为一种风险补偿。西方学者在讨论企业家精神时,往往将企业家精神概括为高风险取向等特征。[2]在我们的访谈中,一位企业的高级咨询师也谈到了企业家精神中的冒险特征:

> 西方的企业家从一开始就是冒险事业的经营者。这是因为他永远面对着不确定性,每时每刻面对着不确定性。(A13 F 市某大型民营公司顾问)。

今天西方的一些企业家在讲述其新的商业叙事时仍然会沿用类似的叙事脚本和逻辑。譬如,埃隆·马斯克(Elon Musk)在 2016 年讲述的移民火星的叙事,实际上是一个"出埃及记"的太空版本。[3]相比于地球生活,在火星生活是一个更加高成本和极富冒险性的举动,但是马斯克恰恰抓住了西方文化中的这种集体性冒险心理。换言之,马斯克在新的太空版本的冒险活动中,仍然在讲述一个极为传统的叙事。

从契约主义出发,企业和社会组织通过自主性活动形成社会联系,并通过契约的方式来管理经济和社会。而政府应该尽可能少地干预企业和企业家精神的发展。譬如,早在古典时期,英国经济学家亚当·斯密(Adam Smith)就反对国家过度干预经济生活。在斯密看来,政府的职能主要在于提供基础设施、保护国家独立以及成员的利益。[4]法国古典经济学家让·萨伊(Jean Say)也认为,政府干预经济将会导致巨大灾难,因为他们对事物本质缺乏正确的认识,在此基础上将会建立错误的规则。而生产

---

① Nicholas Attamah, "Entrepreneurship, Government and their Roles", *Journal of Current Issues in Arts and Humanities*, Vol.2, No.1, 2016, p.139.

② David McClell and David Burnham, "Power Is the Great Motivator," *Harvard Business Review*, Vol.81, No.1, 2003, pp.117—126.

③ 华夏:"马斯克公布火星移民计划 票价约合美国一套普通住房",2016 年 9 月 28 日,http://www.xinhuanet.com/world/2016-09/28/c_129304566.htm,访问时间:2022 年 12 月 24 日。

④ 亚当·斯密:《国富论》,唐日松译,华夏出版社 2013 年版,第 551 页。

者比政府更清楚哪种产品可以获得回报，以及满足人们的需求。①法学家亨利·巴特勒（Henry Butler）也认为，企业建立在私人的契约之上，而政府的功能则主要限定为通过法律来保障契约的履行。从这一意义上讲，契约联结中的每一个主体都具有同样的法律地位并享受同样的法律保护。并且，契约自由要求契约联结中的各方都可以如其所愿地构造相关关系。②关于政府与企业家精神的关系，西方很多学者都主张要减少政府干预，譬如，德威特·李（Dwight Lee）通过研究发现，唯有在自由的市场经济国家里，企业家精神方能实现发展。③林德尔·霍尔库姆（Randall Holcombe）通过检验经济增长与政府规模的关系，发现政府干预较少、经济更为自由的区域，其企业家精神亦更为活跃。④

二、社群主义对契约主义的批评

西方思想界也出现了社群主义企业家精神的观点，并一直在试图与主流的契约主义对话。但是从某种意义上讲，其很难去颠覆契约主义在西方的主流位置。本部分所讨论的社群主义主要集中在法学领域。这是因为法学领域对企业与社群主义的关系讨论得相对比较充分。在西方的企业家精神的理论中，契约主义是主导性的存在。而社群主义是非主流的存在。当然，社群主义的一些观点可能会对契约主义形成一种参照系

---

① 让·萨伊：《政治经济学概论》，赵康英等译，华夏出版社 2014 年版，第 97—99 页。

② Henry Butler, "The Contractual Theory of the Corporation", *George Mason University Law Review*, Vol.11, 1989, 100.

③ Dwight Lee, "The Seeds of Entrepreneurship," *The Journal of Private Enterprise*, Vol.7, No.1, 1991, 20.

④ Randall Holcombe, "Entrepreneurship and Economic Growth: Reply," *The Quarterly Journal of Austrian Economics*, Vol.2, No.2, 1999, 73. 需要指出的是，当代自由主义则把政府看作提高人们生活水平的工具，而不再像古典自由主义者那样，认为政府不该干预人民的事。约翰·凯恩斯（John Maynard Keynes）在其著作中就认为，国家干预是促进经济发展和良性运行的重要手段。约翰·梅纳德·凯恩斯：《就业、利息和货币通论》，陆梦龙译，中国社会科学出版社 2009 年版。

效应。尤其是在法学领域，在 1990 年左右，社群主义开始对契约主义企业理论的主导地位进行回应。其主要代表人物有戴维·米伦（David Millon）①、雷曼·约翰逊（Lyman Johnson）②、劳伦斯·米切尔（Lawrence Mitchell）③等。这些学者发表了一系列成果对契约主义的观点展开批判。之后，巴特勒和拉里·莱布斯坦（Larry Ribstein）在 1990 年撰文回应了其标识为"反契约主义"（Anti-Contractarians）的观点。④"反契约主义"阵营开始明确地使用"社群主义"的标签之后，"社群主义"作为与"契约主义"相竞争的核心概念地位就逐渐确立下来。整体来看，社群主义对契约主义的批评主要集中在如下几点，即对股东利益的过度保护、缺乏共同体意识、缺失道德和信任等。具体内容体现在如下几个方面。

第一，对股东利益的过度保护。契约主义过度强调要对股东利益进行保护，而忽视了非股东群体的利益。约翰逊和米伦在 1993 年合作的论文中指出，美国关于反收购立法的内容应该保护的是社区的非股东群体，而不是股东群体。⑤约翰逊和米伦在另一篇合作的论文中再次强调，非股东的利益诉求应该是现代企业法中最重要的特征。⑥米伦强调了

① David Millon，"Theories of the Corporation"，*Duke Law Journal*，1990，Vol. 39，p.201；David Millon，"Redefining Corporate Law"，*Indiana Law Review*，Vol.24，1992，233.

② Lyman Johnson，"The Delaware Judiciary and the Meaning of Corporate Life and Corporate Law"，*Texas Law Review*，Vol.68，1990，865；Lyman Johnson and David Millon，"The Case Beyond Time"，*Business Law*，Vol.45，1990，2105；Lyman Johnson，"Individual and Collective Sovereignty in the Corporate Enterprise"，*Columbia Law Review*，Vol.92，1992，2215.

③ Lawrence Mitchell，"The Cult of Efficiency"，*Texas Law Review*，1992，Vol. 71，1992，217；Lawrence Mitchell，"A Critical Look at Corporate Governance"，*Vanderbilt Law Review*，Vol.45，1992，1263.

④ Henry Butler and Larry Ribstein，"Opting Out of Fiduciary Duties：A Response to the Anti-Contractarians"，*Washington Law Review*，Vol.65，1990，1.

⑤ Lyman Johnson and David Millon，"Misreading the Williams Act"，*Michigan Law Review*，Vol.87，1989，1862，pp.1862—1865，pp.1878—1882；Lyman Johnson and David Millon，"Missing the Point About State Takeover Statutes"，*Michigan Law Review*，Vol. 87，1989，846，848.

⑥ Lyman Johnson and David Millon，"Corporate Takeovers and Corporate Law：Who's In Control"，*The George Washington Law Review*，Vol.61，1993，pp.1177—1181.

非股东群体的脆弱性问题（problem of nonshareholder vulnerability），并指出这一问题在敌意收购日益显著后变得日趋严重。①玛琳·奥康娜（Marleen O'Connor）受到加利福尼亚大学伯克利分校教授阿米塔伊·艾齐奥尼（Amitai Etzioni）的社群主义的启发。②其主张从社会经济的路径去考察日本的企业治理结构，并主张推动雇员对企业治理的参与。③西部州立大学法学院教授威廉·西蒙（William Simon）进一步提出"社会共和国资产"（social-republican property）的概念，并认为工人具有对企业不可分割的所有权（inalienable worker ownership of firms）。④"社会共和国资产"这一概念有着明显的社群主义特征。正如西蒙所指出的，有着明显的共和主义传统中的分配平等主义（distributive egalitarianism）内涵。⑤

第二，缺乏共同体意识。契约主义消解了企业实体，进而消解了企业作为共同体的特征，从而产生了责任缺失的问题。宾夕法尼亚大学法学院教授威廉·布拉顿（William Bratton）认为，在契约主义的理论之下，企业的实体被解构并逐渐消失。⑥对此，米切尔也认为，契约主义对信托义务（fiduciary duty）采取了一种过程导向的路径，而法官却无法拥有相关

---

① David Millon, "Communitarianism in Corporate Law: Foundations and Law Reform Strategies," in Lawrence Mitchell, ed., *Progressive Corporate Law*, Boulder, Colorado: Westview Press, 1995, pp.1—4.

② Amitai Etzioni, *The Spirit of Community: Rights, Responsibilities and the Communitarian Agenda*, New York: Crown Publishers, 1993; Amitai Etzioni, *The Moral Dimension: Toward a New Economics*, New York: Free Press, 1988.

③ Marleen Connor, "A Socio-Economic Approach to the Japanese Corporate Governance Structure", *Washington and Lee Law Review*, Vol.50, 1993, 1529.

④ William Simon, "Social-Republican Property", *UCLA Law Review*, Vol. 38, 1991, 1335.

⑤ William Simon, "Social-Republican Property", *UCLA Law Review*, Vol. 38, 1991, pp.1344—1349.

⑥ William Bratton, Jr., "The New Economic Theory of the Firm: Critical Perspectives from History", *Stanford Law Review*, Vol.41, 1989, pp.1471—1515.

的能力和技术去保证过程的监控和调节。①正因为法官不具备勘察违背义务的能力和技术,所以商业判断规则才会存在。②而商业判断规则主张契约自治,这在一定程度上加剧了弱势群体在分配中的不利地位。乔治·华盛顿大学法学院的特丽萨·迦巴尔顿(Theresa Gabaldon)也认为,作为共同体方法的叙事模式比理性选择模式更优,这是因为理性选择模式更多展示的是作为普遍性知识的常识。而叙事模式则可以更多展示作为特殊性知识的有价值的知识。那些弱势群体的利益可以在叙事模式中得到更多的体现。③米伦也有类似观点。在米伦看来,以自由主义观点为基础的契约主义所强调的契约自由,只能给所有公民提供最低限度的机会。因此,需要共同体来对契约主义导致的不公平进行调解。这是因为契约主义容易导致自我保护的不充分性(inadequacy of self-protection)问题,而共同体则可以提供一种公共权力的保护。④

第三,缺失道德和信任。契约主义宣扬的个体主义导致道德和信任的缺失。米切尔使用了信任的概念,并认为信托原则(fiduciary principles)与信任之间有密切关联。米切尔认为,契约主义的信托义务实际上是一种没有信任的信托关系。他提出理性信任(Reasonable Trust)的概念。米切尔认为,与信任相对立的概念是合同与过程。米切尔重点讨论

---

① Lawrence Mitchell, "Trust. Contract. Process", in Lawrence Mitchell, ed., *Progressive Corporate Law*, Boulder, Colo.: Westview Press, 1995, 206.

② Lawrence Mitchell, "Trust. Contract. Process", in Lawrence Mitchell, ed., *Progressive Corporate Law*, Boulder, Colo.: Westview Press, 1995, pp.192—193.

③ Theresa Gabaldon, "Experiencing Limited Liability: On Insularity and Inbreeding in Corporate Law", in Lawrence Mitchell, ed., *Progressive Corporate Law*, Boulder, Colo.: Westview Press, 1995, 120.

④ David Millon, "Communitarianism in Corporate Law: Foundations and Law Reform Strategies," in Lawrence Mitchell, ed., *Progressive Corporate Law*, Boulder, Colorado: Westview Press, 1995, pp.5—7.

了作为美德的信任、信任的个人价值、信任的社会价值、信任对于法律的意义等问题。①布拉顿则运用博弈论的方法对契约主义展开批评。布拉顿认为,契约主义无法解释谈判过程中的背叛问题。在布拉顿看来,企业作为一个要获得生存的组织,需要培育忠诚、信任和善意,而契约主义理论并不强调这些内容。因为善意在本质上是非常脆弱的,所以企业法要在企业内部通过给予权威人士以荣耀感来培育信任。契约主义忽视了企业法促进信任的功能,因为"理性的行为体并不会把荣耀放在优先的地位"。②雷曼·约翰逊(Lyman Johnson)在一篇非常重要的书评《企业中的个体与集体主权》中,讨论了两本著作:一本是伊斯特布鲁克和费希尔的《企业法的经济结构》,另一本是已故的加州大学伯克利分校的社会学家罗伯特·贝拉(Robert Bellah)的《善的社会》。③约翰逊的用意是用贝拉对公民道德的呼唤来调节伊斯特布鲁克对法经济学的过分强调。贝拉在《善的社会》中批判性地指出,美国传统的公民共和主义(civic republicanism)逐渐被不受约束的个人主义所取代。④贝拉认为,不能仅仅从效用最大化的、非社会的自主性互动来理解人类行为。贝拉明确反对自由主义的信条:"个体要在集体生活之网之外发展独立性"。⑤美国社会学家格兰诺维特(Mark Granovetter)也指出,"社会学家一直在抵制那些被经济学认为是理所当然的观点"。⑥约翰逊尝试用社会学中的理论知识来调和与

---

① Lawrence Mitchell, "Trust. Contract. Process.", in Lawrence Mitchell, ed., *Progressive Corporate Law*, Boulder, Colorado: Westview Press, 1995, pp.186—209.

② William Bratton, "Game Theory and the Restoration of Honor to Corporate Law's Duty of Loyalty", in Lawrence Mitchell, ed., *Progressive Corporate Law*, Boulder, Colo.: Westview Press, 1995, pp.141—145.

③ Lyman Johnson, "Individual and Collective Sovereignty in the Corporate Enterprise", *Columbia Law Review*, Vol.92, 1992, 2215.

④ Robert Bellah, *The Good Society*, New York: Vintage, 1991, pp.288—289.

⑤ Robert Bellah, *The Good Society*, New York: Vintage, 1991, p.92.

⑥ Mark Granovetter, "Economic Action and Social Structure: The Problem of Embeddedness", *American Journal of Sociology*, Vol.91, 1985, 504.

修正经济学在企业法中的主导地位。这里需要指出的是,社群主义者除了抽象的理论讨论之外,还有明确的实践方案。譬如,约翰逊和米伦希望推动反兼并的立法;①奥康娜强调董事会作为多方利益的仲裁人(referee);②乔治华盛顿大学法学院的刘易斯·所罗门(Lewis Soloman)和凯瑟琳·柯林斯(Kathleen Collins)则主张雇员的共同决定制(employee co-determination)等。③

三、社群主义下的企业家精神:从黑格尔思想出发的讨论

我们在讨论企业家精神或是企业家的本源性动机时往往会思考:为什么企业家会持续不断地推动企业的发展和创新活动? 这一部分之所以引入哲学家的思想来讨论企业家精神,就是希望可以更深入地回答这一问题。企业家精神是一个具有文化内涵的概念。这不仅意味着企业家要进入一个忘我的精神状态,同时也意味着企业家要在这一精神状态中实现更大的目标。企业家精神某种程度上可以被看成社会精神的一部分。因此,对企业家精神的内涵做一哲学层面的讨论则显得尤为重要。笔者将责任作为企业家精神的重要内容,就是希望以此来表达企业家精神实际上是一种超越个体欲望的精神体验。这种体验在某种程度上更具有社群主义的特征。

中西方哲学都对精神这一概念进行过讨论,但存在明显的区别。譬如,中国古代哲学在表达精神的内涵时往往会将“精、气、神”三个单音节的词联系在一起使用。“精”主要指的是在人体生命活动中一些有形的元

---

① Lyman Johnson and David Millon, “Corporate Takeovers and Corporate Law: Who's in Control?”, *George Washington Law Review*, Vol.61, 1993, 1177.

② Marleen Connor, “Human Capital Era: Reconceptualizing Corporate Law to Facilitate Labor-Management Cooperation”, *Cornell Law Review*, Vol.78, 1993, 899.

③ Lewis Soloman and Kathleen Collins, “Humanistic Economics: A New Model for the Corporate Social Responsibility Debate”, *The Journal of Corporate Law*, Vol.12, 1987, 331.

素。其既可以呈现为固态,也可以呈现为液态。①"气"则主要指的是人体生命活动中的一种无形元素,其往往呈现为气态。而"神"则体现为精气结合之后在人体生命活动中所展现出来的各种功能形态。譬如,在《周易·系辞上》中的概括:"精气为物,游魂为变。"②其含义是精致的气相互凝聚,从而呈现出有形的形态。同时气又善于流动造成了变化。在庄子看来,精神主要指的是人的心智,即人的一种非物质的心理的状态。③从现代汉语的角度来理解,"精"主要指的是人的一种心理状态,包括人的意识和思维活动。"神"是一切生命活动的核心,主要包括意志、知觉、运动等主宰着生命的相关活动。

在西方的知识体系当中,"精神"这一内涵一直处于非常重要的位置。早在古希腊哲学当中,柏拉图(Plato)的理念论实际上就奠定了"精神"的特殊位置。柏拉图的"洞穴隐喻"就表达了这样一种思想,即理念是第一性的,现实则是第二性的。④在柏拉图看来,各种理念构成的世界是第一性的,是不可知的,是独立存在的,其构成了一个精神的实体。正因为理念是不可知的,因此,要通过培养哲学家来尽可能地去接近理念。⑤而现实世界反而是虚幻的、第二性的、派生性的,是理念世界的复制品。换言之,理念性的精神存在于人们的主观能动性行为之前,而人们的学习行为就是要唤醒这种客观性理念。柏拉图之后,奥古斯丁(Augustine)对"精神"这一概念做了进一步阐发。奥古斯丁在论述上帝之城时,就描述了一个导向上帝一致性的精神世界。在奥古斯丁看来,个体堕落后被上帝惩罚,就是因为个体缺乏强有力的意志,这就出现了精神和肉体的紧张关

---

① "精"在《老子》《周易》《管子》《吕氏春秋》《黄帝内经》和《淮南子》等文献中都有精辟的论述。

② 《周易》,杨天才、张善文译,中华书局 2011 年版,第 569 页。

③ 庄子:《庄子》,方勇译,中华书局 2010 年版,第 554 页。

④ 柏拉图:《理想国》,郭斌和、张竹明译,商务印书馆 1986 年版,第 272—311 页。

⑤ [古希腊]柏拉图:《柏拉图全集》第 2 卷,王晓朝译,人民出版社 2003 年版,第 596 页。

系。正如奥古斯丁所指出的,个体克服欲望追求一种纯粹的精神世界,以此来决定自己的命运。①意志是奥古斯丁的核心概念。这是因为上帝的世界是一种理想世界,但是每个个体因为摆脱不了自己的欲望,所以就处在苦和恶的状态之中,而意志的作用就是要通过对恶的限制而达到自由状态。②总之,无论是柏拉图的理念还是奥古斯丁的意志,都表达了一种超越物质的状态。

需要指出的是,黑格尔在《精神现象学》一书中对这一问题进行了较为详细的讨论。黑格尔对"精神"进行了较为完整和经典的论述。精神也是黑格尔思想中的核心概念。③黑格尔对"精神"这一概念的构建和讨论主要是建立在柏拉图、奥古斯丁等思想家的基础之上的。黑格尔将柏拉图的"理念"和奥古斯丁的"意志"相结合提出了"精神"这一概念。黑格尔的精神概念既避免了理念的不可知性,同时也将奥古斯丁的意志转化为个体将要达到的一种整体状态。黑格尔对"精神"这一概念的界定和讨论对于我们理解企业家精神中的"精神"的本质性内涵具有重要的启示意义。黑格尔在讨论精神时将其分为主观精神、客观精神和绝对精神。这三点都对我们理解企业家精神有着重要的启示意义。笔者尝试将其总结为如下几个方面。

第一,企业家的意识、自我意识与理性。主观精神主要包括三个层次的内容,即意识、自我意识和理性。④在黑格尔看来,意识更多是一种感性的、确定性的行为,即对外部世界有一种感知能力。⑤对于企业家来说,企业家意识需要对企业的管理活动有一些基本判断。譬如,盈利是企业生

---

① [古罗马]奥古斯丁:《论自由意志:奥古斯丁对话录二篇》,成官泯译,上海人民出版社2010年版,第139—141页。

② [古罗马]奥古斯丁:《论自由意志:奥古斯丁对话录二篇》,成官泯译,上海人民出版社2010年版,第142—147页。

③ [德]黑格尔:《精神现象学》,先刚译,人民出版社2013年版,第9页。

④ [德]黑格尔:《精神现象学》,先刚译,人民出版社2013年版,第269—272页。

⑤ [德]黑格尔:《精神现象学》,先刚译,人民出版社2013年版,第61—70页。

存的物质基础。企业家意识就是要研发出好的产品和某个可以持续获得收益的赛道。如果企业家对自己所选择的赛道和盈利状况等基本的目标缺乏基本判断,那就可以被认定为缺乏企业家意识。企业家的自我意识主要涉及与其他企业家的比较。其主要表现为要对企业的状态、未来的成长空间有清醒的判断和认识。譬如,企业家要充分地认识到其所处的赛道是否有足够的空间。对于这一点,小米的创始人雷军在一次演讲中就提到,阿里巴巴给他的最大启示之一就是要有一个巨大的市场。①雷军这里所提到的"巨大的市场"指的是选择一个有足够发展空间的赛道。如果赛道空间不够,那么未来该空间中产出的收益就会受到限制。正因如此,雷军在创立小米时将手机作为其主营业务。同时,雷军近年来还决定将新能源汽车作为其未来发展的重要方向。②这些决定都是基于企业家对未来赛道的整体判断。同时,企业家还需要与赛道中的竞争对手进行客观比较。因此,企业家需要对自身有明确的定位。黑格尔在论述自我意识中还提到了怀疑主义的重要性,即不能对自己过度的乐观。③同时,黑格尔还提到了斯多葛主义,即要对未来充满期待。④这些对我们思考企业家精神都有重要的启示意义。

理性包括企业家对自我意识的整体判断,以及在经营活动中对成本收益的合理估计。同时企业家也要适度地引入外部资本或者合作伙伴,从而为自己的经营活动创造更好的条件。这些都需要企业家的理性。黑格尔对"理性"的讨论与"意识形态"和"道德伦理"有着密切的关系。⑤在

---

① 雷军:"从大拿们的创业史中我学到了三点",https://business.sohu.com/20140523/n399935267.shtml,访问时间:2021 年 10 月 2 日。

② "雷军谈造车 小米只有成为电动汽车前五强才能成功",https://www.sohu.com/a/594041316_258858,访问时间:2021 年 10 月 2 日。

③ [德]黑格尔:《精神现象学》,先刚译,人民出版社 2013 年版,第 129—133 页。

④ [德]黑格尔:《精神现象学》,先刚译,人民出版社 2013 年版,第 126—129 页。

⑤ 陈爱华:"黑格尔理性概念的自我否定性",载《江苏社会科学》,2010 年第 5 期,第 96 页。

黑格尔看来,理性表现为一种自在自为的个体性。①对于企业家来说,企业家要从企业的整体出发,做出更加理性的观察和判断,并将其落实到具体的实践活动当中。这样做的目的就是让企业得到更好的发展。需要指出的是,黑格尔的这三个概念:意识、自我意识和理性,与康德的三个概念:感性、知性和理性,在内涵上也有一些一致之处。②在这里,意识更多对应感性阶段,自我意识则更多对应知性阶段。

第二,企业家的社群。黑格尔精神概念的第二层次是客观精神。在这一层次,黑格尔主要是将培育国家公民作为其教化的主要目标。③黑格尔在客观精神中讨论的是法律、道德、国家以及世界历史的形成。换言之,黑格尔对于客观精神所讨论的不再是个体的精神状态,而是整个社会和国家的精神状态。在黑格尔看来,客观精神主要分为三个层次,分别是家庭、市民社会和国家。④黑格尔的这三个层次与中国人讲的"修身、齐家、治国、平天下"有相似之处。黑格尔将这一客观精神从个体层次不断向社群(集体)层次推进,这对于我们理解企业家精神的社群特征也有着重要意义。企业家精神首先表现为少数精英企业家的个体行为。同时,这种行为要取得更加广泛的社会效应,就需要影响更多的个体。换言之,企业家精神首先在精英企业家所经营的企业内部传播,然后,这种客观精神会逐步外溢到市民社会。市民社会可以看成个体的联合体。企业家精神若对社会形成整体性的影响,就需要将其外溢到各个领域。换言之,其不仅存在于企业领域,还要弥散到社会领域。按照黑格尔的观点,客观精神的最高状态是国家。市民社会体现为不同利益集体的相互争夺,而国家则可以在不同利益之间达成一种平衡,从而进入一种更

---

① 〔德〕黑格尔:《精神现象学》,先刚译,人民出版社 2013 年版,第 150 页。
② 〔德〕康德:《纯粹理性批判》,邓晓芒译,人民出版社 2004 年版,第 52—54 页。
③ 邱安琪:"培育国家公民:黑格尔'客观精神'中的教化及其作用",载《思想战线》,2021 年第 5 期,第 165 页。
④ 〔德〕黑格尔:《法哲学原理》,范扬、张企泰译,商务印书馆 2011 年版,第 50 页。

加整体的状态。①黑格尔的讨论对我们的启示是,企业家精神最终要形成一种整体状态。在现在的社会中,这种整体状态不仅表现为企业在创新驱动下的效率的提高和服务品质的提升等,同时还体现为广泛的社会责任。从这一意义上讲,企业家精神就与整个国家的发展紧密地结合在一起,从而成为国家与社会内在发展的不竭动力。

第三,企业家的信仰。黑格尔精神哲学概念的最高层次是绝对精神。其主要讨论的内容是美学、哲学和宗教。这些内容主要体现在《美学讲演录》《宗教哲学讲演录》《哲学史讲演录》等著作中。黑格尔认为,艺术以一种感性方式对理念世界进行理解,宗教通过一些表面特征来理解理念,哲学则通过一些核心概念对理念的内涵进行关照。②黑格尔的绝对精神中的"绝对"类似于海德格尔在《哲学论稿》中的"元一"(Einfalt),其具有"包罗万象"和"终极"的特性。③黑格尔的讨论对于我们思考企业家精神的一些终极问题具有重要的启示意义。在黑格尔看来,认识活动必须摆脱单纯的主观性,并把这种认识提升到精神的高度上。④黑格尔认为,人类精神的最高状态是美学、哲学和宗教。⑤黑格尔对绝对精神的讨论对我们理解企业家的终极价值问题有一定的启示。一些企业家热衷于公益或者宇宙探索等,其目的之一就在于追求一种对终极问题的回答。企业的经营活动在某种意义上还是一种美学。一些企业家不断追求企业经营的细节,或者不断地为企业设定目标,就是希望达到一种类似于美学的境地,

① 〔德〕黑格尔:《哲学科学百科全书 III 精神哲学》,杨祖陶译,人民出版社 2015 年版,第291 页。

② 〔德〕黑格尔:《哲学科学百科全书 III 精神哲学》,杨祖陶译,人民出版社 2015 年版,第36—37 页。

③ 欧阳英:"黑格尔绝对精神的'绝对性'辨析",载《世界哲学》,2020 年第 2 期,第 99 页。

④ 俞吾金:"黑格尔精神认识论初探——重读《精神现象学》和《精神哲学》有感",载《北京大学学报(哲学社会科学版)》,2010 年第 5 期,第 28 页。

⑤ 〔德〕黑格尔:《哲学科学百科全书 III 精神哲学》,杨祖陶译,人民出版社 2015 年版,第325—349 页。

即通过一些标志性实践形成某种奇迹。

　　企业的经营活动在某种意义上还体现为一种哲学或知识体系。一些企业家在企业经营活动中具有自己的思考，并会将自己所思考的内容形成一套概念体系，譬如日本著名实业家稻盛和夫对《论语》中思想的理解①、海尔集团创始人张瑞敏对企业经营哲学的概括等。②企业家的经营理念和经营哲学往往会超越其经营活动本身而在社会中沉淀下来。伴随社会热点的上下波动以及企业经营中面临的诸多事件，企业家在企业的经营中能够感受到，企业要实现可持续发展是极为困难的。因此一些企业家会在经营活动中总结一些经商之道或哲学性的思考。这也许就是一些企业家在其企业经营活动达到一定高度之后，往往追求著书立说的基本动力。

　　除了美学和哲学之外，宗教或心灵则是企业家精神的最高层次状态。譬如，稻盛和夫在 2010 年以零薪水出任面临经营困境的日本航空公司董事长。经过稻盛和夫两年多时间的管理和经营，日本航空公司扭亏为盈。之后，稻盛和夫又将自己的全部资产都捐给了国家。稻盛和夫的这种做法就是一种超越物质的绝对精神状态。在其所著的《活法》和《心法》等著作中，我们可以发现稻盛和夫用佛教中的某些精神内涵来严格要求自己。③再如，福耀玻璃的创始人曹德旺的著作《心若菩提》也体现了企业家超越物质的一种精神追求。④当然，在经营活动中达到这种精神状态的企业家个体是极为少见的。

　　质言之，黑格尔的精神理论整体上可以被看成一种社群主义的表达。在黑格尔看来，作为共同体的国家，其目的主要是实现道德的绝对理念。

　　① ［日］皆木和义：《稻盛和夫的论语》，郭勇译，海南出版社 2011 年版。
　　② 张兴龙：《张瑞敏的儒商智慧》，浙江大学出版社 2011 年版。
　　③ ［日］稻盛和夫：《活法》，曹岫云等译，东方出版社 2019 年版；［日］稻盛和夫：《心法》，曹岫云等译，东方出版社 2018 年版。
　　④ 曹德旺：《心若菩提》，人民出版社 2017 年版。

在这一共同体之中,善只有在公共生活中才能得以实现。①社群主义下的企业家精神更多地被看成企业家与社会共生的文化状态。从这一角度出发,企业家精神就不再是精英性的少数活动,而是一种社会弥散性的大众化行为。商业精英要实现企业的可持续发展,不仅需要不断创新,而且也需要得到企业和社会大众的支持。

四、在社群与契约之间的动态平衡

关于社群主义的讨论不仅仅出现在法学领域和哲学领域,政治学领域对社群主义也有充分的讨论。政治学领域的社群主义主要强调社群对个体的意义,其目标在于克服个体权利过度所带来的问题和缺陷。这是因为个体是由其所在的社群所决定的。个体的特性本质上依赖于社群。②正如哈佛大学政治哲学教授迈克尔·桑德尔(Michael Sandel)所指出的:"没有任何超越的主体能够处于社会或经验之外。"③个体与社群关系的思想与中国的传统文化有诸多相似之处。因此,我们在研究企业家精神的过程当中,可以借鉴西方学者关于社群主义的一些讨论,并在其基础上整合中国传统文化的元素,然后提出带有中国情境的企业社群主义观点。在这一部分,笔者首先尝试从社群主义的视角对新时代中国的企业家精神作一理论性探讨,然后再对中国企业家精神中的社群和契约的辩证性内涵加以论述。具体说来,社群主义视域下的中国企业家精神主要包括如下内容:

第一,平衡股东利益与非股东利益。社群主义的企业家精神更加强调股东利益和非股东利益之间的平衡。社群主义强调企业处在一个社群

---

①　[加拿大]查尔斯·泰勒:《黑格尔》,张国清、朱进东译,译林出版社 2002 年版,第 674 页。

②　刘军宁编:《自由与社群》,生活·读书·新知三联书店 1998 年版,第 18 页。

③　[美]迈克尔·桑德尔:《自由主义与正义的局限》,万俊人等译,译林出版社 2001 年版,第 14 页。

之中。在这一社群之中,围绕着每个行为体会形成不同的圈层结构,而这种圈层结构在互动当中会交叉形成一个个复杂的社群。各种社群的复合又构成了一个大的社群。因此,从社群主义出发,企业更多是社群中的一个单元。任何一个企业都处在社群之中。企业需要从社群之中获取各方面发展的基本资源,同时企业也需要不断地为社群提供物质性和精神性的回馈。正如第一章所讨论的,企业的内部社群不仅包括股东,还包括管理层、员工、消费者群体等。而这里的企业家精神就需要在股东利益、债权人利益、员工利益和消费者利益之间寻求一种平衡,而非仅仅股东利益优先。同时,企业也处在外部社群之中。企业的外部社群由一系列层级构成。譬如,企业所处的行业为企业提供基本的竞争环境。与行业相对应的另一维度是企业所在的社区,社区为企业提供一些基本的保障和服务,是企业之所以能存在的最重要的社群。在社区和行业之外,更大的社群是国家。这是因为许多大型企业的发展与国家的成长和支持密切相关。通常来讲,一个企业不仅要关注内部社群的利益,而且还要与外部社群在行动上保持某种一致性,即从观念上、情感上以及行动上与外部的社群紧密地联系在一起,这才是企业的永续发展之道。因此,企业家要从社群主义的立场出发,去承担相应的责任。譬如,在 2021 年的郑州水灾期间,鸿星尔克的 5000 万元捐赠引发了网民的"野性消费",这实际上就是企业与外部社群的互动。当然,企业的捐赠在某种意义上也可能会成为企业经营的突破点。

第二,企业的层次、规模和时间。正如在第一章中所讨论的,社群主义的企业家精神还需要考虑企业的层次、规模和时间。不同层次和规模的企业对经济效益和社会效益的理解是完全不同的。初创型企业由于其规模较小,因此其可能更多地需要考虑经济效益。如果初创型的企业家过多地将精力放在社会责任上,而忽视了企业核心的经营活动,则很有可能会使企业陷入困境。这是因为企业首先要在激烈竞争的环境下生存下来。伴随着企业规模的变大,其外部性将越来越强,这时企业就需要更多地考虑社会效益。对于超大规模企业而言,其往往会成为一个城市或国家的支柱性产业,而关注社会效益会在其综合考量中占据越来越重要的位置。这是因为这些企业在社区或城市具有很强的标识性,企业的行为将成为社会的风向标。如果这类企业只关心经济效益,而较少考虑社会效益的话,那么其将会招致社会的批评。换言之,企业不仅要重视企业效益,而且还要重视社会效益。我们在访谈某位企业家时,他也提到了企业效益和社会效益的关系:"社会效益好,你的企业效益就好啊。我觉得这两者是良性循环的。如果你创造不出企业效益,你哪来的社会效益?你没有好的社会效益,那某种程度上也说明你的企业效益是不行的。"(A05 D省某科技公司总经理)

对此,政府的功能就在于要促使大型企业在经济效益和社会效益之间达成一种平衡。时间原则主要指的是时间长短对于社群主义下的企业有重要意义。对于一个注重长期效益的企业来说,社群本身就是一个相对长期的存在。如果企业是一个临时的短期项目组合,那么这个企业实际上不需要投入太多的时间和精力,因为它对社区缺乏长期和稳定的预期。需要指出的是,大多数企业都关注企业的永续存在。换言之,当企业的股东发生变化时,企业仍然是存在的。这也是企业在现代社会生活中发挥越来越大作用的原因之一。譬如,大多数消费者在购买企业产品时,并不看重企业的投资者是谁,而是认同其所消费的物品与企业之间所构成的社群联系。同样,行业与企业也是这样一种关系。如果一个企业在推动公平运营、信息披露、社会责任等方面采取了积极的行动,那么整个行业会对这个企业的行为给予认可。企业也会逐渐成为整个行业的标杆。

第三,强调家国情怀。进入新时代以来,党和国家领导人在不同的场合都表达了企业家需要有家国情怀的观点。譬如,习近平总书记在2020

年 7 月 21 日的企业家座谈会上指出："企业营销无国界，企业家有祖国。优秀企业家必须对国家、对民族怀有崇高使命感和强烈责任感，把企业发展同国家繁荣、民族兴盛、人民幸福紧密结合在一起。"①这种家国情怀更多是中国传统文化的现代表达和社会效益的实现方式。譬如，中国的传统文化非常注重财与善的结合。企业的经济效益再大，如果不将其转化为社会效益，这也只是一种"小财富"。只有将经济效益转化为社会效益，才能将财富转化为一种大财富。②换言之，中国传统文化中的财富观更多地表现为一种伦理财富观，其关注的核心是财富的义利关系和财富分配问题。譬如，孔子提出的"君子喻于义，小人喻于利"，以及董仲舒所提到的"仁人者，正其道不谋其利"。③其更在于要藏富于民。相比而言，西方中世纪以来的财富观更多地表现为一种增殖财富观，其关注的核心是财富的增长和在创造财富的过程中的产权安排等相关制度。④

需要指出的是，对于西方发达国家来说，一个不断成长的企业同样要维系其与国家和社会的，较为和谐的共同体生态。譬如，爱迪生在表述其电灯公司的使命时，就会强调其目的是要将电灯带入千家万户，这本身就是一种社群主义的宣言。但西方企业家的这种社群主义的内容更多受到基督教文化的影响，而中国企业家所强调的社群更多地体现为一种家国情怀。换言之，家国情怀在中国的企业文化中更加明显。譬如，我们在访谈时问到了家国情怀的问题。一位企业家提到："国家利益高于一切，因

---

① 习近平："在企业家座谈会上的讲话"，https://m.gmw.cn/baijia/2020-07/21/34015512.html，访问时间：2023 年 2 月 25 日。需要指出的是，在西方学者关于企业地位的讨论时，就已经出现了契约主义与社群主义的论争。这就意味着中国的企业文化中更加强调的责任意识和家国情怀在某种意义上也是具有普遍意义的。

② 李玉："创业不为发财：试论张謇的财富观"，载《暨南学报（哲学社会科学版）》，2022 年第 10 期，第 44 页。

③ 董仲舒：《春秋繁露》卷 9《对胶西王越大夫不得为仁》，上海书店出版社 2012 年版，第 158 页。

④ 马涛："中西方传统财富观的特点及对近代发展分流的影响"，载《中国经济史研究》，2021 年第 6 期，第 134 页。

为平时接受政府的一些帮助也比较多，所以我觉得政府有难，肯定我们民营企业必会努力去协助政府渡过难关。"(A11 E省某电器集团公司总经理)关于中国企业家精神的家国情怀，很多学者都有相关的研究。譬如，吴炯等人以企业家鲁冠球为例，通过扎根理论的研究方法，发现中国的企业家精神是一个层次性和整体性的动态发展系统，即小我的企业家—企业的企业家—中国的企业家。[①]在国家的相关文件中其实也有类似的论述。譬如，中共中央和国务院在2017年9月8日发布的《关于营造企业家健康成长环境 弘扬优秀企业家精神更好发挥企业家作用的意见》中的内容也体现了这一点。[②]笔者尝试将这份意见所体现的社群主义的内容进行简要梳理，并将其分为自我责任、社群责任和国家责任。具体内容见表3-1。

表 3-1 新时代企业家精神的责任精神

责任精神	自我责任	创造经济效益；关爱员工；发展实体经济。
	社区责任	公益慈善；精准扶贫；应急救灾；支持国防；促进就业；节约资源；保护生态创造社会效益；投身供给侧改革。
	国家责任	参与"一带一路"等国家重大战略实施；参与引进来和走出去战略；参与军民融合发展；参与中西部和东北地区投资兴业；国家使命感和民族自豪感；个人理想与国家实践的融合；人类共同体的理想。

来源：笔者自制。

第四，适度的政府干预。社群主义的企业家精神主张国家或政府有干预和引导企业选择的责任。企业家精神主要强调一种内部自发的行为，而政府的功能则更多地作为外部的保障性容器。关于政府的功能，契

---

① 吴炯、张引："中国企业家精神内涵研究——以企业家鲁冠球为例"，载《管理案例研究与评论》，2019年第3期，第259—272页。

② 《关于营造企业家健康成长环境弘扬优秀企业家精神更好发挥企业家作用的意见》(2017年9月8日)，http://www.gov.cn/zhengce/2017-09/25/content_5227473.htm，访问时间，2022年12月15日。

约主义和社群主义持不同的观点。契约主义下的市场更多地表现为一种分散的决策机制。其主要由企业自愿来决定如何分配资源。相比于契约主义，社群主义下的市场则更多地强调政府的积极作用。国家或政府是一种相对比较集中的机制。在某些情况下，政府可能会引导企业作出决策。在这里需要指出的是，政府干预不一定会妨害企业的发展，①其重点在于要界定好政府的职能和边界。②这是因为政府行为与企业家精神之间存在一定的内部张力。政府过多地干预会阻碍企业家精神的发挥，而且也可能会出现官僚主义和寻租问题。这就要求政府在法治的框架下要对企业进行有效的干预。

中国企业家精神的内涵更多是社群主义与契约主义之间。西方的企业家精神更多体现为契约主义。中国的企业家精神表现出与西方不同的社群主义特征。这样的社群主义特征有中国自身的文化特征。然而，在推进企业家精神的过程中，我们还应该更具备国际视野，即不仅要以社群主义为基础，还应该更多地将契约主义的合理成分吸收进来，"取其精华，去其糟粕"。例如，契约主义比较强调的法治原则就需要成为中国在培养企业家精神中加以坚持的重要原则。笔者也会在第二部分专门讨论如何形成企业家精神培育的法治机制。当然，中国文化有非常强的社群属性，而这一点也渗透到企业家精神内涵的表达之上。我们同样要将这种企业社群主义更加现代化，并积极主动地与国际企业家精神加以对话。

在与西方互动的过程中，中国的企业家精神可以影响到国外的企业家和民众。要坚持这种国际视野，就需要在一定程度上吸收契约主义的

---

① 德国历史学派的创始人弗里德里希·李斯特（Friedrich List）就讨论了国家干预与经济发展的重要性。李斯特以英国等国家为例考察了国家干预与国家衰落的关系。在李斯特看来，英国的发展与自由经济没有必然关系，反而是政府干预经济的结果。在李斯特看来，德国不可以放弃国家干预，一旦放弃，其自己所建立的工业体系如果想要与国外成熟的工业在完全自由的环境下竞争是不可能的。弗里德里希·李斯特：《政治经济学的国民体系》，陈万熙译，商务印书馆1961年版，第100—101页。

② 彭东琳："社群主义对构建和谐社会的意义"，载《探索》，2011年第3期，第173页。

精华,这样也可以在一定程度上规避社群主义的一些局限性。社群主义的内在局限性表现为其因为共同体的目标在某些环境下可能会牺牲法治精神。因此,吸收契约主义的精华则有助于规避这一问题,使得中国企业家精神的内涵更加充实和完整。另外,在社群主义与契约主义之间并不意味着对两者的强调是同等程度的。这里要更加偏重社群主义,一方面因为这是中华文化中最内核的部分,另一方面这也是新时代企业家精神更加强调的内容,新时代企业家精神更加主张企业家要从国家或社会的整体层面来思考问题,有更大的责任担当,这些都是相对强调社群主义的内涵。

本章小结

这一部分讨论的核心问题是,新时代中国的企业家精神的理论基础需要从契约主义(企业个体的利益),还是更多从社群主义(公共利益)来考虑。从契约主义的角度出发,企业家精神更多地表现为企业个体的行为。这是因为每个企业个体都是理性的经济人。在经济人自利的行为之下,社会会达成一种自发秩序。从社群主义的角度出发,企业家精神则更多的是一种公共利益和公共行为。这是因为企业本身就是一种社会化的存在。企业家对其他企业家的影响以及对社会的整体影响都表现为一种社会性行为。因此,企业家精神更多地要从公共利益的角度来进行思考。笔者在这一部分主要就这两类观点进行了讨论,并从这两种不同的视角出发去考察企业的定位以及企业家精神的不同内涵。

中西方在企业文化上是有区别的。相比而言,中国文化更加强调社会效益,而西方文化更加强调经济效益。当然,在西方的文化传统中,也会出现关于企业社会效益的讨论。一些标杆性企业家同样会强调企业与社会的关系。契约主义和社群主义在西方的地位是不同的。在西方的企业家精神的理解中,契约主义是主导性的存在。因此,在西方学者关于企业家精神的内涵定义中,更加强调冒险和精英主义的内涵,而社群主义是非主流的存在。尽管西方思想界也出现了社群主义企业家精神的观点,并一直试图与主流对话,但是从某种意义上讲,其很难去颠覆契约主义在西方的主流位置。当然,社群主义的一些观点可能会对契约主义形成一种参照系效应。想要形成更加温和的企业家精神则需要在契约主义和社群主义之间达成平衡。契约主义追求经济效益,社群主义更多关注社会效益,而企业行为则需要在经济效益和社会效益之间达至平衡。当然,不同规模的企业其侧重点会有所不同。

质言之,新时代中国的企业家精神不仅是企业家的个体性行为,也是一种社会整体性行为。企业家精神归根结底是由战略型企业家引领、创新型企业家追随、政府和社会组织仿效、社会大众整体支持的一种社会性行为。然而,由于战略型企业家可能并不总是从社会整体的利益角度出发,因此,政府的功能就是要作为一种外部约束性力量,对战略型企业家的引领功能以及社会大众的支持效果等做一些外部的约束和引导。

第四章　新时代的数字经济与大众企业家精神

　　数字经济是人类社会发展的新阶段。进入新时代以来,数字经济越来越成为促进人类生产和丰富人们生活的重要内容。譬如,2016 年 9 月,G20 杭州峰会发布的《二十国集团数字经济发展与合作倡议》中就明确提到,发展数字经济将极大地促进各国经济增长。数字经济成为经济发展的新动能。[1]笔者在本章主要想探讨的问题是,当前数字经济背景下,如何进一步发挥企业家精神的作用。本章主要分为四部分:第一部分主要尝试讨论数字经济的基本内容和本质;第二部分和第三部分将重点放在作为产销者的个体之上来讨论如何在个体的基础上激发大众企业家精神;第四部分则从理论抽象的高度尝试讨论马克思概念上的自由人联合体与大众企业家精神之间的关系。

一、新时代数字经济的内涵和本质

　　“数字经济”一词最早由唐·泰普斯科特(Don Tapscott)在 20 世纪 90 年代提出。泰普斯科特在其《数字经济》一书中讨论了互联网对经济的

---

　　① 蔡跃洲、牛新星:“中国数字经济增加值规模测算及结构分析”,载《中国社会科学》,2021 年第 11 期,第 4—5 页。

影响。①当前国内学者对数字经济的讨论集中在信息技术、通信技术以及数字技术等方面。②目前学界关于"数字经济"这一概念并没有形成统一的共识。整体上来看,数字经济主要以数字产业化和产业数字化作为其重要特征,以数字生产力变革作为主要的创新动力,其目标则主要是普惠全民和提升国家创新竞争力。③总之,数字经济是一个包容性较强的概念,其内容既包括第三次工业革命后的互联网经济和移动互联网经济的内涵,同时也包含当前第四次工业革命的智能经济内涵。④数字经济的本质是一种共享经济。其主要是建立在人工智能、大数据、云计算、物联网、区块链等新型信息技术之上的新的经济样态。⑤

在数字经济的背景下,生产力共享将成为一种常态。根据马克思主义经济学的观点,生产力分为生产资料和劳动者。而数字经济是"继农业经济、工业经济之后的主要经济形态"。⑥数据、算力和算法成为数字经济时代最核心的生产要素。算法决定了数字经济发展的高度和质量,而算力则决定了数字经济发展的速度和广度。数字技术通过广泛的链接和智能匹配等能力,提供了越来越多的可共享的机会。当前,中国将促进共享发展列入政府职责和企业社会责任之中。⑦进入新时代以来,中国经济的加速发展与数字时代的来临重合,中国敏锐地抓住了数字时代

---

① Don Tapscott, *The Digital Economy*: *Promise and Peril in the Age of Networked Intelligence*, New York: The McGraw-Hill Companies, 1995, pp.156—168.

② 张泓、董聚元、王璐:"中国数字经济高质量发展:内涵、现状及对策",载《人文杂志》,2022 年第 10 期,第 75—76 页。

③ 董慧:"数字经济时代人类命运共同体构建的哲学思考与中国智慧",载《南京师大学报(社会科学版)》,2022 年第 5 期,第 79 页。

④ 关于当前是否处于第四次工业革命,学界们有不同的认识。一些学者认为,当前应该是后工业化社会;一些学者认为,当前应该是第四次工业革命,即以智能为基础的革命。

⑤ 陈镜先、周全林:"数字服务税:内容、挑战与中国应对",载《当代财经》,2021 年第 4 期,第 28 页。

⑥ 国务院:《"十四五"数字经济发展规划》(2021 年 12 月 12 日),http://www.gov.cn/zhengce/zhengceku/2022-01/12/content_5667817.htm,访问时间:2022 年 1 月 12 日。

⑦ 江小涓:"以数字经济促进共享发展",载《经济日报》,2022 年 5 月 18 日。

这一主题。①2015 年国务院发布了《促进大数据发展行动纲要》，这一纲要明确提到，加快数据资源的开放共享是促进大数据发展的主要任务。之后，国家出台了一系列关于数据开放共享的相关文件。数据只有通过共享才能发挥其价值。换言之，随着数字经济的到来，越来越多的商业模式将以一种共享的方式呈现。②具体来说，数字经济时代所体现的共享不仅包括物品方面的共享，还包括算力共享、算法共享、数据共享和劳动者共享等方面。

第一，算力共享。人工智能主要可分为三个阶段，即计算智能、感知智能和认知智能。而计算智能是人工智能的基础，同时也是未来一切智能活动的基础。随着信息社会的快速发展，海量数据涌现，"数据即石油，算力创造价值"的理念被越来越多的人认可。在一国或者一个地区的范围之内，形成较为基础的算力设施将会变得至关重要。换言之，算力将会成为未来新型基础设施的最重要组成部分。而这一基础设施如果要发挥其最大价值，就需要以一种共享的方式而实现。算力共享主要指的是在网络信息的基础之上，以云计算技术作为存储数据和信息共享的手段，并在合法的情况下对用户的数据进行分析，从而使其发挥价值。需要指出的是，当前，算力共享并不是完全的免费，而是一种基于成本的共享。在算力共享的基础之上，当个体或组织运用人工智能的相关技术时，就不需要再去构建自己的效率设施，而是需要运用公共的算力设施，这就给其创

---

①　王天夫："数字时代的社会变迁与社会研究"，载《中国社会科学》，2021 年第 12 期，第 73 页。

②　譬如，对于很多家庭来说，作为个人私有物品的汽车，其使用效率并不高。如果汽车可以实现完全自动驾驶，共享智能汽车就会成为未来出行的重要选择，即个体不再有必要拥有汽车，而是拥有某段出行服务即可。这样将极大地提高汽车的使用效率，减少个体为了寻找汽车所带来的时间成本。同时，共享的智能汽车还会大大提高汽车在公共空间内的使用效率、减少堵车时间以及提高通行效率等。Dimitrios Efthymiou, Constantinos Antoniou and Paul Waddell, "Factors Affecting The Adoption of Vehicle Sharing Systems By Young Drivers", *Transport Policy*, Vol.29, No.3, 2013, 66.

新性活动提供了基础。

第二,算法共享。随着信息技术的发展,算法对人类社会的影响越来越普遍。正如布兰特·米特斯塔特(Brent Mittelstadt)等学者所指出的,算法不仅调节社会过程、商业交易、政府决策,而且对我们如何感知和理解自己,以及我们与环境之间的互动等都产生重要影响。[①]算法因其在迅捷处理信息、提高行政效率、保障社会福利和优化治理能力等方面的作用,也被逐渐应用于现代行政规制领域中,比如治安风险预警、行政信用评级、行政自动化决策、"秒批秒办"等方面。[②]对于企业来说,算法可以帮助企业及其员工快速制定出较为合理的决定和可信的计划,从而提升企业的经济效益。算法共享越来越成为重要趋势,并使得算法的价值最大化。在算法共享的过程中,基于成本的考虑,低代码开发将可能会成为首要选择。低代码开发在某种意义上是算法共享的一个典型例证,即由一些平台开发类似于开源的应用软件,其可以让那些在各个应用场景中并不具备计算机编程能力的人,在这些开发好的软件的基础之上再进行二次开发。这种低代码开发某种程度上可以极大地加快数字化的进程。低代码开发背后的核心其实是算法共享,即主要由底层的工程师基于算法开发一些公共性的应用。同时,计算机编程工程师也需要将这些算法的基本逻辑,以算法告知的方式告诉那些在工具上进行二次开发的开发者,使其可以在实际的应用场景中结合编码的需要做数字化的应用。因此,在软件开发的过程中,人才将变得尤为重要。换言之,数字化转型成为各行各业的重点,然而数字化转型推进中最大的困难就是缺乏足够的人才。[③]

---

① Brent Mittelstadt, Patrick Allo, Mariarosaria Taddeo, Sandra Wachter and Luciano Floridi, "The Ethics of Algorithms: Mapping the Debate," *Big Data & Society*, Vol.3, No.2, 2016, 1.

② 王贵:"算法行政的兴起、挑战及法治化调适",载《电子政务》,2021 年第 7 期,第 2 页。

③ 曹正勇:"数字经济背景下促进我国工业高质量发展的新制造模式研究",载《理论探讨》,2018 年第 2 期,第 102 页。

　　第三,数据共享。数据是数字经济时代的基本能源。当前的许多产品就是在数据的基础之上不断地迭代而形成的,譬如,抖音的千人千面算法。①因此,数据对于数字时代的重要性不言而喻。政府在推动数字经济发展的过程中,其重要的任务之一就是推动数据的开放和共享。政府将手中掌握的公共数据逐步地向社会大众和企业开放,以帮助企业和社会大众在这些数据的基础之上,再做一些有利于改善社会状态或提高企业经营效率的应用。与此同时,在数据共享的过程中也要警惕平台垄断和数据歧视等问题,譬如,大型平台型企业掌握了大量的高质量数据,这很容易造成其对数据的绝对垄断,②萨菲亚·诺布尔(Safiya Noble)在其著作《算法的压迫:搜索引擎如何强化种族主义》一书中就揭示了算法和资本之间的关系,并呼吁要通过监管来打破大型科技企业的行业垄断。③针对这一问题,平台型企业贡献数据和提高数据的质量将有助于缓解当前的数据垄断问题。同时政府也要提升其常态化监督水平。对此,2022 年 12 月 15 日至 16 日在北京举行的中央经济工作会议中就明确指出,要大力发展数字经济,同时也要提升常态化监管水平。鼓励平台企业在创造就业、引领发展和国际竞争中大显身手。④需要指出的是,针对这些问题,一些国家或地区已经制定了相关的应对措施,譬如,欧盟正在开发和推进的 INDECT 智能预警系统,其将公共摄像头、社交网络、互联网上发表的内容和许多其他来源的信息搜集到一起,并通过算法对之进行分析。如果发现数据对公共安全形成威胁,这一系统将自动发

---

　　① 陈冬梅、王俐珍、陈安霓:"数字化与战略管理理论——回顾、挑战与展望",载《管理世界》,2020 年第 5 期,第 222 页。

　　② Danah Boyd and Kate Crawford, "Critical Questions for Big Data," *Information, Communication & Society*, Vol.15, No.5, 2012, pp.673—674.

　　③ Safiya Umoja Noble, *Algorithms of Oppression：How Search Engines Reinforce Racism*, New York：New York University Press, 2018.

　　④ "中央经济工作会议在北京举行　习近平李克强李强作重要讲话　赵乐际王沪宁韩正蔡奇丁薛祥李希出席会议",载《人民日报》,2022 年 12 月 17 日,第 1 版。

出警报。①

第四，劳动者共享。劳动者共享成为数字经济条件下的一个重要内容。这一点集中地体现在目前的新型社会用工等灵活就业的样态之中。②目前的一些平台型企业出现了大量的灵活用工，譬如，美团的外卖骑手。骑手并不是美团的正式员工，而是与第三方公司签订协议的用工人群。再如，在抖音、快手等平台上分享短视频的个体。这些个体并没有与平台签订相关协议，这也体现了一种非正式就业的方式。又如，在滴滴平台上工作的非正式就业的司机，也没有与滴滴公司签订劳动合作的协议。在传统的工作样态下，劳动者与公司之间往往会签订一种排他性的协议③，即某个劳动者与一家公司签订协议之后，该公司对劳动者的劳动时间、劳动创造等都具有排他性的处置权。随着数字化时代的来临，这种新型的经济条件使得劳动者可以在相对自由的条件下，形成较为松散的就业协议。对于那些没有签订劳动协议的企业而言，劳动者的劳动不再是排他性的，而是具有一种共享性，譬如，滴滴司机既可以通过载客来获取收入，也可以通过直播等其他方式来获取收入。

在这里需要指出的是，随着共享经济的到来，数据安全问题也引起了人们的广泛重视。而区块链技术的出现则为数据安全提供了巨大的安全保障。数字经济中的生产关系的变革与区块链技术有着密切的关系。区块链被看成一次新的生产关系的革命④，在区块链的基础上，共享和协作的特征将会更加明显。区块链主要包括分布式账本、点对点技术、密码学

---

① ［德］克里斯多夫·库克里克：《微粒社会：数字化时代的社会模式》，黄昆、夏柯译，中信出版社 2018 年版，第 166 页。

② 戚聿东、丁述磊、刘翠花："数字经济时代新职业发展与新型劳动关系的构建"，载《改革》，2021 年第 9 期，第 71 页。

③ 戚聿东、丁述磊、刘翠花："数字经济时代新职业发展与新型劳动关系的构建"，载《改革》，2021 年第 9 期，第 73 页。

④ 高奇琦："区块链在智能社会中的政治经济意义"，载《上海师范大学学报（哲学社会科学版）》，2021 年第 1 期，第 109 页。

和共识机制。①分布式账本是一种多方记账机制，可以使得相关的参与方都保留账本的内容，这使得在数字经济中，参与者可以在一个更加平等和相互协作的基础上展开合作。点对点进一步强化了分布式账本的功能，其可以去除中心化的超级节点对其他节点的把控，并在分布式的节点之间直接地进行交互共识机制，以此来保障参与的相关方可以在某一个透明规则的基础上实现共识。密码学则通过非对称加密、哈希算法等技术来保护参与方信息传递中的隐私。简言之，区块链就是一个大规模的协作机制，其可以让在数字经济中分散的就业和碎片化的经济形态朝着某个整体化的目标去推进。②

在四个共享的基础上，数字政府建设也进入了新阶段。进入新时代以来，数字政府建设成为政务内容的重要方面。国家相关文件都强调了大数据在提升政府服务方面的作用。譬如，国家发展和改革委员会在2012年和2017年先后发布了"十二五"和"十三五"的《国家政务信息化工程建设规划》，其中提到了数字政府建设的重要性。国务院在2015年发布的《国务院关于积极推进"互联网＋"行动的指导意见》中也提到了数字政府建设的重要性。十九届四中全会再次提出要建立健全运用互联网、大数据等技术手段进行行政管理等内容。2023年2月27日，中共中央、国务院印发了《数字中国建设整体布局规划》。在该规划中提到要"提升数字化服务水平，加快推进'一件事一次办'，推进线上线下融合，加强和规范政务移动互联网应用程序管理"等内容。在数字经济背景下，数字政府建设的目标主要在于提升政府服务的质量和效率，从而满足大众更加多元化的需求。建设数字政府不仅有助于营商环境的优化，而且还能

---

① 高奇琦："智能革命与国家治理现代化初探"，载《中国社会科学》，2020年第7期，第91—93页。

② 高奇琦："区块链在智能社会中的政治经济意义"，载《上海师范大学学报（哲学社会科学版）》，2021年第1期，第110页。

满足企业对政府服务的要求。其具体内容主要体现为:一是以企业需求为导向,提高政府服务意识和简化工作程序,并使政府的工作更适应数字化时代企业的需求;二是通过数字技术促进政府部门在形式和手段等方面进行创新;三是通过数据共享等方式增加行政监督的公正性和透明性以满足企业的知情权等内容。总之,建设数字政府更多地表现为一种治理结构的改革,而优化企业的营商环境则更多地表现为政府功能方面的提升。除了以上内容之外,数字化政府对于提升行政许可、行政征收、行政监察、政府信息公开等方面都具有重要的作用。[1]

质言之,新科技是数字经济的技术基础。[2]数字经济不仅促进了经济的可持续发展,并在激发企业家精神方面也发挥着重要的正向作用。[3]新时代以来,数字经济越来越成为引领当前经济高质量发展的重要引擎。企业家精神则是驱动数字经济增长的内生性力量。[4]

二、数字经济与企业家精神

在工业化社会,企业家群体的数量相对较少。而企业家精神往往是少数精英的行为。因此很多学者在讨论企业家时,更多情况下将其界定为精英群体。随着数字化时代的来临,越来越多的个体参与到创新性生产当中,企业家的群体呈现出扩大趋势。[5]这里需要讨论的问题是,在新的数字经济的条件之下,企业家精神的样态与之前会有何种不同?数字

---

① 韩春晖:"优化营商环境与数字政府建设",载《上海交通大学学报(哲学社会科学版)》,2021年第12期,第31页。

② 谢易和、许家瑜、许航敏:"数字财政:地方实践、理论辨析及转型思考",载《地方财政研究》,2021年第4期,第18页。

③ 卜美文:"企业家精神赋能可持续发展的影响机制研究",载《财经科学》,2022年第9期,第75页。

④ 余东华、王梅娟:"数字经济、企业家精神与制造业高质量发展",载《改革》,2022年第7期,第61页。

⑤ Satish Nambisan, "Digital Entrepreneurship: Toward a Digital Technology Perspective of Entrepreneurship," *Entrepreneurship Theory and Practice*, Vol.41, No.6, 2017, pp.19—20.

经济所带来的新的样态给我们的启示是，其所要求的企业家精神与传统的工业经济条件下的企业家精神似乎有所不同。数字化的特征要求企业的管理者不仅要调整和改革传统的雇佣关系，最为关键的是要唤醒企业员工身上的企业家精神。如果要推动当前数字化转型的顺利实施，就需要更多的个体拥有企业家精神的特质，使得企业家精神成为一种弥散化状态。因此，笔者这里所讨论的大众企业家精神更多地表现出一种精英企业家精神的弥散化特征。譬如，海尔集团所提出的："人人都是CEO"就体现了企业家精神的弥散化特征。换言之，越来越多的研究表明，企业家精神正在逐渐超越传统的个体范畴而广泛地存在于每一个组织成员的身上。企业家精神的弥散化成为企业可持续发展的重要动力之一。[①]具体来说，数字经济条件下的企业家精神呈现出一种新的内涵和特征。笔者尝试将其总结为如下几点。

第一，以消费者为中心。在传统的营销模式当中，企业更关心的是如何盈利以及同行之间的竞争。数字化时代，企业更多关注消费者或者用户在增进企业销售流量方面的作用。电商平台的发展使得消费者的选择越来越多，因而消费者在购买商品或者相关服务时就在无形中形成了一种比较的意识。譬如，消费者经常通过平台上其他客户或消费者的评价来比对商品的价格和质量等，这在一定程度上实现了消费者与企业之间的信息对称，也促使企业在供应链管理等各方面要有极强的责任心来应对客户的要求和质疑。因此，企业如何对消费者或客户的海量数据进行及时处理，这些都需要企业的决策机构、团队运营等部门要及时地调整思维，并使得企业的运营和服务能够得到及时地升级。换言之，企业只有在同样的销售价格中出售质量更好的商品，或者是在同样质量的情况下降低价格，这样才能赢得消费者。这些都要求在互联网销售平台上参与的

① 赵东辉、孙新波、钱雨、张大鹏："数字化时代企业家精神的涌现：基于多案例的扎根研究"，载《中国人力资源开发》，2021年第7期，第92—93页。

中小微企业要具备企业家精神。

第二,企业家精神的大众化。2014年李克强总理在达沃斯论坛上提出了"大众创业,万众创新"。其实质就是企业家和企业家精神的大众化表达。随着数字化时代的来临,越来越多的个体通过独立核算的方式在平台上获得收入。这就使得数字经济背景下的商业活动更加多元化。譬如,在滴滴平台上的网约车司机,其每天都要通过独立核算来获取收入。此外,最近还出现了一个新的职业,即自律监督师,其主要工作是监督他人的行为。自律监督师的工作与现代数字技术的繁荣有着密切的关系。在现代生活中,拖延症成为一种常态,那么自律监督师的目的就是督促他人按时完成某项任务。一个自律监督师可能会在一天监督几十个人的行为,譬如,在某个时间点督促某人完成某项工作,从而获得一份较为体面的收入。[1]如果缺乏数字技术的支撑,监督师的工作就很难实现。正因为对每个技术的细节都有相应的定价机制,并且可以进行商业的衡量,网约车司机和自律监督师等新型行业的兴起就表现为一种在大众创业背景下企业家精神的弥散化和大众化。

企业家精神的大众化更多地呈现出一种弥散化的特征。企业家精神的弥散化需要建立相应的激励机制。在数字经济的条件下,每个个体参与经营的数据都会被保存并通过相应的算法将这些保存的数据进行共享。这些被保存下来的数据将成为考核个体经营活动的重要指标。譬如,数字经济中兴起的知识付费模式。[2]在传统的经济条件下,知识付费最难的部分是定价。这是因为知识付费的定价、执行和监督等都很难衡量和落实,但数字经济可以将每一个细节标准化和指标化,从而形成一个相对完善的商业闭环。这些指标将有助于建立更加明确的激励机制。而

---

① 赵丹:"自律监督师:是监督,也是陪伴",载《中国工人》,2021年10月15日。
② 张新红等:"中国分享经济发展现状、问题及趋势",载《电子政务》,2017年第3期,第6页。

在激励机制基础上所产生的定价机制将能够进一步激励个体努力工作。如果缺乏相应的激励,社会大众将无法产生一种主动性的社会行为。激励机制如果过强则可能会产生过度的商业化,社会将可能会陷入唯利是图的局面,每个个体都可能会变成精致的利己主义者。

第三,企业家精神的员工化。随着数字经济的发展,企业越来越重视创新在数字经济发展中的重要性。人的因素则是企业创新的重要前提。关于这一点,日本著名企业家稻盛和夫所创立的阿米巴模式可以给我们提供一些启示。阿米巴模式是稻盛和夫提出的激励企业员工的一种方案。尤其是当企业规模变得越来越大时,如何激励每个员工的积极性就成为企业管理中的重要难题。该模式主要强调企业中的每个员工都要主动参与到企业的管理和经营当中,而企业则依靠全体员工的努力来完成某项目标。阿米巴模式主要是将企业分割成无数个相对独立的单元,每个单元都进行独立核算和评估,这样每个单元都会变成一个类似于企业的独立状态。①稻盛和夫将独立核算基础上产生的绩效转化为一种类似于文化奖励的社会效益。②这种分割的重要性不仅可以避免平均主义等问题,而且还可以激发每个员工的工作热情。阿米巴模式某种程度上是企业家精神大众化的表现,其目标就是希望将原先精英化的企业家精神变成大众化的企业家精神,并让每个员工都以一种主人翁的精神状态参与到企业的经营活动中。③需要指出的是,阿米巴模式是当前很多企业热衷效仿的重要经营管理模式。④

第四,政府角色的平衡化。平衡化主要表现为政府在促进企业家精神的社会性弥散时,要尽量避免商业利益在社会中的过度传播,使得经济

① [日]稻盛和夫:《阿米巴经营》,陈忠译,中国大百科全书出版社2009年版,第9—10页。
② [日]稻盛和夫:《阿米巴经营》,陈忠译,中国大百科全书出版社2009年版,第62—63页。
③ [日]稻盛和夫:《阿米巴经营》,陈忠译,中国大百科全书出版社2009年版,第36—37页。
④ 黄贤环、吴秋生:"阿米巴模式下的管理会计理念、方法与创新",载《云南财经大学学报》,2018年第8期,第104页。

激励和社会激励在社会中达到某种平衡。在数字社会，越来越多的个体通过独立的激励方式来获取收入。政府的作用则在于引导整个社会大众在追求经济效益时要承担一定的社会责任。譬如，政府和社会可以在经济利益之外建立其他的一些荣誉机制，并且通过一些社会文化的引导，使得社会处于一种相对和谐和平衡的状态。笔者这里尝试引入迈克尔·沃尔泽(Michael Walser)的复合平等理论。沃尔泽认为，绝对的平等是无法实现的，真正的平等是要实现一种复合平等。①复合平等就是要在承认不同领域的不同资本处于支配性地位的同时，如何避免某一种资源跨领域地取得绝对位置。②在数字经济的背景下，我们可以探索在数字世界和物理世界之间建立一种多元化的评价体系。譬如，目前流行的元宇宙概念，就是利用一些数字空间形成某种特殊的流通介质，鼓励个体在其中达到某种自我实现的状态，而避免把所有的激励都转化为经济激励。同时我们也要尽量减少经济激励与其他社会激励自由兑换的机会，这样就可以在更大程度上实现沃尔泽所讲的复合平等的目标。

质言之，在数字化条件下，企业家精神需要从精英型群体逐渐弥散到社会大众。数字经济本质特征就是通过人工智能、大数据等相关的新兴技术为每个个体赋能③，从而激发个体的创新力。这就意味着，在数字化条件下每个个体都需要有一种企业家精神，这也是笔者提出大众企业家精神的原因。

三、大众企业家精神与数字经济的发展

为了较为深入地对大众企业家精神进行讨论，本部分尝试将日本作

---

① 姚大志：《何谓正义：现代西方政治哲学研究》，人民出版社 2007 年版，第 297 页。
② 姚大志：《何谓正义：现代西方政治哲学研究》，人民出版社 2007 年版，第 298 页。
③ Leong Carmen, et al., "The Emergence of Self-Organizing E-Commerce Ecosystems in Remote Villages of China: A Tale of Digital Empowerment for Rural Development," *MIS Quarterly*, Vol.40, No.2, 2016, pp.477—479.

为参照案例,并从该案例出发来讨论大众企业家精神对中国数字经济发展的重要性和启示意义。

企业家精神是日本近代崛起的重要精神力量。日本企业家精神最为活跃的两个时期主要为明治维新和二战之后。在明治维新这一时期,日本政府通过富国强兵、文明开化和殖产兴业等政策将日本从一个落后的农业国家转变为较为发达的工业国。同时,在大实业家涩泽荣一等人的带领和推动下,日本兴起了创办企业的高潮。[①]需要指出的是,涩泽荣一是引领日本近代资本主义经济发展的先驱。他不仅创建了日本的第一家股份制银行和股份公司,而且在其带领之下,日本的实业和教育都取得了一定的成就。[②]譬如,在涩泽荣一的影响下,一些没落的武士或者家族开始创办企业。[③]再加上政府的推动和其他外部结构性条件的辅助,日本的一大批企业在这一时期崛起。这种兴办实业的风潮在社会大众中间也得到了广泛传播,这也成为日本近代经济起飞的重要支撑。第二个时期是二战之后。二战之后,日本沦为战败国。其不仅在政治和军事等方面面临诸多的限制,而且还面临着一种自我确认的危机。在此背景下,经济方面的崛起就成为日本建立自信的重要突破口。这一时期,以稻盛和夫、盛田昭夫、丰田喜一郎、井深大、本田宗一郎等为代表的一大批企业家成为日本经济重启的核心人物。这批企业家不仅推动了日本制造业的崛起,而且他们身上所体现的创新和责任的企业家精神在技术赶超方面也对日本起到了非常重要的促进作用。这种崛起的势头在 20 世纪 80 年代末达到巅峰。日本索尼收购美国哥伦比亚公司可以作为其中的标志性事件。

---

① 涩泽荣一被称为"时代之子"和日本的"企业之父"。这两本书对涩泽荣一的贡献都有论述。具体如下:[日]幸田露伴:《涩泽荣一传》,余炳跃译,上海社会科学出版社 2016 年版;[日]宫本又郎:《涩泽荣一:日本企业之父》,崔小萍译,新星出版社 2019 年版。

② 侯丽颖:"涩泽荣一商业思想及对日本近代化的贡献",载《现代日本经济》,2021 年第 4 期,第 85 页。

③ 刘荣:"日本企业家的功利主义及激励机制",载《日本学刊》,1999 年第 4 期,第 48—49 页。

需要指出的是,明治维新和二战之后在日本出现的企业家精神都是日本的商业精英行为而非大众行为,对于绝大多数大众而言,其更多是商业活动中的微弱参与者,而不是商业活动的主导者和引领者。

需要特别说明的是,日本的企业家精神继承了日本武士精神的传统。从这一点上来说,日本的企业家精神与西方的企业家精神有明显的不同。譬如,与西方强调的冒险不同,日本的企业家精神更加强调责任。同时,绝大多数个体在日本的企业之内仍然以社群为中心开展活动。这一点主要表现为日本的"会社本位"制。①日本企业家精神的重要特征之一就是通过少数精英的极强社会责任感来推动或带动日本企业的发展。譬如,日本的多数制造业企业内部都有一种极强的工匠精神,即对工作、产品等某些方面的精益求精。这种追求精致的企业家精神在日本发展的某一阶段发挥着重要的作用,但在应对新的形态和变革,尤其是在数字时代则出现了一种转型的困难。

关于日本案例的一个经典问题是,为什么日本会出现"失去的20年"? 对这一问题的解释可以有多个因素②,但其中关于企业家精神的因素是其重要原因。日本之所以出现"失去的20年",一个重要的原因就是没有抓住互联网革命所带来的新机遇。而在移动互联网基础上产生的数字经济,其目的就是要发动社会中大众的力量,从而使企业家精神涌现。③再加上日本的社会结构很传统,譬如,在日本的政治发展过程当中,仍然可以看到长期在日本政坛上活跃的一些家族力量。家族文化在日本

① 徐梅:"战后70年日本经济发展轨迹与思考",载《日本学刊》,2015年第6期,第54页。

② 譬如,有学者从人口红利的视角探讨了中国和日本经济发展的不同。梁颖、陈佳鹏:"日本失去的二十年——基于中日人口红利的比较的视角",载《人口学刊》,2013年第4期,第21—30页;也有学者从国内政治右倾化的视角阐释日本历史不断倒退的深层原因。黄大慧:"从'村山谈话'到'安倍谈话':日本在历史认识上'失去的二十年'",载《现代国际关系》,2015年第8期,第8—15页。

③ 赵东辉、孙新波、钱雨、张大鹏:"数字化时代企业家精神的涌现:基于多案例的扎根研究",载《中国人力资源开发》,2021年第7期,第104页。

的经济、政治、社会、文化当中依然发挥着重要的作用。日本的一些企业活动尽管看起来很现代，但是整个社会文化却很传统，这些对大众企业家精神的发挥起到了某种遏制作用。

相比于中国，日本在数字经济和电子政务等方面却相对滞后。这不仅与日本的人口结构、隐私保护以及政府意识等方面有着密切的关系。①更为重要的是大众企业家精神的缺乏。日本在房地产泡沫之后进入了低欲望社会。其不仅表现为生育率低，而且还表现为个体通过自身的努力打开上升通道并改变命运的故事在新一代的社会群体中不再流行。整个社会缺乏对企业家精神的激发和重新塑造。这里的企业家精神的重新塑造表现为一种传承和弥散化，譬如，社会中经常会出现某一个故事，即创业者经过几年或者几十年的努力，将其经营的企业成功上市，然后该故事又会不断地激励后来的创新者。在各类社交平台上同样可以出现类似的造富神话，这都表现为一种企业家精神的社会传递。只有在这种激励的文化氛围当中，整个社会的活力才能够得到保持，年轻人才有动力去改变自己的命运。

中国之所以在移动互联网阶段出现了一种爆发式的崛起，某种程度上与企业家精神的弥散化以及政府政策的支持有着密切的关系。中华人民共和国成立之后，社会主义建设的目标是形成一个相对均等的社会。改革开放之后，随着市场经济的到来，每个个体的主观能动性逐渐被激发出来，再加上之后互联网时代的来临，在一个相对平等的社会基础上产生的动员机制，给予了每个个体成为企业家的可能性。②尤其是在互联网时

---

① 刘春燕："日本数字经济的'慢'与'快'"，载《经济参考报》，2021年10月28日，第2版。需要指出的是，日本政府也认识到了数字化转型对日本经济发展的重要性。譬如，菅义伟上台之后，日本政府积极推动设立"数字厅"，提高日本政府和社会的数字化水平。田正："日本数字经济发展动因与趋势分析"，载《东北亚学刊》，2022年第2期，第26页。

② 张玉利、谢巍："改革开放、创业与企业家精神"，载《南开管理评论》，2018年第5期，第4—5页。

代,每个个体都可以以一种创新者的方式,进入数字经济所带来的系统性创新活动当中去。其实"创新实现的过程,也就是个体成功发挥自身企业家精神的过程"。[1]在数字经济的条件下,一个地区的政治、经济、社会和文化等方面的软环境对激发企业家精神起着非常重要的作用。譬如,以阿里巴巴为龙头的新科技产业对杭州的发展起着非常重要的推动作用,也成为本地区的创新源泉。杭州这几年发展如此之快,其原因不仅表现为地方政府在管理创新和治理方面的改善,而且还表现为良好的营商环境等方面。[2]

随着数字时代的来临,网络销售变得日益重要。其往往通过大数据,利用互联网各大平台上的搜索算法或者广告界面来进行产品推广。小米手机最初的崛起便利用了这种互联网销售的模式,其首先通过产品创新在同等价位上将产品的质量做到极致,打造爆款产品,然后再通过互联网销售。这种低成本的获客模式的优点则在于其可以直接与消费者进行对接。从某种意义上讲,互联网销售模式就是一次让利的革命。因为同样的商品在线下的门店销售与在互联网上销售相比,多数情况会出现在互联网销售的价格较低的情况。如果是标准化的产品,那么消费者往往会以在线下的门店体验完之后,然后在互联网上购买的方式来节省成本,这就使得电子商务成为一种更加主流的商业模式,这也是一种数字化的创新。因此,电商平台成了主要的销售渠道,其中最具代表性的有阿里、京东等。需要指出的是,越来越多的企业开启了数字转型之路。我们在访谈中,一位企业家就谈到了数字转型对企业发展的意义:"对于企业来说,数字转型也许是一个潜在的非常好的机会,其既有社会责任的体现,又蕴

---

① 周大鹏:"企业家精神与中国经济的熊彼特型增长转型",载《学术月刊》,2020年第7期,第61页。

② 陈剩勇、赵光勇:"阿里巴巴为什么产生在杭州?——对政府作用、政府与市场关系的思考",载《浙江社会科学》,2017年第4期,第145页。

含着商机。"(A03 C 市某科技公司前首席发展官)

　　数字社会的大众企业家需要将创造资本、投资家的风险收益和管理者的经营能力等方面结合起来,并在各个平台上利用各种形式的经营活动,将其转化为商业利益。譬如,目前在短视频或直播平台上出现的直播带货就是一种新的商业形态。直播带货作为一种新的销售渠道,与之前的销售渠道有明显的区别。直播带货充分体现了数字时代企业家精神的弥散化特征。在直播带货之前,传统的模式通常是通过门店和直营店等来销售,譬如,国美、苏宁、OPPO 和 VIVO 就通过这一模式来销售商品,其主要利用线下门店占据了智能手机的下沉市场。这种销售模式往往以巨头和门店之间的合作为中心,需要有较强的资本沉淀。直播带货则是另一种形式的创新销售模式,其体现了社交电商的特点。其社交化特征主要指的是将商业活动与人们的社会活动相结合,并以人群的方式区分消费者,以此来进行商业活动。从本质上来看,这种商业模式具有创新性特征。其主要依赖于当前的大数据或人工智能技术来实现算法的更新。另一方面其还强调直播者的个人魅力和直播团队对供应链的掌控能力。主播所具有的人格魅力也是企业家精神中不可或缺的特性之一。[①]在工业化时代,企业家与社会大众之间形成了一种偶像与粉丝的关系,譬如,乔布斯就是苹果粉丝心中的偶像。然而,在数字经济的样态之中,主播与大众之间的关系却出现了新的样态。直播带货所产生的粉丝不同于工业化条件下完全被动的粉丝。这些粉丝的特征往往体现为一种主动的选择,甚至一些粉丝会通过个人出资组建应援团来支持主播。需要指出的是,互联网销售平台上占有数量较多的商家是中小企业[②],这些中小企业

---

　　① 黄谦明:"论商业模式创新与企业家精神——基于资源基础观的分析框架",载《改革与战略》,2009 年第 8 期,第 165 页。
　　② 邵军、杨丹辉:"全球数字服务税的演进动态与中国的应对策略",载《国际经济评论》,2021 年第 3 期,第 122 页。

为了生存下来,往往会降低成本,那么在电商平台上的中小企业商户就更多地发挥了大众企业家精神。

需要指出的是,近几年关于"996"、躺平、内卷的话题都反映了类似的社会心理。随着互联网的使用,消费者和企业之间的联系已经从过去的孤立化变为现在的开放性和及时性。消费者和用户可以通过互联网随时参与到对企业产品或服务的评价当中。尤其是随着 Z 世代的来临,很多消费者的行为,更多地表现为一种自我的满足,而这种满足再结合互联网等就会迅速成为一种消费热点。Z 世代的消费者在追求精神满足的过程当中非常强调与企业的互动。换言之,消费者或用户已经从过去的被动接受者变为主动的参与者。在此背景下,激发大众企业家精神则越来越重要。

四、大众企业家精神与自由人联合体

在数字经济的条件下,许多社会问题的解决在某些情况下都需要一种企业家精神的弥散化,即少数精英行为的企业家精神要变成一种大众企业家精神。大众企业家精神可以表征为整个社会具有发展活力的一种状态。譬如,扶贫问题是一个较为困难的结构性难题。在某些情况下,我们可以通过改善贫困地区人口的教育状况,或者利用贫困地区的地理和资源优势发展一些具有地方特色的产业,而这些不仅需要政府的引导,更需要充分发挥大众企业家的创新和责任来实现。①

企业家在其经营活动中,创新活动主要是为了实现经济效益,责任则更多表现为一种社会效益。换言之,在企业成长的初期,实现经济效益更加重要。而当企业发展到一定阶段时,其与社会的联系更加紧密,则需要

---

① 一些学者讨论了扶贫过程中的企业家精神与促进地区经济增长的关系。童泽林、冯竞丹、彭泗清:"用企业家精神扶贫的全要素模式:模式创新及管理启示",载《广东财经大学学报》,2020 年第 1 期,第 58 页。

承担更多的社会责任。责任不仅会让社会变得更有效率,同时会让社会的责任体系建设更加完整,从而使社会在一个更加负责任的基础上形成相互合作的运行体系。企业家精神中的责任内涵将会得到一种社会性,从而使得整个社会的运行变得更加高效。这里的高效率与现代社会密切相关。现代社会越来越追求一种低成本和高效率。企业则是实现社会高效率运行的主体。在马克思看来,企业的分工协作是一种高效率的组织方式。①

数字时代,我们如果要实现企业家精神的大众化和社会化,就需要发挥平台的作用。进一步说,平台要承担社会责任,而不是垄断所有利益。譬如,平台要为数字经济提供类似于公共物品的最基本资源,使得创新型企业家能够不断地涌现。而在新的赛道和持续的竞争当中,一些创新型企业家可能会成为未来的战略型企业家。进而,在这样的前提下,社会将形成一个上下自由流动的自然通道,即使个体也可以成长为优秀企业家的通道。这样可以进一步激发大量的个体参与到社会的发展过程中来。这就需要每个个体在自己的数字空间之中,不断地通过类似于企业家的创新活动,从而达到降低成本和提高效率的目标。同时,个体还要充分发挥其责任意识,积极参与到整个社会的数字化建设当中,通过人工智能、区块链等先进的科技和信息技术使得自我的主动性能够得到充分的发挥。这样才能朝着自由人联合体的目标迈进。

在马克思的"自由人联合体"这一概念的启发之下,笔者进一步尝试思考的问题是,在未来生产力发展到一定阶段时,理想的社会形态会是什么?②这里就需要回到马克思的讨论中。马克思在其分析当中认为,未来

① [德]卡尔·马克思:《资本论》第1卷,人民出版社2004年版,第362—367页。
② 有学者讨论了数字社会下国家理论的核心要素发生了新的变化。譬如,暴力吸收了数字暴力、疆域吸收了数字主权、制度吸收了数字政府、国家能力吸收了数字治理等内容,并提出了要建构数字时代的国家理论。黄其松:"数字时代的国家理论",载《中国社会科学》,2022年第10期,第60—79页。

的社会理想形态是自由人的联合体。换言之,在生产力发展到较高的阶段之后,未来社会将是一个按需分配的社会。在这一社会中,每个个体都将得到自由地、全面地、充分地发展。①现在看来,马克思的这一判断与数字经济未来的发展结果,很有可能会形成交集。尽管马克思在其所处的时代,并不一定能完全判断到数字经济的样态。实际上,马克思确实也讨论了与今天的智能发展极为类似的问题。譬如,马克思讨论了自动的机器体系问题,并认为未来的生产力可能要依赖于这样一种自动的机器体系。②这就是马克思对未来社会形态较为乐观的判断,即大量生产性的劳动由机器来完成,人可以从繁重的、重复性的劳动中解放出来,每个个体将处于一种更加自由的状态,这也是自由人联合体的本质内涵。

对于马克思的论述,笔者这里做的补充是,在达到这样一个生产力高度繁荣的条件之前,我们可能仍然需要一种符合现代经济活动特征的商业流通机制。因为人们大多数情况下还是从自身的利益出发,这也是经济学所讨论的理性人假设的基础,即每个个体在其作出判断时,可能首先要考虑自己的利益。③需要特别说明的是,理性人假设仍然是社会科学中的一个基本判断,即在生产力高度繁荣之前,我们仍然需要一种经济激励。因此,大众企业家精神将会成为自由人联合体形成的可能性条件。正如我们在计划经济时代所经历的那样,如果缺乏利益的分配机制和相关激励机制,整个社会很有可能会陷入活力不足的状态,而活力不足则可能使得社会生产受到影响,社会财富的产生也会受到遏制。在此背景下,每个个体所依赖的生产力最大化和社会财富最大化的条件将很难达到,而每个个体也将很难实现较为自由的状态。在马克思看来,现代社会危

---

① 高奇琦:"马克思主义视域下的人工智能与未来治理之道",载《政治学研究》,2021 年第 3 期,第 82 页。

② 〔德〕卡尔·马克思:《资本论》第 1 卷,人民出版社 2004 年版,第 418 页。

③ 〔奥〕路德维希·冯·米塞斯:《人的行动:关于经济学的论文》,余晖译,上海人民出版社 2013 年版,第 26—27 页。

机的本质是资本主义的危机。马克思提出以"自由人联合体"来解决这些危机。换言之,"自由人联合体"是马克思对未来新社会本质特征的最高度概括。[①]"自由人的联合体"所包括的内容表现为:消除私有财产和劳动异化,在自由联合体中改革异化的社会关系,从而消除由资本所带来的现代社会的危机。[②]因此,生产和商业的繁荣是未来达到自由人联合体的基本条件。而如果要达到这样的条件就需要依赖每个个体的主动性。在马克思看来,人自身的发展就是人的解放。

本章小结

数字共享在促进经济的可持续发展以及激发企业家精神方面发挥着重要的作用。新时代以来,数字经济越来越成为引领当前经济高质量发展的重要引擎。在高质量发展的背景下,企业家精神则是驱动数字经济增长的内生性力量。数字经济要求企业的管理者不仅要调整和改革传统的雇佣关系等,最为关键的是要唤醒企业员工身上的企业家精神。如果要推动当前的数字化转型,使之顺利实施,就需要更多的个体拥有企业家精神的特质,并使得企业家精神成为一种弥散化的状态。大众企业家精神更多地表现为一种精英企业家精神的弥散化特征。具体来说,数字经济条件下的大众企业家精神的特征主要体现为如下几个方面:以消费者为中心、以独立激励为核心、企业家精神的员工化以及以平衡为目标的政府角色等。随着数字时代的来临,消费者或用户已经从过去的被动接受者变为主动的参与者,在此背景下激发大众企业家精神则变得越来越重要。

---

① 左亚文:"马克思'自由人联合体'的人本之维",载《哲学研究》,2014 年第 12 期,第 23—24 页。

② 黄炬:"通往'自由人的联合体':现代性危机的破解方案",载《宁夏社会科学》,2022 年第 1 期,第 38 页。

第五章　新时代的共同富裕、企业家精神与政府功能

共同富裕是新时代实践内涵的重要特征和内容。[1]目前学界关于共同富裕的研究相对较多。学者们分别从促进逻辑、理论探讨、实践路径等方面对共同富裕做了比较全面的研究。但很少有学者从企业家精神的角度来研究共同富裕。笔者尝试对这一问题进行梳理和研究。本章主要分为四个部分。首先,对共同富裕的内涵和实质进行梳理;其次,对企业家精神与共同富裕的关系进行总结和探讨;再次,总结政府如何促进企业家精神以推动共同富裕;最后,笔者主要从哈维的思想出发,并从理论高度探讨企业家精神弥散化与共同富裕的关系。

一、新时代共同富裕的内涵和实质

新时代是"不断创造美好生活、逐步实现全体人民共同富裕的时代"。[2]正如习近平总书记所指出的:"必须把促进全体人民共同富裕摆在更加重要的位置。"[3]共同富裕由"共同"和"富裕"组成。这里的"共同"是

---

[1]　杨渊浩:"新时代推进共同富裕的实践之策及价值意蕴",载《江苏社会科学》2022年第6期,第72页。

[2]　《习近平谈治国理政》第3卷,外文出版社2020年版,第9页。

[3]　《习近平谈治国理政》第4卷,外文出版社2022年版,第139页。

对整个社会共同体的层面而言,即全体中国人民的富裕。从字面意义上来理解,"富裕"首先表现为物质生活的充裕。但从中央的文件以及相关学者的讨论中,我们可以发现"富裕"不仅指物质生活的充裕,还包括精神状态的饱满以及生态环境优美等方面。从相关资料出发,笔者将其相关内容总结为以下三点内容:

第一,共同富裕是整体性富裕,而非局部性富裕。共同富裕中的"共同"一词所强调的是一种整体性效果。经过改革开放几十年的发展,先富效应已经体现,因此目前更加强调"先富带动后富"这一内涵。正如习近平总书记所指出的:"全体人民共同富裕是一个总体概念,是对全社会而言的。"①这种整体性富裕并不是同步富裕,而是允许一部分先富起来,先富带动后富,最后达到全体人民共同富裕。正如邓小平同志在20世纪80年代所指出的:"一部分地区、一部分人可以先富起来,带动和帮助其他地区、其他的人,逐步达到共同富裕"。②这里的先富带动后富便体现的是一种整体性效应。我们不能将"允许一部分人先富起来"与"先富带动后富"割裂开来看待。换言之,这里的"先富"是一种策略性和阶段性的措施,而最终目标则是要达到一种整体性富裕的效果。从公平正义这一层面来看,共同富裕主要是通过矫正等制度性手段解决社会中存在的不平等问题,并让全体人民共享发展成果。③这段话中所提到的"矫正"具体体现在三次分配的过程之中,即依靠市场调节的初次分配、政府发挥主导作用的第二次分配以及依靠道德和责任感的第三次分配。前两次分配为第三次分配奠定了良好的物质基础。换言之,我们的共同富裕就是充分发挥先富群体和个体的道德和责任意识,鼓励"先富带动后富",最后达到全

---

① 习近平:"扎实推动共同富裕",载《求是》2021年第20期。
② 《邓小平文选》第3卷,人民出版社1993年版,第149页。
③ 郁建兴、任杰:"共同富裕的理论内涵与政策议程",载《政治学研究》2021年第3期,第13页。

体人民的共同富裕。正如习近平总书记所强调的："使全体人民朝着共同富裕目标扎实迈进。"①共同富裕中所强调的三次分配也是社会公平正义的体现。这是因为，如果一个社群的公共利益的享受者较少，这个社会即使强调公平和公正，也不是一个良好的社会。②这种非同步性富裕的最终目标就是要让全体人民共享发展成果，最终达到社会的公平正义。而这里的公平正义主要指的是在物质财富的分配过程中既要兼顾公平也要关注正义，从而达到社会的均衡发展。③

第二，共同富裕越来越关注精神生活。随着物质生活的充足，精神生活日益成为人们关注的重要内容。正如习近平总书记在党的二十大报告中所强调的："人民群众获得感、幸福感、安全感更加充实、更有保障、更可持续，共同富裕取得新成效。"④国内外一些研究也表明，当人们的物质水平改善之后，可能会带来诸多精神方面的问题。关于这一点，法国社会学家埃米尔·迪尔凯姆（Émile Durkheim）早已有过充分的论述。⑤迪尔凯姆通过比较发现，尽管在现代化过程中，人们的物质水平得到了显著改善，然而自杀率却比传统社会大大增加，这实际上就表明了物质与精神的某种悖谬关系。我们在采访中，一位企业的咨询师也谈到了精神生活越来越重要："说句老实话，现在年轻一代，对精神层面的关注度会越来越高，实际上这也是我们社会应该引导的方向，以及我们的物质生活比较贫乏，那么我们对物质的关注度可能会更高一些，而现在物质丰富了，我们就发现物质也就这样吧，再怎么样又怎么样呢？所以我们现在也越来越认识到，特别是一些有一定见识的或者是走在比较前面的人，都应该能够

---

① 习近平："扎实推动共同富裕"，载《求是》2021年第20期。
② 俞可平：《社群主义》，中国社会科学出版社1998年版，第100页。
③ 龚天平、殷全正："共同富裕：思想回顾与伦理省思"，载《华中科技大学学报》2022年第6期，第14页。
④ 习近平：《高举中国特色社会主义伟大旗帜　为全面建设社会主义现代化国家而团结奋斗——在中国共产党第二十次全国代表大会上的报告》，人民出版社2022年版，第11页。
⑤ ［法］埃米尔·迪尔凯姆：《自杀论》，谢佩芸、舒云译，台湾台海出版社2016年版。

看得到,精神生活成为生活的中心,而且应该占着更大的比例。"(A15 C市某科技企业高级咨询师)

因此,共同富裕要更加关注人们在物质状况改善基础上的精神生活质量。而个体精神生活的富裕,离不开高品质多层次的文化供给。[①]

第三,共同富裕并非绝对同一性的平均状态,而是允许差异性存在。共同富裕并不是一种完全整齐划一的绝对平均状态。差异性在某种意义上代表着一种社会的活力。如果社会完全处在一种绝对平均的状态,那么这个社会的活力很有可能会丧失,并最终导致整个社会失去整体向前发展的动力。换言之,富裕是一种相对状态。从整个世界范围内来看,现代化也是不断向前发展的,因此就需要国家在世界范围内始终具有一定的竞争力。而丧失活力的平均主义的国家在国际舞台上将缺乏竞争力,更不能较为持久地维持共同富裕的状态。需要指出的是,共同富裕既强调差异化的存在,但是也要防止两极分化,"绝不能出现'富者累巨万,而贫者食糟糠'的现象"。[②]当前共同富裕所面临的最大问题之一就是不平衡不充分发展。其主要表现为城乡发展不平衡和区域发展不平衡等方面。在这里需要指出的是,中国的不平衡与西方发达国家在资本积累过程中的不平衡是完全不同的。中国在发展过程中所呈现的不平衡不充分发展是共同富裕道路中所采取的阶段性措施,其目标是达到所有地区的平衡发展。而西方资本主义国家在发展过程中的不平衡并不是要达到全体人民的共同富裕,而是资本的逐利,其目标是为资本创造更多的利润。正如托马斯·皮凯蒂(Thomas Piketty)在其书中所指出的,资本主义社会的自由市场无法解决财富差距。[③]简言之,中国式共同富裕是超越资本

[①] 柏路、包崇庆:"精神生活共同富裕的文化之维",载《思想理论教育》2022 年第 12 期,第 33 页。

[②] 《十八大以来重要文献选编》(中),中央文献出版社 2016 年版,第 827 页。

[③] [法]托马斯·皮凯蒂:《21 世纪资本论》,巴曙松、陈剑等译,中信出版社 2014 年版,第 27 页。

发展图谱和矛盾范式的中国式现代化道路的基本特征和独特属性。[①]

二、企业家精神与共同富裕的关系

企业家是参与企业的组织和管理并具有企业家精神的人。企业家精神整体上是一种以创新和责任为主要内容的集体心理状态。[②]这种心理状态不仅对企业活动产生重要影响,同时在其扩散的过程中会对整个社会的向前发展起到重要的正向推动作用。而实现共同富裕离不开企业家的参与和引领。[③]笔者尝试将企业家精神在推动共同富裕过程中的作用总结为如下三个方面:

第一,整体性富裕需要更多的大众企业家涌现并发挥企业家的责任精神。如前所述,共同富裕不是一种局部性富裕,而是整体性富裕。实现整体性富裕的前提是要推动相对弱势的区域获得较好的发展。推动弱势区域整体性发展的根本是形成当地的内生性增长,而内生性增长的关键是要在当地培育一大批有一定市场竞争力的企业。这是因为企业是物质和财富的创造主体与分配主体,同时也是实现共同富裕的贡献者。[④]从共同富裕的意义上讲,激发企业家精神,发挥企业家的先锋引领作用,对本地区的经济发展将具有重要的意义。无论是在中西部地区,还是广大农村,要推动当地经济的发展,不仅要发挥本地区人民的主动性,而且还需要一批具有能力的企业充分发挥其社会责任,参与到共同富裕的实践之

① 姜英华:"共同富裕思想的政治经济学分析",载《当代经济管理》2023年第2期,第9页。

② 有学者对企业家精神的这种心理状态做过具体的讨论,譬如,丁栋虹在其著作中认为,企业家精神是指企业家在所处的社会、经济体制下,从事工商业经营管理的过程中,在激烈的市场竞争汇总和优胜劣汰的无情压力下形成的心理状态、价值观念、思维方式和精神素质。丁栋虹主编:《企业家精神》,清华大学出版社2010年版,第1—2页。

③ 习近平:"正确认识和把握我国发展重大理论和实践问题",载《先锋》2022年第5期,第5页。

④ 孙淑文、王勇:"共同富裕中的企业参与:基于制度理论的视角",载《西安财经大学学报》2022年第5期,第17页。

中。此外，当地的企业家还可以把当地优势与整体社会发展结合在一起，并通过产品和服务创新的方式参与到全国性乃至世界性的市场竞争之中。进一步说，就是只有把蛋糕做大，大家才都能分到更多的蛋糕。而企业家精神的充分发挥有助于达到财富持续增加的状况。譬如，在推动乡村振兴方面，京东推出的农特产购物节就体现了这一内容。[①]2020 年 10 月，京东启动乡村振兴"奔富"计划，并将目标设定为三年时间带动农业产值破万亿。同时，京东还在全国打造了多个奔富村。据数据统计，在 2021 年京东卖出超 6 亿件助农产品。京东帮扶计划的绝大多数销售增长都是增产增收又增利。其主要是因为京东一直在坚持走高质量的道路，通过高质量的产品来使农产品消费升级。而这种高质量则主要表现为：物流配送、产品和服务、用户体验等多个方面。除此之外，京东也对国外一些优秀品牌进行学习和研究并将其优秀经验引入国内。[②]质言之，共同富裕应该成为企业在履行社会责任时的目标，也应该成为不同性质企业在构建社会责任内容方面的最大公约数。[③]

第二，美好生活意味着企业家要充分发挥其创新精神，并提供更多更高质量的物质产品和精神产品。党的二十大报告指出："物质富足、精神富足是社会主义现代化的根本要求。"[④]在共同富裕的背景下，如何动员和激发企业家去为社会创造更多高质量的物质和精神产品，这也是新时代企业家精神的重要内容。企业家精神的目的不仅是要为企业赚取更多的利润，同时还包含着实现人类美好生活的价值使命。而这种价值使命不仅体现在企业的生产之中，也体现在第三次分配所强调的责任等方面。

---

① 傅勇："京东深耕农特产品'奔富'产业带"，载《经济参考报》2022 年 9 月 26 日。
② 吴蔚："京东助农实践产业结构新调整"，载《经济参考报》2022 年 9 月 26 日。
③ 林盼："共同富裕：企业履行社会责任的应有使命"，载《河北经贸大学学报》2022 年第 6 期，第 43 页。
④ 习近平：《高举中国特色社会主义伟大旗帜　为全面建设社会主义现代化国家而团结奋斗——在中国共产党第二十次全国代表大会上的报告》，人民出版社 2022 年版，第 22 页。

企业家精神发挥的过程就是企业家把自己的知识和技能转变为商品和服务的过程。①改革开放初期，我们的经济发展主要是效率优先和兼顾公平，现在越来越强调效率与公平兼顾。这一过程也生动地体现在共同富裕所强调的"做大蛋糕"和"分好蛋糕"这两个环节之中。企业是做大蛋糕的最直接承担者，也是民生保障的重要参与者。民生保障建设正是有效回应社会主要矛盾变化、迈向共同富裕之路的重要组成部分。②做大蛋糕的前提就是保证居民能够充分就业和高质量就业。③改革开放以来，我们绝大多数时间放在了"做大蛋糕"方面，但较少关注"分好蛋糕"。随着蛋糕做大到一定程度，就需要对两者都加以强调，分好蛋糕主要着眼于解决贫富差距问题，而这也是共同富裕的主旨所在。④

伴随着生产力的不断发展，中国进入了高质量发展阶段，这就意味着我们由原来的追求数量和规模逐步转向追求质量的发展模式。这一转变主要表现在两个方面：一方面需要企业家在追求卓越的过程中发挥创新精神，即通过对产品质量的苛刻要求和对服务的精细化提供，使得消费者对产品的认可度进一步增强。另一方面，对于精神产品的需要的增加则意味着我们要在产业之间进行平衡。这就意味着中国的产业发展不仅要重视第一和第二产业，还要更加重视第三产业服务业。服务业更多是面向人们需求的，特别是面向人们心理状态的满足。这就意味着未来产品提供中很大一部分是精神产品。精神生活的需求需要企业家在精神产品提供的过程中，充分发挥企业家的主体性精神，并通过一种内在文化引领来构建产品的核心竞争力。正如习近平总书记所指出的："发展文化事业

① 周大鹏："企业家精神与中国经济的熊彼特型增长转型"，载《学术月刊》2020年第7期，第57页。
② 焦长权、董磊明："迈向共同富裕之路：社会建设与民生支出的崛起"，载《中国社会科学》2022年第6期，第139页。
③ 袁志刚："做大蛋糕的前提与分好蛋糕的关键"，载《探索与争鸣》2021年第11期，第12页。
④ 刘国光："分好蛋糕比做大蛋糕更困难"，载《江淮论坛》2010年第6期，第5页。

是满足人民精神文化需求、保障人民文化权益的基本途径。"①同时也是"促进满足人民文化需求和增强人民精神力量相统一"的要求。②

第三,企业家精神可以促使我们用市场的方法来推进共同富裕,从而避免导向平均主义。在共同富裕发展的过程中,最需要不断提醒的就是,不能将共同富裕看成一种"杀富济贫"的平均主义。换言之,共同富裕是一种帕累托改进,是在多方收益共同增加基础上的一种资源优化。这恰恰需要企业家精神在其中发挥一种正向竞争的功能。在这种正向竞争中,我们要避免零和博弈的思维和实践模式,而需要产生一种正和博弈的效果。这就需要企业以一种社群主义的理论逻辑方式来重构企业链接社会的认知基础。第三次分配就体现了这种社群主义的特征和内涵。第三次分配需要企业家超越理性人假设,以一种全新的"共享思维"来重构企业的价值观和经营逻辑。同时发达地区的企业也要发挥其先进引领作用,帮助不发达地区的发展。譬如,东部的企业家可以通过对口支援的方式帮助西部培育具有竞争力的企业。在这一过程中,企业家精神可以完成从东部到西部的进一步激发和扩散。这样,东部企业可以获得更多的下沉市场,同时,西部企业在资源和管理经验导入的基础之上,也可以完成自身能力的基础性建设,从而为未来的产业发展奠定更加坚实的基础。

三、政府促进企业家精神以推动共同富裕

自中华人民共和国成立以来,我国政府的角色一共出现过两次比较重要的转变。第一次主要表现为在计划经济向市场经济过渡时期的全能型政府向市场型政府转变;第二次则主要表现为在市场经济逐步深入的

---

① 《习近平谈治国理政》第 4 卷,外文出版社 2022 年版,第 310—311 页。
② 《中共中央关于制定国民经济和社会发展第十四个五年规划和二〇三五年远景目标的建议》,人民出版社 2020 年版,第 25 页。

背景下从市场型政府向服务型政府的转变。①作为政策的制定者、执行者与协调者,政府在企业制度变迁和经济增长的过程中发挥着重要作用。②当前中国特色的社会主义市场经济体系还不完善,这就需要政府对市场进行适度的干预。政府干预的目的是促进企业发展,以便企业可以在市场经济中进行有效的竞争。③目前政府干预的形式主要有激励、管制、催化、培育等方面。张维迎在《企业家精神与中国经济》一书的前言中也提到了政府干预与企业家精神的关系:"未来中国经济增长主要靠创新(而非套利),企业家群体,尤其是创新企业家群体的出现有赖于一系列体制、政策和观念的变化。"④从共同富裕的层面出发,政府可以通过促进企业家精神,从而为共同富裕的整体性发展提供重要支撑。政府在促进企业家精神以推动共同富裕的过程中,建构相关的机制尤为重要。笔者尝试总结为四大机制,即责任引导机制、创新激发机制、公平竞争机制以及弥散机制。

第一,责任引导机制。企业家精神的重要组成部分是责任。从共同富裕的层面出发,这就意味着企业家需要更加主动地帮助弱势地区和弱势群体。一些西方的政治思想家对这一问题也有所讨论。譬如,在约翰·罗尔斯(John Rawls)看来,一个正义的社会应该有利于社会中的最不利者,并让其获得最大利益。⑤政府可以通过政策的引导和动员的方式,鼓励一些有能力的企业去支持西部地区的发展。需要指出的是,企业

① 金太军、鹿斌:"社会治理新常态下的地方政府角色转型",载《中国行政管理》2016年第10期,第11页。
② 刘颜、伦晓波:"我国中小企业发展过程中政府角色变迁研究",载《青海社会科学》2017年第2期,第115页。
③ [加]雷蒙德·考尔、[新]谭文良:《亚洲企业家精神与企业发展》,杨静、唐晖译,北京大学出版社2003年版,第331页。
④ 张维迎:"前言:企业家精神与中国经济增长",载张维迎、王勇:《企业家精神与中国经济》,中信出版社2019年版,第1页。
⑤ 约翰·罗尔斯:《作为公平的正义》,姚大志译,中国社会出版社2011年版,第56页。

在向西部投资时并不一定能获得利润,反而可能会给企业的发展带来不确定性和风险性。这就需要企业从社群主义的视角出发,充分发挥企业家的社会责任。在杰拉德·阿兰·柯亨(Gerald Allan Cohen)看来,一个正义的社会不仅需要强制性的规则,而且还需要有非强制性的规则,这种规则更多地表现为,所有人都要有支持平等选择的社会风尚。①换言之,社会中的富有者有责任来塑造和推动这种风尚,从而使全体人民更快地实现共同富裕。

在共同富裕的过程中,难点是如何帮助弱势地区和弱势群体建设自身的发展能力,即通过相应的机制帮助这些弱势单元真正地建立自己的发展能力。能力建设意味着企业家不仅需要向弱势地区提供一些慈善或者救助,更重要的是要将自身的优秀经验以一种可以传授和言说的方式传递给弱势地区和弱势群体。这在某种程度上需要政府来加以引导。譬如,政府可以设定相关的规则,对履行这类社会责任的企业给予一定的荣誉颁布或税收减免。另外,政府还可以通过相关的制度设计,进一步激励企业家们分出一部分精力,更多地为提高弱势单元的能力建设服务。同时,政府在构建责任引导机制方面,可以通过一系列的制度安排来驱动企业在生产和经营的过程中履行社会责任,譬如,建立相关的规则体系和评估考核体系,并通过发布指数等方式来激励企业家精神的发挥。再如,统战部、工商联、扶贫办、国资委、企业家协会等相关部门要强化企业家在履行社会责任时的使命感,并对一些在参与扶贫、促进就业等方面发挥积极作用的企业家给予相关待遇。

第二,创新激发机制。共同富裕意味着人们需要更高质量的物质产品和更加具有满足感的精神状态。这就需要企业家通过创新的方式不断提升自身产品的质量和服务。正如尼古拉斯·阿塔玛(Nicholas Attamah)

---

① ［英］柯亨:《如果你是平等主义者,为何如此富有?》,霍政欣译,北京大学出版社 2009 年版,第 169 页。

所指出的,企业家通过其创新性的商品和服务可以提高人们的生活质量。①对此,政府可以建立相应的创新激发机制来进一步激发企业家的创新精神。在这一过程之中,政府可以被看成一种创新的外部容器。知识产权部门和税收部门等相关部门都需要充分地参与到这一过程当中来。譬如,税收部门要积极考虑企业创新活动的税收减免机制,而知识产权部门则要充分地通过制度保障企业的创新权益。与此同时,对于那些拿出较高比例收益来持续投入科技创新的企业,科技部门和工信部门等相关部门要将其纳入整体性创新的框架之内,鼓励其在更广的范围内形成更高层次的发展和更强的竞争力。政府在这一过程中要发挥重要的创新协调作用。例如,科技部门和工信部门需要进行有效的科技攻关协调,即通过对创新地图的整体性把握,将一些有足够潜力的企业纳入科技创新的整体版图之中,并将大量的创新型企业培育成为具有世界竞争力的优秀企业。

各个地区的企业家日就是为了激发企业家的创新活动而专门设立的,其目的主要是在全社会营造一种尊重和弘扬企业家精神的文化氛围。表5-1是笔者搜集和整理的各个省市企业家日的设立情况。

表5-1 主要地区的部分企业家日

省 份	名 称	日 期	年 份
江苏省	南通企业家日	5月23日	2016年
浙江省	温州民营企业家节	11月1日	2018年
山东省	滨州企业家日	每单月第三个周五	2019年
广东省	深圳企业家日	11月1日	2019年
安徽省	宣城企业家日	春节后的首个工作日	2020年

---

① Nicholas Attamah, "Entrepreneurship, Government and Their Roles", *Journal of Current Issues in Arts and Humanities*, Vol.2, No.1, 2016, p.135.

（续表）

省　份	名　称	日　期	年　份
江苏省	南京市企业家服务日	每月 18 日举办	2020 年
河北省	唐山企业家日	7 月 24 日	2020 年
山东省	潍坊市企业家日	11 月 1 日	2020 年
福建省	厦门企业家日	11 月 1 日	2020 年
广西壮族自治区	广西民营企业家日	11 月 1 日	2020 年
吉林省	吉林省企业家日	11 月 1 日	2020 年
山东省	济南市企业家日	7 月 21 日	2021 年
河北省	石家庄企业家日	9 月 29 日	2021 年
山东省	临沂市企业家日	9 月 26 日	2021 年
山东省	德州市企业家日	11 月 1 日	2021 年
辽宁省	营口民营企业家日	11 月 1 日	2021 年
湖南省	长沙企业家日	11 月 1 日	2021 年
安徽省	阜阳企业家日	春节后第一个工作日	2022 年
江苏省	常州企业家日	农历正月初八	2022 年
山东省	威海企业家日	6 月 10 日	2022 年
广东省	佛山市企业家日	9 月 27 日	2022 年
广东省	中山企业家日	11 月 1 日	2022 年
四川省	南充市企业家日	11 月 1 日	2022 年
福建省	福州企业家日	11 月 1 日	2022 年

第三，公平竞争机制。新时代以来，党和国家在鼓励大众创业和万众创新的同时也非常重视完善市场中的公平竞争机制。公平竞争同样是激发企业家精神的重要内容。社会主义市场经济的一个重要要求就是要保障公平竞争，而政府在其中要发挥重要功能。一方面，政府要通过一系列的产权保护来保障企业家的合法权益；另一方面，政府则需要积极构建全国性统一大市场和公平的市场竞争机制。此外，政府还需要把反垄断作

为宏观管理和调控的一项重要任务。[①]在推行共同富裕的过程中,要避免地方保护主义。换言之,社会主义市场经济的重要要求之一就是要保障公平竞争。而政府需要在产权保护、市场准入等多个方面形成有效的制度,这样才能够在权利平等、机会平等和规则平等的基础之上形成可持续发展的共同富裕状态。

第四,弥散机制。企业家精神既与我国市场经济的大环境密切相关,同时又具有一定的社会历史文化基因。现代化不仅涉及生产力的巨大变化,同样涉及生产关系的巨大转型。因此,在现代化的过程中,心理现代化是重要的组成部分。企业家精神作为一种集体心理,在共同富裕现代化的过程中将发生重要的引导性作用。企业家对投入和产出的平衡极为敏感,因此企业家精神在整个现代化过程中会发挥重要的效率激励原则。这种效率激励可以激活整个社会,使得共同富裕现代化可以在成本约束的环境下开展。同时,共同富裕现代化是一种整体性过程,这就意味着还没有完成现代化的区域和部门同样需要被卷入现代化的洪流当中。譬如,新闻部门可以把企业家勇于承担社会责任的经典案例进行全域和全网的有效传播,这样就可以进一步促进企业家精神的弥散化和大众化。在企业家内部和外部的相互激发之下,政府就可以更加有效地形成一种企业家精神的弥散机制。这一弥散机制既强调企业家群体所极为关注的效率原则,也强调企业家作为社会一分子的责任原则,这样就可以帮助整个国家更快更有效地进入现代化转型的正向过程之中。

四、企业家精神弥散化与行动主义的共同富裕之途

共同富裕不能仅仅停留在远景目标。千里之行始于足下。我国近年在浙江就推出了共同富裕的示范区。因此,共同富裕需要立足当下并稳步

---

① 张维迎、王勇:《企业家精神与中国经济》,中信出版社 2019 年版,第 45 页。

推进。共同富裕的内涵不仅体现了全面性和层次性的特征,而且也包含主体的能动性。正如习近平总书记所指出的:"共同富裕要靠勤劳来创造。"①行动主义的共同富裕之途强调以人民为中心的发展方式,其不仅要充分发挥企业家精神的引领作用,更要尊重人民的主体地位和首创精神。行动主义的共同富裕要求每个个体要摒弃等靠要的思想,提高自身的能力建设,为实现共同富裕做出自己应有的贡献。从企业家精神来看,这就意味着我们不仅要弘扬企业家精神,同时也需要将企业家精神在社会中进一步弥散化,即我们每一个公民都要发扬企业家精神,并以行动者的方式参与到共同富裕的过程中来。笔者尝试将行动者的内涵总结为如下三个方面。

第一,积极的行动者。企业家精神表现为一种积极的集体性心理状态。对于共同体来说,这种心理状态具有先锋引领作用,并将带来广泛的社会效应。马克思有类似的讨论。马克思曾指出,在真正的共同体条件之下,人们需要在自身的联合中并通过此种联合来获取自己的自由。②建设共同富裕涉及共同体和个体的关系。其主要表现为个体通过一种社会联合的方式来共同推进共同富裕。共同富裕首先表现为一种共同体的整体状态,从协同的视角来看,共同富裕需要社会中各方利益的联合行动。如上文提到的,发达地区有能力的企业家要发扬其责任精神,帮助不发达地区。这些都是共同体内部的资源调配。同时,我们还需要将企业家精神进一步弥散化,并将其落实到每个公民个体。每个公民都要以一种积极的行动者的方式参与到这一过程之中,并通过勤奋工作,为整个共同体利益提供一定程度的物质或精神支撑。在行动的过程中,个体的创造性得到发挥,同时也将会带来更多的社会财富积累。③对于个体来说,这种

---

① 习近平:"扎实推动共同富裕",载《求是》杂志,2021年第20期。
② 《马克思恩格斯选集》第1卷,人民出版社2012年版,第199页。
③ 李辉:"共同富裕的哲学意涵",载《中南民族大学学报(人文社会科学版)》2022年第11期,第4页。

行动主义也是具体的现实的人真正占据自身本质的过程。当然,积极行动者还表现为一种自我的反省。譬如,通过自身的自省行为在一定程度上克制消费欲望的过度攀升,这样不仅可以减少资源的消耗和浪费,而且也可以共同迈向一种低碳的理想的美好生活。

　　第二,共情式的参与者。在实践共同富裕的道路上,企业家精神的弥散化过程要求个体要处理好自我与他者的关系。其主要表现为个体在迈向共同富裕的过程中不仅要做积极的行动者,而且要做一个"共情式的参与者"。"共情式的参与者"更加强调一种他者视角。西方新马克思主义学者戴维·哈维(David Harvey)的"生命之网"和布鲁诺·拉图尔(Bruno Latour)的"行动者网络"理论的实质都指向这种他者视角。具体说来,哈维的"生命之网"这一理论主要描述了一个多方行为体相互影响的共同生态图景。譬如,我们一般喜欢从第一人称来思考与外界之间的关系。但哈维认为,我们应该从共情(移情)的方式出发来思考自我与共同体的关系。正如哈维所指出的:"我们应该试图像大山、或江河、或斑点鹰或者甚至埃博拉病毒那样去'思考',并以此调节我们的思维和存在方式。"①在哈维看来:"这样的原则适用于所有的'他者',无论是'大他者'(grand other),还是我们物种中的'他者'。"②相比于哈维,拉图尔的行动者网络理论(Actor-Network Theory)是一种更加激进的提法。拉图尔的行动者网络理论把非人的行动者也作为行动者的一部分。具体说来,在行动者网络理论中,人类的行为体和非人类行为体通过多方合作来实现某种共同目标。正如拉图尔所指出的,"网络"一词指向的图景是资源集中在某些节点上,它们通过链条和网眼相互连接,进而这些联结促使离散的资源形成网络,同时扩张到每个角落。③在这里,拉图尔预设了一个更加激进

---

　　① [美]戴维·哈维:《希望的空间》,胡大平译,南京大学出版社 2005 年版,第 220 页。
　　② David Harvey, *Spaces of Hope*, Edinburgh: Edinburgh University Press, 2000, p.224.
　　③ [法]布鲁诺·拉图尔:《科学在行动:怎样在社会中跟随科学家和工程师》,刘文旋、郑开译,东方出版社 2005 年版,第 298 页。

的平等主义目标。而共同富裕某种程度上就需要多方行为体以一种更加平等的方式参与进来。这里需要指出的是,各方在行动的过程中还应该关注弱势群体的利益,譬如,在行动者网络理论当中,发达地区和不发达地区、富裕者和贫穷者等需要在更加平等的层面上展开合作。正如涛慕思·博格(Thomas Pogge)所指出的:"各类行动者应该关注最不幸者的贫困问题。"①质言之,通过一种他者视角,这样就可以在一种相对和谐的状态下共同推进共同富裕。共同富裕才能以一种"共情式的参与者"的身份参与落地和实践。

第三,建筑师与建筑工人。在西方,建筑师与创造和想象联系在一起。关于建筑师这一概念,马克思在《资本论》中有一段经典的论述,即"最蹩脚的建筑师也比最灵巧的蜜蜂要高明,这是因为在房子建成之前,建筑师的头脑里就已经有建筑的结构了"。②在哈维看来,建筑师是空间中具有审美对象的个体。哈维在马克思对建筑师讨论的基础之上提出了"反叛的建筑师"这一概念。哈维的这一概念对我们思考共同富裕道路上的行动者具有一定的启示意义。在哈维看来:"渴望变革行动的反叛的建筑师(insurgent architect)必须能够在难以置信的多样性和异质性的社会经济和政治经济条件下翻译自己的政治抱负。"③哈维给"反叛的建筑师"赋予了某种特殊的使命和功能。其中的问题就是,每个个体不一定都能够达到较高的审美状态和哈维所讨论的政治抱负。哈维之所以提出"反叛的建筑师",是因为其受到后现代主义思想的影响。哈维希望用一种反叛的审美倾向来对抗资本主义的强大符号消费的潮流。哈维的讨论对我们的启示则在于,我们在实现共同富裕的道路上,要充分发挥

---

　　①　[美]涛慕思·博格:《康德、罗尔斯与全球正义》,刘莘、徐向东译,上海译文出版社 2010 年版,第 156 页。

　　②　[德]卡尔·马克思:《资本论》第 1 卷,人民出版社 2004 年版,第 208 页。

　　③　David Harvey, *Spaces of Hope*, Edinburgh: Edinburgh University Press, 2000, p.244.

企业家的责任精神,积极引导资本为社会服务。具体说来,资本有积极和消极的作用。其积极作用主要表现为提高产品的革新和竞争力。正如马克思所指出的:"资本在无限地追求发财致富时,力求无限地增加生产力。"①其消极作用主要表现为资本的标签化运作模式。譬如,当前发达国家所提出的与碳中和和元宇宙概念相关的商品。背后主要是资本力量的推动。其具体运作主要表现为资本对商品进行标签化,从而提高商品的价格而获取利润。我们如果不对资本加以规范和约束,可能会给当前的经济和社会发展带来不可估量的危害。②某种程度上这种符号性商品并不利于共同富裕的实现。同时资本所主导的符号性消费对大众的精神生活也造成了一定的冲击。符号性消费作为一种奢侈品进入市场。其不仅对社会财富产生虹吸效应,同时也在制造社会焦虑,尤其对共同富裕中所提到的精神富裕产生一定的负面影响。精神富裕更多地表现为一种心灵的自由,但被资本裹挟的社会不可能达到一种真正的心灵上的自由。

除了符号性消费之外,我们也应该避免资本为了追求利润而对共同富裕或美好生活的构建和界定。在马克思看来,资本的目的就是获取剩余价值。③如果不对资本进行约束,就会出现"大量财富集中在少数资本家手里,而人民群众变成了一无所有的人"。④因此,从这一层面上来讲,国家对资本的干预则显得尤为重要。换言之,防止资本无序扩张是实现共同富裕的必要手段。国家的意义在于干预资本所制造的焦虑行为,并对当前快速性的符号性消费进行相关的减速,从而让资本为当前的共同富裕而服务。正如习近平总书记所强调的,在社会主义市场经济条件下

① 《马克思恩格斯全集》第 37 卷,人民出版社 2019 年版,第 178 页。
② 《依法规范和引导我国资本健康发展 发挥资本作为重要生产要素的积极作用》,载《人民日报》,2022 年 5 月 1 日。
③ 《马克思恩格斯全集》第 44 卷,人民出版社 2016 年版,第 269 页。
④ 《列宁全集》第 2 卷,人民出版社 2013 年版,第 75 页。

规范和引导资本发展,关系到高质量发展和共同富裕。[①]质言之,哈维对"反叛的建筑师"寄予诸多创造性的功能和角色。在共同富裕的实践过程之中,我们不仅需要"反叛的建筑师"来对抗资本的过度标签化的运作,同时还需要"合作的建筑师"来实践共同富裕。进一步讲,我们不仅需要"建筑师",还需要各个岗位上的"建筑工人"。

本章小结

新时代是不断创造美好生活,逐步实现全体人民共同富裕的时代。共同富裕的特征主要表现为全体性、差异性以及对精神生活越来越多的关注等方面。企业家精神与共同富裕的关系主要表现为整体性的富裕需要更多的大众企业家涌现并发挥企业家的责任精神。美好生活意味着企业家要充分发挥其创新精神。企业家精神可以促使我们用市场的方法来推进共同富裕,从而避免导向平均主义。政府促进企业家精神以推动共同富裕的努力主要表现为要建立相应的机制。譬如,责任引导机制、创新激发机制、公平竞争机制以及弥散机制等。在对企业家精神探讨的基础之上,笔者提出了行动主义的共同富裕之途。行动主义更强调每个个体都要充分发挥自我的主观能动性,并做积极的行动者。个体在参与共同富裕的建设过程当中,首先要处理好共同体和自我的关系。这是因为企业家精神表现为一种积极的集体性心理状态,对于共同体来说,这种心理状态具有先锋引领作用,并将带来广泛的社会效应。其次也要处理好他者与自我的关系。这是因为在实现共同富裕的道路上,企业家精神的弥散化过程需要自我与他者以一种移情的方式来达到。最后,在共同富裕的道路上,我们每个人都要以建筑师的身份参与到共同富裕的过程当中。

---

① 习近平:"依法规范和引导我国资本健康发展发挥资本作为重要生产要素的积极作用",载《人民日报》2022 年 5 月 1 日。

第三部分

政府推动企业家精神培育的三大机制

第六章　党建：新时代政府推动企业家精神培育的引导机制

　　在建党 100 周年之际，中央宣传部梳理了自共产党成立以来的 46 个伟大建党精神。企业家精神被纳入其中。①企业家精神作为中国共产党人精神谱系的重要组成部分，已经融入了实现中华民族伟大复兴事业的目标，成为中国实现第二个百年奋斗目标的关键因素。当前，世界正面临着百年未有之大变局，国家的发展也面临着风险和不确定性。因此，坚持党的领导是应对当前国际形势变化和实现中华民族伟大复兴的正确选择。本章所讨论的关键问题是：党建如何影响企业家精神？本章主要分为三部分内容。第一部分主要讨论中国共产党的先进性引导与企业家精神的关系；第二部分主要尝试总结中国共产党的组织引导与企业家精神的关系；第三部分则主要尝试总结中国共产党的意识形态引导与企业家精神的关系。

---

　　① 这 46 个建党精神分别为：井冈山精神、苏区精神、长征精神、遵义会议精神、延安精神、抗战精神、红岩精神、西柏坡精神、照金精神、东北抗联精神、南泥湾精神、太行精神（吕梁精神）、大别山精神、沂蒙精神、老区精神、张思德精神；抗美援朝精神、"两弹一星"精神、雷锋精神、焦裕禄精神、大庆精神（铁人精神）、红旗渠精神、北大荒精神、塞罕坝精神、"两路"精神、老西藏精神（孔繁森精神）、西迁精神、王杰精神；改革开放精神、特区精神、抗洪精神、抗击"非典"精神、抗震救灾精神、载人航天精神、劳模精神（劳动精神、工匠精神）、青藏铁路精神、女排精神；脱贫攻坚精神、抗疫精神、"三牛"精神、科学家精神、企业家精神、探月精神、新时代北斗精神、丝路精神。

一、为什么新时代企业家精神需要党的先进性领导

西方学者更多地把创新与冒险作为企业家精神理论中的主要内容。譬如,在西方自由竞争资本主义阶段,企业家精神更多地表现为由企业团体内生的一种冒险性努力和创新性的活动,而政府则更多地表现为一种"守夜人"的角色。在德国与日本等后发国家推动现代化的过程当中,政府的作用则较为明显。譬如,明治维新时期,日本政府颁布了一系列保护企业家合法权益和保证契约顺利进行的相关法律。[①]而美国政府在保护和激发企业家精神方面,则主要表现为在自由竞争前提下的引导者和推进者角色。在罗斯福新政之前,尽管美国采取的是自由主义的策略,但政府为激发企业家精神,也颁布了一系列的相关制度。从整体上来看,美国政府在企业家精神的繁荣当中一开始就扮演着重要的推动性角色。这一角色更多地表现为从外围为企业家的创新创业提供条件性的保障。企业家精神仍然作为企业家群体中的主体性活动而存在。换言之,政府不是以运动员的身份参与到企业竞争当中来,而更多扮演一种裁判员的角色。

在西方的理论中,政党与企业家精神关系的讨论极少,因为政党本身并不直接参与企业家精神的培育。在西方的政治实践当中,往往是国家在先,而政党是作为选举工具出现的,其在国家之后。因此,西方政党更多地被看作是民主选举的工具。《布莱克维尔政治制度百科全书》一书中就强调,政党在最低限度上应当被定义为一种工具。[②]关于这一点,诸多

---

① 譬如,明治维新时期,日本政府颁布了一系列保护企业家合法权益和保证契约顺利进行的相关法律。与此同时,为了进一步发挥政府的功能,1871 年日本创立地方行政机关,紧接着在 1885 年确立日本内阁制,之后又在 1889 年颁布了大日本帝国宪法。参见何勤华、方乐华、李秀清等:《日本法律发达史》,上海人民出版社 1999 年版,第 165—169 页。

② [英]韦农·波格丹诺主编:《布莱克维尔政治制度百科全书》,邓正来译,中国政法大学出版社 2011 年版,第 441 页。

学者均有所讨论。譬如,詹姆斯·伯恩斯(James Bums)在谈到英国政党时指出,"英国政党是民主的结果和工具"。①罗杰·希尔斯曼(Roger Hilsman)在讨论美国政党政治的时候也指出,美国政党是在治理国家过程中不可缺少的工具。②从整体而言,西方发达国家的政党通常采用轮替的方式执政,较少出现长期执政的政党。因此,在西方的政治实践中,政党和国家有着明确的区分。③西方国家的政党在执政的过程中,为了获得较好的执政绩效,尽管也担负着推动企业家精神培育的工作,然而这一工作并非用政党组织来实现,而主要由其整个行政系统来完成。这是由于西方发达国家采取了相对而言比较严格的政治与行政分离的系统。

　　中国的情形与西方完全不同。在中国的政治实践当中,是政党在前,国家在后,即先出现了中国共产党,然后出现了社会主义国家。一些学者将中国界定为政党—国家。④中国共产党从革命党向执政党转型的过程之中,就充分体现了这种党建国家的特征。这里所说的党建国家,主要指的是党领导国家建设及社会发展。⑤正如我国学者林尚立所指出的:"严格意义上讲,共产党不是民主政治运行的产物,而是建设社会主义革命与国家建设的产物。"⑥换言之,中国共产党首先是作为领导和核心力量而存在,其次才是作为革命与执政的力量而存在,这是中国共产党同其他国家政党的本质区别。而中国共产党对企业家精神的先进性引导则主要表

---

① ［美］詹姆斯·伯恩斯等:《民治政府》,吴爱明等译,中国人民大学出版社2007年版,第174页。

② ［美］罗杰·希尔斯曼:《美国是如何治理的》,曹大鹏译,商务印书馆1986年版,第327页。

③ 西方学者普遍认为,中国共产党所主张的先进性和实现中华民族伟大复兴等使命,对于西方政党来说根本不存在。龚少情:"中国新型政党制度对西方政党制度的双重超越及其类型学意义",载《马克思主义研究》2019年第7期,第109页。

④ 譬如,美国著名的中国问题专家沈大伟在谈到中国的共产主义政党—国家体制时提到了中国是共产主义的政党—国家体制。［美］沈大伟:"中国共产主义政党—国家体制:西方的视角",王新颖译,载《国外理论动态》2011年第3期,第48页。

⑤ 林尚立:《当代中国政治:基础与发展》,中国大百科全书出版社2016年版,第169页。

⑥ 林尚立:《当代中国政治:基础与发展》,中国大百科全书出版社2016年版,第87页。

现在共产党的先锋队性质层面。笔者尝试将中国共产党对企业家精神的先进性引导总结为如下三点：

第一，中国的特殊国情决定了企业家精神需要共产党的先进性引导。先进性既是马克思主义政党的基本属性，同时也是中国共产党践行初心使命的必然要求。[①]根据马克思主义理论，工人阶级是现代化进程中最富有革命性的阶级。而"三个代表理论"则进一步明确和界定了共产党的先进性。这种代表性使其具备了充足的合法性来对国家进行长期治理。譬如，先进性首先意味着其代表最广大人民的利益，这一概念对于先前仅仅着重强调共产党是工人阶级的先锋队组织的表述进行了更为深入的扩展与延伸。这也更加凸显了中国共产党的代表性内涵。代表先进生产力则意味着中国共产党需要不断地适应时代的变化，特别是在科技创新的大背景下，进一步推动新的技术创新。这也是中国共产党先进性的本质内涵。[②]伴随着时代的变化，还会出现大量的新的观念，而代表新的先进文化则强调意识形态的包容性和延展性，这意味着中国共产党需要在新时代精神的基础上不断调整其意识形态，将新的文化元素融入其中。先进文化作为先进性政党的精神动力，同时也是满足广大人民群众对美好生活需求的重要组成部分。

整体来讲，中国共产党之所以在社会主义现代化建设当中具有先进性和引导性，其主要是由中国共产党本身的先进性和代表性决定的。中国共产党是先进性组织，这也是中国可以超越西方资本主义国家选举政治的主要原因。西方资本主义国家的选举政治往往只能选出对某一固定任期的眼前利益作出回应的下一届政治家。换言之，西方的选举体制更

---

① 代玉启："中国共产党保持先进性的百年探索与基本经验"，载《马克思主义研究》2022年第1期，第36—47页。

② 顾海良、罗永宽："'三个代表'重要思想是推进党的先进性建设的强大思想武器"，载《马克思主义研究》2006年第8期，第15页。

多强调对当下负责,而对长远利益则缺乏整体性的考虑。西方资本主义国家的选举政治呈现出对抗化、计算化和短视化的特征,而缺乏理性和包容性。①而中国共产党的先进性则主要体现在对中长期目标的整体性考虑上。同时,中国共产党利用强大的动员能力,将全国人民组织起来参与整个社会主义现代化建设,并不断朝着中长远目标努力。此外,党员的先进性引导也会向非党员扩散,从而形成整体的先进性动力。这种特征与政治思想家让-雅克·卢梭(Jean-Jacques Rousseau)对众意和公意的讨论类似。在卢梭看来,众意主要关注短期利益。②相比而言,公意则代表一种超越公众短期意愿的中长期意愿。正如卢梭所强调的,只有公意方能够指导国家的各种力量。③中国共产党所体现出的整体先进性特征就体现了卢梭所讨论的公意内涵。整体而言,中国共产党作为先进性组织,自然要对企业家精神进行培育和引导。而中国的特殊国情决定了企业家精神需要共产党的先进性引导。习近平总书记在党的二十大报告中也明确指出:"弘扬企业家精神,加快建设世界一流企业。"④

第二,企业家精神中的创新与共产党的先锋队性质是相符的。创新是企业家精神的核心,而企业家精神的创新性活动也是社会主义现代化建设的重要组成部分。近年来,以美国为首的一些西方国家针对中国企业的科技创新活动采取了一系列"卡脖子"的遏制策略。与此同时,美国为了维护其霸权地位,还使用各种手段阻止其他国家尤其是其盟国与中国的经贸关系。⑤因此,我们要有效应对美西方的遏制策略,就需要在科

①　石晓虎:"震荡与趋势:资本主义国家选举政治新变化",载《当代世界与社会主义》2022年第3期,第88页。

②　[法]让-雅克·卢梭:《社会契约论》,何兆武译,商务印书馆2003年版,第35页。

③　[法]让-雅克·卢梭:《社会契约论》,何兆武译,商务印书馆2003年版,第23—24页。

④　习近平:《高举中国特色社会主义伟大旗帜　为全面建设社会主义现代化国家而团结奋斗——在中国共产党第二十次全国代表大会上的报告》,人民出版社2022年版,第29页。

⑤　吴心伯:"美国压力与盟国的对华经贸政策",载《世界经济与政治》2022年第1期,第76—77页。

技创新活动中坚持中国共产党的领导,充分发挥党的先锋性优势,激发企业家的创新和创造热情。只有不断地通过创新,才能够使得企业的产品、服务、管理等一系列要素在市场中获得一定的竞争力。因此,作为一种先进性群体,党员同样有可能成为企业创新创业的主体。在中国的具体实践里面,最为优秀的群体往往会在其成长过程当中被发展为党员。如果将入党名额向这部分踏实肯干的群体进行倾斜,将对保持党员队伍的纯洁性和先进性具有重要意义。①从人员的基本素质来讲,这部分最优秀的群体有能力进行创新性活动,因此通过共产党的先进性引导机制来激发党员企业家的创新精神将具有重要的意义。②创新对于人才有极高的要求。换言之,创新活动在某种意义上需要创造性支撑,而创造性支撑就需要高素质的人才。而大量的高素质人才在其发展过程当中被党组织发展为党员,这也有利于保持中国共产党的先进性。对此,各级政府要为优秀企业家建立相关的服务档案,譬如,为优秀企业家的户籍、住房、社保、医疗、子女教育等方面提供一站式服务,并由当地政府依法依规给予奖励。总而言之,这些优秀的党员企业家具有的较高的管理素质和政治素质,为中国共产党能够一直保持工人阶级先锋队的先进性作出了重要贡献。

第三,企业家精神中的责任理念与以人民为中心的理念是一致的。③中国共产党从毛泽东提出全心全意为人民服务的宗旨,再到习近平强调以人民为中心的根本政治立场,无不在理论和实践层面构建了一套以人

---

① 李小娟:"把好发展党员入口关",载《人民论坛》2017年8月(下),第104页。

② 譬如,柏英特电子科技有限公司的党支部书记梅彬,在企业的发展过程中,坚持以党建引领企业经济发展,充分发挥党员员工的先锋模范带头作用。在梅彬的带动下,企业的骨干全部都是共产党员,在企业经营困难时期,党员骨干发挥了非常重要的作用。与此同时,公司还成立了以党员为主的课题组,成功破解了平板半导体行业中真空泵的维护维修难题,冲破了国外技术封锁。梅彬获得2021年"广东省优秀共产党员"荣誉称号。参见练洁雯:"广东省优秀共产党员梅彬用实际行动诠释责任与担当",载《澎湃新闻》2021年6月30日。

③ 《毛泽东选集》第3卷,人民出版社1991年版,第1094—1095页。

民为中心的国家治理体系。①正如邓小平同志所指出的,中国共产党"是人民群众的全心全意的服务者"。②党的十八大以来,"人民"作为中国共产党治国理政的高频词汇频繁出现在党的中央会议上。譬如,在党的十九大报告中,"人民"一词就出现了 200 次左右,③而在党的二十大报告中,"人民"一词也同样出现了 170 余次。④美好生活这一目标的提出正是贯彻了以人民为中心的发展理念。在我国,无论是国有企业还是民营企业都应该要坚持人民的主体地位和以人民为中心的发展思想,并为广大人民的美好生活提供基本保障。成功的企业应该把企业的发展与国家繁荣、民族复兴及人民幸福紧密地联系在一起。这恰如邓小平同志所指出的,一切以人民利益作为每一个党员的最高准绳。⑤换言之,在中国共产党领导下的中国企业家精神的终极价值追求是为人民服务。⑥

质言之,企业家要与整个社会形成密切的联结。这就意味着企业家需要生产更好的产品,以更高的性价比来回馈社会。其责任不仅包括改善人民的生活,同时还包括承担国家战略,向国家和社会进行足量的正反馈等。中国共产党的使命是为人民服务,即带领中国人民从原先的前现代国家逐步走向更加繁荣和富强的现代化国家。而在迈向现代化国家的过程中则需要进一步推动企业家精神。这就要求企业要承担更多的社会责任,使得整个企业产生一种整体性的家国意识。在这样的背景下,企业家精神中的责任内涵便会很容易地转化为企业的社会服务。换言之,在

---

①　黄百炼:"跳出治乱兴衰的历史周期率——中国共产党永葆先进性和纯洁性的成功实践",载《当代世界与社会主义》2021 年第 3 期,第 43—51 页。

②　《邓小平文选》第 1 卷,人民出版社 1994 年版,第 218 页。

③　江文路、张小劲:"中国共产党人民观的演进逻辑与特征——基于历次党代会报告的词频统计和语料分析",载《社会主义研究》2019 年第 5 期,第 64 页。

④　习近平:《高举中国特色社会主义伟大旗帜　为全面建设社会主义现代化国家而团结奋斗——在中国共产党第二十次全国代表大会上的报告》,人民出版社 2022 年版。

⑤　《邓小平文选》第 1 卷,人民出版社 1994 年版,第 257 页。

⑥　李晓:"新时代中国企业家精神:特点与培育",载《人民论坛》2020 年第 32 期,第 52—55 页。

党的先进性的领导之下,企业家精神中的责任内涵便更容易实现。①

二、组织引导:激发企业家精神的协同效应

进入新时代以来,以习近平同志为核心的党中央尤为强调和重视党的组织建设。②譬如,在 2018 年的全国组织工作会议上,习近平总书记曾把基层党组织比喻为党的"神经末梢"。③而在党的二十大报告中,也明确提出要增强党组织的政治与组织功能。④党组织对于企业家精神的重要性主要表现为其协同效应。这种协同效应主要表现在通过动员、宣传、整合以及服务等方式把多元化的主体联结起来。基层党组织的这种协同效应对激发企业家精神有重要的意义。正如前文所讨论的,企业家精神乃是一种集体心理状态。这种状态本身需要在一种相互激发的情况下才能产生。企业家精神的协同效应主要表现为,在企业家之间的相互比较中产生的一种相互学习和激发的效应。这种相互激发可以产生乘数效应,而组织引导则会进一步激发这种乘数效应。高质量的党组织建设对于引领高质量发展、调动基层党组织和党员干部在经济社会发展中的先锋模范作用提供了有力的保障。譬如,组织部、宣传部、统战部、工商联以及企业家协会等部门要引导党员企业家创新争优,并充分发挥党员的先锋模

---

① 譬如,在疫情刚刚暴发的 2020 年初,作为全国人大代表的卓尔控股有限公司董事长阎志带领企业组织专机从不同国家筹措紧缺医疗防护物资,并与其他企业合作紧急设立了 7 家应急医院,并将企业物业改建成 3 家方舱医院。阎志始终认为,"要不断在企业发展中履行社会责任,这样才能走得更远"。宿党辉:"立时代潮头 惠国计民生——企业家精神述评",载《光明日报》2021 年 12 月 6 日。

② 譬如,党的十八大以来,党组织数量逐年上升,截至 2017 年底,党的基层组织近 460 万个,比 2016 年增加约 5 万个。"中共中央组织部发布 2017 年中国共产党党内统计公报",载《党建研究》2018 年第 7 期,第 60 页。塞缪尔·亨廷顿(Samuel Huntington)认为,共产党领导的国家在政治方面的成功主要在于其将政治组织摆在了优先位置。参见塞缪尔·P. 亨廷顿:《变化社会中的政治秩序》,王冠华、刘为等译,上海人民出版社 2014 年版,第 334 页。

③ 《习近平扶贫论述摘编》,中央文献出版社 2018 年版,第 32 页。

④ 习近平:《高举中国特色社会主义伟大旗帜 为全面建设社会主义现代化国家而团结奋斗——在中国共产党第二十次全国代表大会上的报告》,人民出版社 2022 年版,第 67 页。

范作用。

笔者尝试将组织引导激发企业家精神的协同效应总结为三个方面:

第一,通过组织建设进一步激发企业家精神。中国共产党的先锋队性质对党员企业家起到了先锋模范的示范效应。企业党组织的建设在引导企业文化、增强员工凝聚力、促进企业承担社会责任等方面都发挥着重要作用。很多学者已经探讨了党组织在促进企业发展方面的作用。譬如,龚广祥等人通过对相关数据的研究后发现,企业的党组织建设有助于提高民营企业的生命力。[①]再如,李涛等人通过梳理2014—2018年国有控股的混合所有制企业数据发现,企业应该积极吸纳党员进入企业的管理层,因为这样可以通过党组织先进的政治思想来督促管理层实现企业资产管理目标。[②]肖炜诚在文章中也提出,党组织建设是实现民营经济高质量发展的重要制度保障,健全党组织建设有助于实现民营经济高质量发展。党组织的正确引导不仅可以帮助民营企业获得贷款,而且对民营企业的发展也具有重要意义。[③]需要特别指出的是,党组织在国有企业与民营企业中所扮演的角色是有差异的。在国有企业中,党组织更多地表现为一种"领导性"角色,其更多地表现为通过政治功能来影响企业的内部管理。换言之,中国的国有企业必须全面坚持和贯彻党的领导,这不仅是中国特色的现代国有企业制度中的重要内容,同时也是中国特色社会主义的本质要求。党组织要引导和监督民营企业家加强党的理论学习和教育,积极参与党组织活动和相关的社会主义核心价值观的学习。譬如,在2020年,中共中央办公厅在其所印发的《关于加强新时代民营经济统

---

①　龚广祥、王展祥:"党组织建设与民营企业生命力——基于企业软实力建设的视角",载《上海财经大学学报》2020年第3期,第35—49页。

②　李涛、方江燕:"党组织建设与企业资产保值增值研究——基于混合所有制企业的经验证据",载《南方金融》2021年第9期,第32—43页。

③　肖炜诚:"党组织建设对于民营企业贷款问题的纠偏效果研究",载《经济社会体制比较》2021年第4期,第64页。

战工作的意见》中,就曾明确提出,"坚持党对民营经济统战工作的领导,始终从政治和全局高度谋划推进工作"。①总之,中国共产党通过在民营企业设立党组织,其主要目的是促进民营企业与党组织的关系,并为经济持续健康发展提供良好的环境支持。②

第二,通过组织建设进一步形成组织化的企业家精神。习近平总书记对党的组织建设的重要性有过十分生动的论述,即"固本强基,防止'木桶效应'"。③这句话生动形象地说明了全体党员要有一种组织的整体观,因为每个党组织都是一座坚强堡垒。④组织建设是党的建设的重要基础。⑤共产党的良好形象,需要全体党员与基层组织去维护。⑥一个政党的先进与否,最重要的是看它能否在复杂多变的历史环境中把握社会历史发展的根本规律,根据不同历史时期的特点与时俱进地去解决不同时代面临的实践和理论问题。⑦譬如,随着 21 世纪的到来,"两新"组织党建成为重要内容。"两新"组织是新经济组织与新社会组织。其中,新经济组织主要由民营企业、个体工商户以及独资、境内外合资等构成。新社会组织主要包括新建立的民间组织和非政府组织、各种协会和社团等。⑧"两新"组织的党组织功能主要体现为:巩固党的执政基础、以党建促发展及

① "关于加强新时代民营经济统战工作的意见",载《人民日报》2020 年 9 月 16 日。
② 肖炜诚:"党组织建设对于民营企业贷款问题的纠偏效果研究",载《经济社会体制比较》2021 年第 4 期,第 65 页。
③ 中共中央文献研究室:《十八大以来重要文献选编》(上),中央文献出版社 2014 年版,第 352 页。
④ 中共中央文献研究室:《十七大以来重要文献选编》(上),中央文献出版社 2009 年版,第 226 页。
⑤ 齐卫平:"中国共产党组织建设百年历史实践纵论",载《行政论坛》2021 年第 2 期,第 19 页。
⑥ 中共中央文献研究室:《十六大以来重要文献选编》(中),中央文献出版社 2013 年版,第 563 页。
⑦ 程又中:"百年大党先进性建设的历程与经验",载《社会主义研究》2021 年第 4 期,第 1—9 页。
⑧ 李明伟、索殿杰:"党建引领'两新'组织参与北京社会治理:功能和路径",载《新视野》2022 年第 1 期,第 74 页。

维护员工的切身利益等。①从企业家精神的视角来看,在新经济组织中进行党建的基本逻辑就是要形成一种企业家精神的协同效应。中小企业的创新性活动是异常艰难的。同时,一些企业家在创新和履行社会责任的过程当中,往往会感到孤立无援,而政党的组织性覆盖在某种意义上可以发挥重要的组织帮扶和心灵安慰的功能。譬如,一些企业在其创业初期的具体活动中可以找党组织帮忙。如果其有某种党员身份的话,这种党员身份又可以为其开展企业的创新活动提供一定的条件性的便利。党员企业家的行为具备企业家及共产党员的双重引领作用。②党组织内部的人员可以为其开拓一些新的机会和渠道,这会对企业创新活动形成一种整体的制度性的基础。③这一行动体现了党组织建设对组织化的企业家精神的影响。

第三,在党建与业务融合中选拔优秀的党员企业家。在党建的过程中,把企业优秀人才吸纳进党员队伍中来,不仅可以提高企业的领导水平,而且对于壮大党员队伍、巩固党的执政基础、提高员工业务水平以及促进企业发展等都具有积极的影响。党组织对优秀人才的吸引力主要在于共产党人的初心和使命。而共产党人初心和使命的核心则主要体现为满足广大人民的利益。正如刘少奇同志所指出并强调的,"努力增加自己为人民服务的本领"。④整体而言,激发企业家精神的关键是要把最具创

①　杜玉华:"加强新时代'两新'组织党建工作",载《红旗文稿》2018年第5期,第29—30页。

②　吴雨:"党员企业家的三重担当",载《党建》2018年第8期,第48页。

③　譬如,2015年,由全国工商联、国务院扶贫办和中国光彩会发起的"万企帮万村"行动就体现了组织引导的发展理念。该行动主要是动员1万家以上的民营企业帮助1万个以上的贫困村,其目标使这些村庄早日脱贫。在该行动的感召下,截至2020年6月底,有达11万家民营企业参与进来,而扶贫的村庄近13万个。这一行动主要是通过产业投入和公益投入,开展技能培训和建档立卡等方式来帮助贫困地区人民脱贫致富。该行动取得了良好的经济和社会效益。这一行动就体现了党组织建设对组织化的企业家精神的先进性引导。黄奕杰、王佩如:"'万企帮万村'行动的主要模式与成效",载《农经》2021年第3期,第92—93页。

④　刘少奇:《论共产党员的修养》,人民出版社2018年版,第66页。

新性的人才,放到重要的管理岗位上去。在 2018 年 7 月,习近平总书记在全国组织工作会议上,对新时代党组织的内涵与要求进行了极为深刻的阐述:"着力培养忠诚干净担当的高素质干部,着力集聚爱国奉献的各方面优秀人才。"①党的十九届六中全会决议中再次提到,要把先进分子特别是优秀青年吸收到党组织中。②

党的基层组织不仅可以最大限度地整合社会各类人员,而且也巩固了党在基层中的领导地位。③我们在访谈某科技公司前首席执行官时,这位执行官也谈到了党组织对优秀人才的吸纳问题:"因为一般来说,如果不是国企的话,大家通常不太会知道这个信息,但是我为什么会知道这个呢?是因为我过去这几年都在北京,尤其是在北京的科技企业,起码我在人工智能的圈子里面发现党员非常多。他们有很多来自985、211 高校里面比较好的专业,比如计算机系啊,那么他又都是代表优秀分子的。"(A03 C 市某科技公司前首席执行官)

笔者在这里尝试将法团主义引入国家与企业之间的关系研究。法团主义主要是用来描述国家与社会关系的一种特殊情况,即国家支持特殊性的社团,而这一社团在社会当中发挥重要的主导性功能。譬如,国家对全国总工会以及全国工商联的支持。国家在对某个行业进行重点支持时,往往会通过法团主义的做法。这一做法可以使得某些领域形成一些支柱性的企业。而这些企业还可以通过企业联合会等形式对整个行业形成带动性的作用。同时,这个企业也会建立一系列行业标准,不仅仅发挥其自身应该发挥的作用,还可能会在整个行业中形成某种偏社会性的功能。因为企业之间会形成一种相互的生态,特别是在一些对某个国家具

---

① 中共中央党史和文献研究院编:《十九大以来重要文献选编》(上),中央文献出版社 2019 年版,第 559—560 页。

② 《中共中央关于党的百年奋斗重大成就和历史经验的决议》,人民出版社 2021 年版,第 74 页。

③ 林尚立:《中国共产党与国家建设》,天津人民出版社 2017 年版,第 281 页。

有战略意义的产业中,往往国家需要形成这样的积极的法团主义。这种积极的法团主义模式强有力地支持了国家权威的维持,其主要表现为两个方面:一方面,国家需要商业资本的发展,地方官员需要增加对资本的控制;另一方面,商人也需要依赖于国家体制,从而得以获得在市场中的

表 6-1　第十三届全国工商联副主席中的 14 名企业家相关情况

姓名	出生年	企业名称	主要经营内容	重要事迹及相关特征(包括但不限于)
丁世忠	1970 年	安踏集团	体育用品	最大体育用品
刘汉元	1964 年	通威集团	农业、新能源	零碳化转型
齐向东	1964 年	奇安信集团	网络安全	网络安全行业第一
汤亮	1968 年	奥盛集团	高科技制造业	中国制造业 500 强
何超琼	1962 年	信德集团	房地产、运输、休闲	支持国家、慈善事业
冷友斌	1969 年	黑龙江飞鹤乳业	乳制品	民族使命、社会公益①
沈彬	1979 年	江苏沙钢集团	钢铁	最大钢铁类民营企业
张新	1962 年	特变电工股份	能源装备	排头兵企业
张兴海	1963 年	赛力斯集团	新能源汽车	2020 年《财富》中国 500 强
张宗真	1964 年	永同昌集团	房地产	特大型民营企业
黄代放	1963 年	泰豪集团	主要投资高新技术	国内制造业 500 强
鲁伟鼎	1971 年	万向集团	机电和招标	其父亲是鲁冠球,企业家精神传承
曾毓群	1968 年	宁德时代	新能源	连续五年全球动力电池世界第一
温志芬	1970 年	温氏食品	食品	国家重点龙头企业

资料来源:笔者自制。

① 安立平:《龙商总会会长冷友斌当选全国工商联副主席》,http://www.hljba.gov.cn/bas/c100749/202212/c11_230063.shtml,访问时间:2022 年 12 月 27 日。

优势地位。①在访谈中,一位企业家也谈到了这一现象:"中国的企业家有种典型的做法,叫'商而优则仕',也就是说他们积极地要去争取做政协委员,争取去选人大代表,争取成为全国工商联的成员。"(A01 A 市某科技公司总经理)

对此,组织部、统战部、工商联、企业家协会等相关部门在推荐党代表、人大代表、政协委员等方面的人选时,要提高一些具有社会影响力和突出贡献的优秀知名企业家的比例。譬如,一个企业家如果要进入全国工商联,其前提是该企业作出了一些重要贡献,并在该行业中处于较为领先的水平。上页表(表6-1)是笔者梳理的 2022 年 12 月 12 日新选出来的第十三届全国工商联 14 位企业家担任副主席的相关情况。

三、意识形态引导:产生企业家精神的弥散效应

意识形态工作一直是至关重要的工作,它关系到国家的长治久安、民族的凝聚力与向心力。这正如马克思所指出的,一定的意识形态的解体足以导致整个时代的覆灭。②党的十八大以来,习近平总书记反复强调意识形态对于国家建设的极端重要性。譬如,在 2013 年 8 月的全国宣传思想工作会议上,习近平总书记就非常明确地指出,意识形态工作事关国家长治久安。③2018 年 8 月,习近平总书记于全国宣传思想工作会议上再次提到了意识形态工作的重要性,并强调要做好新形势下的宣传思想工作。④推动意识形态工作的意义在于,其使得政党成员形成共同的理想信念和价值追求,其既能保障党组织内部的稳定和团结,又能成为政党成员精神支撑的重要来源。

---

① 张静:《法团主义》,东方出版社 2015 年版,第 170—171 页。

② 《马克思恩格斯文集》第 8 卷,人民出版社 2009 年版,第 170 页。

③ 中共中央宣传部编:《习近平总书记系列重要讲话读本》,学习出版社、人民出版社 2016 年版,第 193 页。

④ 习近平:《论党的宣传思想工作》,中央文献出版社 2020 年版,第 339 页。

意识形态对企业家精神的影响突出表现为一种弥散效应。其主要体现为通过党组织将党的价值观和政策立场传达给企业家，引导企业家认同中国共产党的领导，并加强广大企业家对政治运作程序的了解。[①]我们在访谈中，一位企业的书记谈到了意识形态引导的重要性："我觉得从意识形态上要做一些引导。真正来说有党员身份的，不一定有企业家精神，但是如果他没有党员这个身份的话，就更难形成意识形态认同。所以我觉得让他加入这个组织是第一步，实际上比较成功的老板很多已经步入中年了，如果现在让他加入的话，这种意识认同也很难形成。但是真正让他们发自内心地去听党话、跟党走的话，其实国家需要给他们一些福利、政策上的支持啊，或者一些引导，最终形成互利互惠共赢的理念。"（A02 B 省某公司党委书记）

质言之，企业家精神是一种精神和心理状态，而中国共产党本身代表了一种先进文化，因而通过先进的意识形态引导将会进一步激发在社会层面的企业家精神。笔者尝试将意识形态引导对企业家精神的弥散效应概括为如下三点：

第一，"国之大者"思维与企业家精神。"国之大者"关乎国家利益方向、中华民族伟大复兴与人民幸福的重大使命。自党的十八大以来，以习近平同志为主要代表的中国共产党人，准确地把握新时代以来党和国家发展的逻辑与方向，心怀"国之大者"，把握现代化强国的大逻辑、共产党执政的大逻辑和世界发展进步的大逻辑。[②]"国之大者"不仅仅是中国共产党的初心和使命，同时它也是激励着中国共产党人不断前进的根本动力。[③]企业家的"国之大者"意识主要指的是企业家要从更大的视域去思

---

① 郭定平：《政党与政府》，浙江人民出版社 1998 年版，第 19 页。

② 奚洁人："心怀国之大者：新时代党的创新理论体系建构的大逻辑"，载《毛泽东邓小平理论研究》2022 年第 5 期，第 25 页。

③ 《决胜全面建成小康社会　夺取新时代中国特色社会主义伟大胜利》，载《人民日报》，2017 年 10 月 28 日。

考企业的经营活动,并以一种家国情怀的精神状态去经营企业。我们在访谈中,有很多企业家在谈到企业利益和国家利益发生冲突时,他们都不约而同地认为要把国家利益放在第一位。譬如,有一位科技公司的总经理这样说:"那肯定是以国家利益为先,国家利益是第一位的,有了国家咱们才能说到咱个人和企业。"(A05 D省某智能科技公司总经理)

在这里需要指出的是,国有企业和民营企业对"国之大者"的理解和要求是不一样的。国有企业的"国之大者"更多地表现为坚决贯彻党中央和国务院的决策部署,以服务国家战略需要为己任。特别是对于大型国企而言,这一点至关重要。因为国企在很大程度上承担了国家战略的任务和功能,因此对于国企的企业家而言,其需要更多地考虑国家的宏观战略。①民营企业的"国之大者"则更多地表现在要坚定不移地跟党走,努力为国家分忧和为社会承担责任。②民营企业在开展企业活动时,通常会以

---

① 相关的案例非常多,譬如,作为省属国有独资的河北港口集团党委在企业的发展过程中,非常重视将企业中的业务骨干尤其是优秀青年职工发展为党员,与此同时,企业还通过"送党课服务基层"和沉浸式党课教育等多种方式来激发职工们爱党爱企和敬业奉献精神。参见吴爽:"优化党员队伍结构 助力企业高质量发展",载《共产党员(河北)》2022年第24期,第37页。再如,上海汽车(集团)股份有限公司(下称上汽)是国有控股企业,实行党委书记兼任董事长的制度。上汽自成立之初便在党建工作与公司治理的融合中探索实行"三同时、三公开"的做法,在合资谈判的同时明确建立党组织,在确定中方行政干部的同时确定党委干部,在任命中方主要行政干部的同时任命党组织书记。同时,合资企业党组织公开挂牌,党务干部公开身份,党组织公开活动。经过多年发展,上汽逐渐总结出三条党建与公司治理融合的工作经验,始终坚持党组织的政治核心地位和作用不能变,党的思想政治工作的优势不能变,全心全意依靠工人阶级的原则不能变。通过长期对党建工作的深入落实,企业党组织对上汽整体发展提供了有力保障。尤其是在汽车"新四化"浪潮来袭之后,上汽集团在党组织领导下不断攻克技术难题,不忘产业报国的发展初心,在数字科技与产品融合方面推陈出新,成功实现了向高科技创新型企业的转型。参见张奕雯:"上汽集团:坚持与时俱进 以党建推动创新发展",载《中国汽车报》,2021年6月21日。

② 譬如,上海联创永钧股权投资管理有限公司董事长韩宇泽对此也有精彩的论述。韩宇泽认为,作为一名基层党务工作者和投资机构的负责人,最重要的是在企业经营管理中发挥好基层党组织政治核心作用,并始终牢记党员的第一身份。在新冠疫情常态化防控的情势下,韩宇泽及所管理的联创资本帮助了一批融资难的中小企业,尤其是针对以基础科学研究和新药开发为重点的高新技术企业,尽管当时联创资本自身亏损也比较严重,韩宇泽依然展现出了党员企业家身上所体现的"国之大者"的精神风貌。参见"韩宇泽:党员企业家勇担时代使命",2021年5月25日,https://m.thepaper.cn/baijiahao_12845754,2022年12月27日。

企业利益为优先考虑。因为它们需要在竞争激烈的市场中存活下来，才有能力承担相应的社会责任。正如在访谈中，一位企业的书记提到："恰恰是这种不大不小的非公企业，因为在疫情时期，自身都很难去生存，可能不会太有这种家国情怀，可能还处于求生存的阶段。"（A02 B省某公司党委书记）需要指出的是，当民营企业发展到一定程度之后，如果过于关注企业的利润，将不利于企业的可持续发展。企业的发展离不开利润，但是利润不应成为企业家精神追求的全部。过度追求利润将不可避免地导致企业家精神的异化。马克思对资本的一段深刻的批评，便展现了这样一种企业家精神异化的糟糕后果："为了 100％ 的利润，资本就敢践踏一切人间法律。"①

　　第二，战略型企业家与国家重大战略实施。如前所述，"国之大者"的意识，可以让企业家有更高的站位，也可以从更加宏观或者战略性层面来理解国家的大政方针。实际上，在很多情况下，企业恰恰可以在回应国家战略的过程当中找到新的商业机会。这里的战略型企业家主要指的是那些在行业中处于一定的领导地位，同时对"国之大者"有更加深刻理解的人。譬如，发展改革委、工信委、国资委、工商联以及企业家协会等相关部门要鼓励企业家干事创业并有所担当，鼓励有能力的企业家参与国家重大战略实施。这类企业家往往可以形成某种标杆性的效应。战略型企业家需要具备战略型企业家精神。而战略型企业家精神主要指的是企业需要战略性的思维进行创新创业行动。②战略型企业家与国家重大战略实施的关系，主要表现为企业的经营活动不可避免地会与国家的整体发展密切地联系在一起。国家会根据当前的发展重点制定一系列的发展战略，而这些战略的实施同样与战略型企业家精神密切相关。譬如，在制定

---

①　[德]卡尔·马克思：《资本论》第 1 卷，人民出版社 1975 年版，第 829 页。

②　林祥、郭海、魏泽龙："战略型企业家精神与自主创新：一个研究框架"，载《科学学研究》2009 年第 2 期，第 539 页。

和实施"一带一路"或长江经济带的计划时,需要有大量的企业参与进来。而这时的战略型企业家便可以发挥一种标志性的引导作用。①米歇尔·赫特(Michael Hitt)在其著作中就讨论了富有战略的企业家对于企业和国家发展的重要性。②

国有企业在发展的过程中,更要有"国之大者"的意识。③因为国有企业其本身就具有并担负着执行国家重大战略的重要使命。④另外,规模较大的民营企业同样也要培养战略型企业家思维。中共中央和国务院在2019年12月4日印发的《关于营造更好发展环境 支持民营企业改革发展的意见》中也特别提到,让民营企业创造活力充分迸发,为实现中华民族伟大复兴的中国梦作出更大贡献。⑤战略型企业家一旦成为某个行业的标杆性人物,国家往往也会给其配备相应的政治或其他资源。譬如,国家在一些重大项目的发包过程当中,也经常会想到这些标杆性企业。这便是战略型企业家在运用"国之大者"的思维之后,获得的比较直接的回报。"国之大者"的意识要求战略型企业家在做大型的任务设计时不能总是从利润的视角来考虑问题,而应该以更为宏阔的视野来运营企业。这主要是因为大量的国家战略计划的实施需要有大量成本的投入,而得

---

① 譬如,中国中车集团的党委书记孙永才,作为一名"复兴号"高速列车研制的主持者,在引进高铁技术的过程中,孙永才意识到若想摆脱外国技术限制就必须进行自主创新,他表示,中国中车将实现高水平科技自立自强,必须牢牢掌握发展主动权。参见王璐:"为强国战略提供强大装备支撑",载《经济参考报》,2021年9月27日。

② [美]米歇尔·A.赫特:《战略型企业家:创建一种新的智力模式》,徐芬丽等译,经济管理出版社2003年版,第5—10页。

③ 姜付秀、王莹、李欣哲:"论国有企业的企业家精神",载《中国人民大学学报》2021年第5期,第84—94页。

④ 2015年9月13日,中共中央、国务院印发的《关于深化国有企业改革的指导意见》中就明确提出,"加强和改进党对国有企业的领导,做强做优做大国有企业,不断增强国有经济活力、控制力、影响力、抗风险能力,主动适应和引领经济发展新常态,为促进经济社会持续健康发展、实现中华民族伟大复兴中国梦作出积极贡献。"《中共中央国务院关于深化国有企业改革的指导意见》,载《人民日报》,2015年9月14日。

⑤ "中共中央国务院关于营造更好发展环境支持民营企业改革发展的意见",载《社会主义论坛》2020年第1期,第8—10页。

到回报的周期可能相对比较长。因此，在这里就非常需要战略型企业家拥有家国情怀的意识。战略型企业家的付出更多地体现为一种极强的责任意识。换言之，战略型企业家在不同时期都会根据国家的战略需求和企业竞争的市场环境等方面来调整自己的战略逻辑。战略型企业家不仅表现为参与国家重大战略，而且还表现为通过一些研讨会或者在接受媒体采访时传递某种信号，这样就可以更多地影响到其他企业家。

第三，发扬企业家精神和高质量发展。习近平总书记在党的二十大报告中明确指出："高质量发展是全面建设社会主义现代化国家的首要任务。"[①]高质量发展的提出意味着中国经济正在从过去重视速度、数量以及规模的阶段转向重视效率和质量的新发展阶段。在习近平总书记的这句话中，包括以下三个层面的含义：一是领域的全面性。这里的全面性体现为社会主义现代化国家的建设不是某一领域的高质量，而是所有领域在迈向现代化的过程中，都要实现高质量发展。二是目标的明确性。首要任务既体现了高质量发展的重要性，同时也指出了当前发展的目标是迈向高质量发展。这也充分地展示出我们从过去高速度和高数量型发展转为重视质量和效率的发展。三是对象的全体性。对象的全体性则意味着全体中国人民在迈向高质量发展的过程中都是受惠者，同时也是参与者。

质言之，如果要实现高质量发展，关键是要进行一种社会的整体性动员。而在整体性动员方面，党组织具有明显的优势。党组织引领高质量发展主要体现在以下两个方面：一是通过树立标杆，激励优秀党员企业家和党员员工参与到高质量发展的过程中来；二是通过整体动员，可以有效地激活其他人员的积极性，并为高质量发展注入活力。换言之，在高质量发展的过程中，我们如果仅仅依靠少数的战略型企业家，并不能实现高质

---

① 习近平：《高举中国特色社会主义伟大旗帜　为全面建设社会主义现代化国家而团结奋斗——在中国共产党第二十次全国代表大会上的报告》，人民出版社 2022 年版，第 28 页。

量发展的目标。通过党组织对企业进行整体性的社会动员就是要在战略型企业家精神的感召之下产生数量更为庞大的大众企业家。这里所讨论的大众企业家,既包括那些规模较小的私营企业主,也包括那些在大型企业中担任中层领导职务的经理人等。换言之,在追求高质量发展的道路上,企业家精神需要一种社会性的弥散。这种弥散体现在各个行业和领域当中。①弥散化的目的就是要在大型企业内部培养大众企业家。大众企业家精神不仅源于企业的内部激励,同时还源于党组织的整体性动员。传统的理解认为员工更多地是一种企业复杂任务的执行者,而对企业家的要求则相对更高,其要承担更多的创新和责任的使命。而大众企业家不仅意味着企业家群体数量的一种增加,而且还使那些处于社会基础单元的职工都有机会参加到企业的创新创业活动当中来。譬如,各级政府部门要引导广大企业职工专心制造、创造精良和精益求精,并通过企业家精神的弥散化,产生一种整体性的推力去推动经济活动的高质量发展。

本章小结

在西方的理论中,政党与企业家精神关系的讨论相对较少,因为政党本身并不直接参与企业家精神的培育。相比而言,中国的特殊国情决定了企业家精神需要共产党的先进性引导。其主要是因为企业家精神中的创新与共产党的先锋队性质相一致,企业家精神中的责任理念和共产党以人民为中心的理念也是相一致的。党中央高度重视并强调党组织的建设。组织引导的作用主要表现为其能够激发和塑造企业家精神的协同效

---

① 譬如,海尔集团创始人张瑞敏在日本阿米巴模式的启发下的做法就体现了大众企业家精神的弥散化。张瑞敏将海尔的几万名员工拆解为几千个小组织,其目的就是为了激发企业员工的企业家精神。张瑞敏的基本逻辑是:一个大型的企业长期发展可能会导致企业本身的官僚化,这样企业的创新活动便很难开展。张瑞敏汲取了日本的阿米巴模式,试图打破企业的官僚化。其将几万名职工的大规模企业拆分成几千个或者几十人为单元的创新性单元。这些创新性单元实行独立核算。海尔集团为这样的创新单元提供平台性的支撑和服务。这些被分割的单元在创新性的基础之上也可以得到有效的回报,这便是大型企业家精神的一种体现。

应。譬如,通过组织建设能够进一步激发企业家精神,同时进一步形成组织化的企业家精神。而意识形态工作对企业家精神的影响则主要表现为一种弥散效应。其主要体现为通过党组织将党的价值观和政策立场传达给企业家。意识形态引导对企业家精神的弥散效应主要表现为"国之大者"思维与企业家精神、战略型企业家与国家重大战略实施以及大众型企业家精神和高质量发展等内容。

第七章 法治:新时代政府推动企业家精神培育的规范机制

本章所讨论的关键问题是:法治如何影响企业家精神? 本章尝试从企业家精神的概念出发,力图从法治政府、法治企业和法治社会三个方面来讨论法治对企业家精神的影响。首先,从企业家精神的内涵出发,试图讨论法治对企业家精神的意义;其次,尝试讨论法治政府与企业家精神的关系;再次从企业合规、法律信仰与企业家精神的关系,试图探讨作为法治经济主体的企业如何在法治和道德的框架下开展自主性的活动;最后,尝试讨论法治社会对企业家精神的意义。

一、为何法治对于新时代企业家精神重要?

党的十八大以来,全面依法治国进入了一个新阶段。以习近平同志为核心的党中央非常重视法治对社会主义市场经济发展的重要性。党的十八届四中全会通过的《关于全面推进依法治国若干重大问题的决定》明确提出,社会主义市场经济本质上是法治经济。①2022 年 3 月 17 日,习近平总书记在全面依法治国委员会第二次会议上深刻地指出:"法治是最好

---

① "中共中央关于全面推进依法治国若干重大问题的决定",载《人民日报》,2014 年 10 月 29 日。

的营商环境。"法治在保护企业家合法权益和激发企业家精神方面都具有重要的意义。进一步说,没有法治就没有企业家精神,也就没有社会主义市场经济的持续繁荣。企业家精神的核心内涵是创新和责任。法治对于创新和责任都极为重要。具体说来,法治对企业家精神的重要性主要表现为如下三个方面:

第一,法治可以减少创新活动的不确定性。创新性活动是一种高度风险性的活动,其本身有很强的不确定性,而法治可以在一定程度上增加确定性。正如熊彼特所反复强调的"创造性破坏",其一旦出现之后,将会对传统的产业结构形成破坏性的影响。在熊彼特看来,资本主义的本质是创造性破坏。[①]熊彼特所讨论的"创造性破坏"更多表现在资本发展过程中的创新性行为所带来的生产要素的重新组合。笔者在这里所强调的"创造性破坏"主要表现为企业在创新过程中所可能面临的风险和不确定性。对于一个正处在行业上升期的企业而言,其并没有很强的动机去进行创新。因此,创新的动力问题一直是一个难题,即如何形成对创新的激励。创新可以简单分为主动创新和被动创新。主动创新就要对创新活动进行一种整体性的规划。被动创新只是在外部环境发生变化之后,被迫作出的一种反应。从历史经验来看,被迫创新成功的概率相对比较低。主动创新意味着创新者需要有极大的勇气和魄力在克服现有条件的压力之下,前瞻性地作出一些创新活动。

创新往往需要有大量的前期投入。如果前期押注的赛道错误,这些投入都可能会变成沉没成本。因此,如何对创新形成一种激励效应,一直是创新研究关注的重点。法治恰恰可以在这一过程中发挥重要作用。创新的高风险必须匹配高回报,否则创新者将没有动力去创新。这样的高回报可以通过财产权保护和知识产权保护来实现。产权保护是企业实现

① 〔美〕约瑟夫·熊彼特:《资本主义、社会主义与民主》,吴良健译,商务印书馆1999年版,第147页。

其创新权益的重要条件,也是激发企业家创新精神的基本手段。①譬如,在创新活跃的地区,投资基金或产业孵化器也发挥着重要的创新激励功能。毛其淋等人通过研究发现,创新基金可以直接降低企业的研发成本和风险。②郭研等人通过实证研究则发现,创新基金在越不发达的地区,其促进效应越显著。③曹洪剑等人通过研究也证实了创新基金对"专精特新"中小企业的创新质量具有显著的激励效应。④创新基金对于一些具有创新思维的创业者来说具有重要的意义。譬如,年轻的创业者可能会有好的想法,也选择了一个比较好的赛道,但是他缺乏早期资金,这时天使轮的创投就可能会为其提供天使基金。在运作一段时间,企业慢慢进入正轨时,A轮或B轮的资金进入,其对创新活动形成持续支持。这些对创新的投入并不是公益,而是要寻求未来的回报。一旦这家企业成长为该赛道中的重要企业,同时伴随着这一赛道的成熟,那么该企业上市的机会就会到来。这时,上市就是重要的变现机会。那些在天使轮、A轮、B轮投入的资金都可以以股权的方式变现。这一整套的创新活动都需要在法治的框架下完成。如果缺乏一个法治的环境,那么早期的资金便很难介入,同时创新者由于无法得到有效的资金支持,也不能有力地开展创新创业活动。譬如,邵传林等人通过研究发现,法治水平发展到一定程度就会有效促进企业家精神,即法治水平每提高10%,将促使企业家创业量增加2%。⑤

---

① 方中秀:"知识产权保护、企业创新动力与创新绩效",载《统计与决策》2022年第24期,第154页。

② 毛其淋、许家云:"政府补贴对企业新产品创新的影响——基于补贴强度'适度区间'的视角",载《中国工业经济》2015年第6期,第94—107页。

③ 郭研、郭迪、姜坤:"市场失灵、政府干预与创新激励——对科技型中小企业创新基金的实证检验",载《经济科学》2016年第3期,第114—128页。

④ 曹洪剑、张帅、欧阳峣、李科:"创新政策与'专精特新'中小企业创新质量",载《中国工业经济》2022年第11期,第135—154页。

⑤ 邵传林、张存刚:"法治如何影响了企业家精神?",载《经济与管理研究》2016年第1期,第89页。

第二,法治思维让企业家在一定的边界之内承担责任。企业家精神中的责任部分同样需要依赖于法治的环境。责任意味着整个社会对企业有更高的期待,并希望企业在社会中承担较多责任。从社群主义的角度来讲,企业是社群的一部分,那就需要企业在社群需要帮助的时候挺身而出,为社区的建设和繁荣贡献其力量。当然,这里的责任不能是无限责任,因为企业毕竟是一种经济组织。企业首先要有一定程度的盈利能力,才能够在激烈的竞争中存活下来。因此,企业的社会责任需要有边界。对于非社会企业而言,企业首先需要考虑其经济功能。因此,法治思维可以帮助企业在一定的范围内承担有限的社会责任。如果政府和社会对企业有过多的要求,企业把其在发展过程中本应该用于创新的投入拿来做社会公益,那么企业就无法在创新中充分投入,其最终会损害企业发展的动力。因此,法治思维可以使得企业在一种有边界的范围内履行社会责任。从这一意义上讲,法治思维可以避免社会大众产生某种剥夺或吞没企业家财产的民粹主义想法。譬如,在经济萧条等负面环境的背景之下,社会中往往会出现一种针对企业家的不利言论。这些言论认为,企业家的过多占有使得整个国家和社会面临糟糕的命运。实际上,这是一种非常复杂的情形,因为经济本身就可能会存在波峰和波谷。那些处在经济波谷之中的国家通常面临着各种困境,这时恰恰需要企业家与社会同心协力,共渡难关。如果这时形成一种针对企业家的剥夺文化,那么企业家的财产权益和创新权益都可能会面临被吞没的风险。这对企业家精神的发挥而言,也将是一种巨大的灾难。著名经济学家安德鲁·施莱弗(Andrei Shleifer)在论文中分析了波兰和俄罗斯的法治环境对企业家精神的影响。经作者研究发现,在法治环境相对良好的波兰,更有利于企业家精神的发展。相反,在俄罗斯,由于政商关系边界缺乏,法治不健全,企业家精神则受到抑制。[1]

---

① Andrei Shleifer, "Government in Transition", *European Economic Revies*, 1997, Vol.41, No.3—5, pp.385—410.

第三,法治有助于企业家精神保持一种韧性。企业家精神是一种社会存在,而法治需要为这一社会存在提供一种外部的整体性容器。这里就需要对法治的构成做一个简单的界定。法治不仅是一种治理方式,更是一种整体性社会文化。如果要形成一种对企业家精神友好的整体性法治氛围,法治政府、法治经济和法治社会三部分内容缺一不可。其中有三个重要的行为主体,分别是政府、企业和社会。这里的社会包括社会团体和个人。这里需要特别讨论的是企业家精神的韧性。关于企业韧性的讨论相对比较多。譬如,李平等人在文章中就讨论了韧性对企业可持续性的影响。韧性较强的企业在应对外部危机时,具有更强的化风险能力。[①]韧性较弱的企业在面对外部危机时,则可能会陷入一种困境。[②]而学者们对企业家精神韧性的讨论则相对比较少。如前所述,企业家是一种精神和社会心理,而这种心理可能会在某种环境下变得很繁荣,也可能会随着外部环境的调整而被打断甚至消失。例如,在社会动荡或者战争的状态之下,由于整个社会处于某种碎片化的情况,这时企业家精神则相对较弱。譬如,战乱使企业家无法有长久的动机投入企业生产中。因为社会处在动荡不安当中,人们进行的消费性活动相对减少,而黄金和粮食成为重要的硬资产,其他物品的价值就会降低。在此背景下,就需要国家或政府尽快结束战争和社会动荡,通过建立一个稳定的政治秩序,来为企业家精神的培育提供稳定的外部环境。再如,在计划经济体制之下,企业家精神整体上也会受到抑制。这是因为计划经济活动以分配为主,整个经济活动是在计划的条件下完成的。尽管会存在企业,然而企业如同政府部门一样参与国民经济的运算和分配。这时企业家精神整体也会较弱。因

---

① 李平、竺家哲:"组织韧性:最新文献评述",载《外国经济与管理》2021 年第 3 期,第 25—41 页。

② Natalia Mandojana and Tima Bansal, "The Long-Term Benefits of Organizational Resilience through Sustainable Business Practices", *Strategic Management Journal*, 2016, Vol.37, No.8, pp.1615—1631.

此,如何通过社会部门的活跃并鼓励更多自主性的企业参与到物品的生产中就变得至关重要。需要指出的是,成熟的经济体同样会面临企业家精神衰弱的问题。一旦经济体进入人口老龄化的状态,社会总需求就会下降。或者是,一些经济体在进入福利国家之后,由于税收较重,企业的经济活动也会变得相对不活跃。这两类情况都会导致企业家精神受到一定程度的抑制。一旦处于企业家精神衰弱的区间之后,就会形成某种路径依赖的效应。这时就需要有一种强大的动力打破这种锁定状态。总之,企业家精神是一个持久培育的长期过程,而法治是企业家精神保持韧性的重要外部环境。社会责任的法治化某种程度上可以降低政府部门的行政干预,提高企业的声誉和竞争力等。① 良好的法治环境需要不同的政府部门共同构建。譬如,需要进一步落实和完善统战部门、工商联等相关部门的工作沟通联系机制,加强对企业家的产权和合法权益的保护,共同构建法治营商环境。同时,也要充分发挥行业协会的功能,围绕企业的涉法问题需要开展专题调研,并为其他部门提供参考性建议。此外,有条件的地区可以为企业家开设相关的法律援助热线,切实有效地维护企业家权益。

质言之,要形成有利于企业家精神发展的法治环境,就需要政府、企业和社会三个方面来一起努力。下文将分别从这三个方面来讨论如何从不同的行为主体出发,来营造法治环境下的企业家精神。

二、"政府悖论"、有限干预与企业家精神

法治政府意味着政府需要在法治的框架下行动。法治政府建设是我国全面依法治国的核心内容。② 对于法治政府与企业的关系而言,其中存

---

① 李韵石:"企业社会责任法治化的重要意义",载《人民论坛》2016 年第 33 期,第 79 页。
② 郑方辉、尚虎平:"中国法治政府建设进程中的政府绩效评价",载《中国社会科学》2016年第 1 期,第 117 页。

在着一种"政府悖论"。道格拉斯·诺斯(Douglass North)在讨论国家与市场关系时最早提出"国家悖论"这一概念。其主要指的是国家不仅是经济增长的根源,也是经济衰退的根源。[①]受到诺斯国家悖论的启发,笔者在这里提出政府在培育企业家精神过程中的"政府悖论"。"政府悖论"意味着政府既需要对企业活动提供足够的产权保护,但过度的产权保护可能最终会带来垄断。这使得政府不得不通过干预性的活动来打破这种过度的产权保护。其中的悖论就在于,在产权保护和避免垄断之间,政府的行动需要处在一种不断动态演进和变化的情境中。譬如,市场监管部门在公平竞争方面要打破各种各样的"卷帘门""玻璃门""旋转门",为企业经营和发展营造良好的公平竞争环境。

政府需要有完整且充足的产权保护框架。如果没有这一框架,经济很难活跃,企业家精神也将很难培育。譬如,20世纪80年代中后期的拉美国家尽管实行了私有化政策,但却忽视了对产权的保护,社会信用体系极不完善,企业家投资动力不足,这在某种程度上也挫伤了国家核心产业的竞争力。[②]产权保护的过程可以类比"放水养鱼"。如果池塘的空间不够大,那么池塘里面鱼的数量也会有限。产权保护发挥一种类似于空间扩大的功能。然而,在产权保护的长期效应下就会出现垄断。当鱼塘的空间变大,那些在鱼塘环境中较为适应的鱼就会变得越来越大,"大鱼吃小鱼"的马太效应自然会显现。这一点在经济发展过程中是一种常态。知识产权保护是企业实现其创新权益的重要条件,然而知识产权保护在很大程度上又会形成某种护城河效应,即很多大型公司往往会采取专利流氓效应。这主要表现为:大公司的创新精力有限,其未必会投入大量的资源并形成相应的产品。这时,大公司往往会采取一种专利策略,即对各

---

① [美]道格拉斯·诺斯:《经济史中的结构与变迁》,上海三联书店1991年版,第20页。

② 刘鹤:"拉美经济的主要挑战与经验教训",载青木昌彦、吴敬琏主编:《从威权到民主》,中信出版社2008年版,第137页。

种可能的创新路径，不断地申请大量的专利。大公司在各个创新可能路径进行抢先注册，而这类抢注专利会对对手企业形成遏阻或勒索效果。即便是对手企业在这一赛道取得成功，其也不得不交付一定的专利费用。

这种情况在科技竞争中变得越来越明显。例如，中芯国际在其早期的发展过程中对台积电形成了某种潜在威胁，而台积电则通过不断地进行专利诉讼来终止中芯国际的创新效果。其最终的结果是台积电与中芯国际达成庭外和解。和解的条件是向台积电支付高昂的知识产权费用。除此之外，台积电之后还附加了一个条件，就是让中芯国际的创始人张汝京离开。台积电这一系列的打击行为所带来的后果就是，中芯国际在其创业之初形成的某种创新效应，在一段时间内几乎完全消失。台积电通过这样一种专利打击策略，不仅对潜在对手进行了有力打击，而且巩固了自己的行业地位。从台积电的角度来看，这是一个完全的胜利。然而，从中芯国际或中国大陆半导体产业发展的整体角度来看，这却是一个重大的创新遏制。同时，从整体效应来看，这种打击策略进一步加剧了晶圆代工行业的垄断效应。这也是今天台积电在晶圆代工行业中规模越来越大的重要原因。

质言之，当大型企业的规模变得越来越大时，就会形成某种"大而不能倒"的效应。而这种效应在某种意义上会使得那些更具创新力的中小企业无法存活。因此，政府在其中发挥的功能就是要打破这种垄断，并形成行业的公平竞争效应。这时就需要政府以某种干预者的角色出现。然而，这里对于政府而言，又出现了另一个新的难题，即政府干预是否会对之前的产权保护形成冲击？政府依据何种规则进行干预？政府干预的线路如何？这些问题无疑加剧了"政府悖论"，并使得政府可能会出现某种程度的人格分裂。政府在这一过程中发挥着保护者和干预者的双重作用。作为保护者，政府需要保护自然竞争。保护财产权和知识产权的内涵就是在保护自然竞争。因为竞争是在市场条件下完成的，而任何符合市场自然规则的行为都应该是政府保护的重点。从这一意义上讲，政府不能随便对自然竞争的结果进行干预。作为干预者，政府是整个经济活动的裁判。当垄断出现时，这就需要政府采取某种干预性的措施，并阻止自然竞争所导致的垄断。因为当池塘中的大鱼将所有的小鱼都吃掉时，那池塘中的大鱼便成为池塘的真正"主宰者"，这意味着池塘会形成一种新的生态。以养鱼为生的养鱼者就需要以外部干预者的角色出现，并对池塘中的大鱼进行一定的限制。这里的问题是：当保护者和干预者的角色发生冲突时，政府应该采取哪种逻辑？这里的悖论就意味着这两种角色可能是冲突的。换言之，这时候政府如果要保持其人格的完整性，那么稳定的法治框架就会变得至关重要。

总之，这里的关键是，要将规则作为一个"行动者"。笔者在这里引入前文所讨论的拉图尔行动者网络理论中的非人行动者概念。这是拉图尔行动者网络理论中的一个重要内容。之前我们一般会将行动者定义为人类的行为体。拉图尔的行动者网络所强调的行动者不仅包括人，还包括物。人和物被平等地聚集在一起共同发挥各自的功能。在拉图尔看来，行动者网络中的行动是"分散的、隐含的、被影响的"。①拉图尔的创新之处就在于其将非人行动者也看成行动者网络中的重要组成部分。笔者在这里引入拉图尔的概念主要希望强调，规则一旦确立之后，就需要让其发挥重要的行动者功能。这里的规则更多地表现为一种针对垄断行为的有效干预框架。这种框架是一种自动合约的框架，其可以不断地进行动态调整。这里之所以强调有限干预，主要是因为干预同样存在悖论，即过强的干预和完全不干预都会不利于企业家精神的发挥。

如何定义有限干预？如何提出一种有限干预的精准测量框架？这里的"有限干预"是一个相对较为模糊的概念。笔者在这里尝试引入"助推

---

① Bruno Latour, *Reassembling the Social: An Introduction to Actor Network Theory*, New York: Oxford University Press, 2005, p.46.

理论"(Nudge Theory)来丰富这一部分的讨论。该理论是行为经济学中的最新进展之一,由理查德·塞勒(Richard Thaler)和卡斯·桑斯坦(Cass Sunstein)两位学者在其著作《助推》一书中提出。助推理论强调某种情境对人判断的影响,即"无论是商业团体还是政府部门,都可以通过助推实现或好或坏的社会影响力"。①行为经济学更关注手段而非目标,即通过构建一种选择架构来帮助人们实现自己所认同的目标。在这里,"助推理论"可以运用到政府对潜在垄断性企业的规范和引导中,其更多地强调政府通过一系列温和的手段对企业施加影响。对于政府与企业的关系而言,"助推理论"强调政府对企业的引导,即利用巧妙的设计和策略来助推政府或企业达成某种目标。当然,这里的干预不是一种强行干预,而是在法治的框架下通过设定一些行为规范,并加强引导来鼓励政策接收者主动做出某种举措。换言之,这种引导更多地表现为一种"有限干预",这是因为"关键时刻一些很小的干预甚至是巧合,都会对最终结果产生深远的影响"。②

关于政府助推,笔者在这里给出的建议是,政府需要在法治的框架下建立一种动态且完整的反垄断框架。这是因为法治是反垄断监管执法的重要保障。③一个比喻是,养鱼者需要设定某种尺寸,要求鱼不能超过某一尺寸。当然,这个尺寸也需要动态地进行变化和调整。例如,可以将一大片池塘分成不同的区域,在不同的区域当中设定不同的尺寸规则。一旦大鱼超过某个尺寸,就会要求其减少进食。这里政府对垄断的干预就体现了某种助推的效果,其强调政府要在"自由意志的家长制"(libertarian paternalism)框架下运行。该框架既强调企业的自主决策,同时也

① 〔美〕理查德·塞勒、〔美〕卡斯·桑斯坦:《助推》,刘宁译,中信出版社2018年版,第85页。
② 〔美〕理查德·塞勒、〔美〕卡斯·桑斯坦:《助推》,刘宁译,中信出版社2018年版,第74页。
③ 吴振国:"反垄断监管的中国路径:历史回顾与展望",载《清华法学》2022年第4期,第7页。

强调政府要积极地发挥干预者的功能。正如桑斯坦在讨论干预时所指出的,这里的干预包括较强硬的手段和一些较为温和的手段。譬如,罚款、教育、警告,以及时间、地点或行为的限制,甚至刑法和民法的禁令也伴以各种罚款。①助推更强调政府在非强制性的情况下,采取一些温和的反垄断策略。一般表现为手段型家长式管理和软家长式管理的范畴。软家长式管理通过维护选择的自由,其管理的手段也相对温和。譬如,信息披露、警告等方式属于软家长式管理。②政府干预必须在法治的框架下进行,即确立政府干预的原则和政府行为的界限。③譬如,司法机关在采取一些强制性措施(比如搜查、查封、扣押等)时要在法治的框架下最大限度地减少对企业主体合法权益以及正常经营的损害。与此同时,纪委监委要对政府工作人员利用职权干预企业经营的违法行为进行严格查处,绝不姑息。同时,我们也要避免监管部门选择性执法,并竭力清除多头执法现象。除此之外,政府也可以通过建立保护企业家创新的容错纠错机制,以及与社会一起营造一种宽容失败的氛围,从而能够让企业家获得一个兜底的保障。④譬如,纪委监委、司法机关、审计部门等相关政府部门要在健全企业家容错纠错制度方面发挥积极作用,对于一些没有对社会造成影响的轻微违法行为要尽量从轻处罚。近年来,为了进一步营造良好的营商环境,上海、广东等地相继出台了针对企业家的"免罚清单"。我们在采访某位市场监管局执法部门工作人员时,他也提到了该清单对企业家的意义:"如果我们在调查案件过程中,发现当事人的情形跟免罚清单上面是一致的,我们直接免于处罚,就不罚了。我们一年的话,按这种情况案件还蛮多的。这一块其实说对企业而言的话,就是说其实是为企业的

---

① [美]卡斯·桑斯坦:《为什么助推》,马冬梅译,中信出版社 2015 年版,第 29 页。

② [美]卡斯·桑斯坦:《为什么助推》,马冬梅译,中信出版社 2015 年版,第 120 页。

③ 郎佩娟:"政府干预经济的原则与界限",载《中国政法大学学报》2018 年第 4 期,第 19—24 页。

④ 张玉利:"容错机制与激发保护企业家精神",载《社会科学辑刊》2019 年第 1 期,第 73 页。

发展创造了一个比较好的法治环境。"(B02 C 市某区市场监管局稽查执法科科长)除了上述讨论之外,其他政府部门也要制定出有效的方案,譬如,金融监管局和税务局等部门要在企业信贷、纳税等环节制定出切实有效的方案,为企业提供良好的营商环境。

三、企业合规、法律信仰与企业家精神

如前所述,一个完整的法治环境不仅要包括法治政府,还需要包括法治经济和法治社会,而企业则是法治经济中的核心行为体。如果要使得企业家精神在法治的轨道下运作,那么企业合规则尤为重要。换言之,法治化的营商环境不仅包括依法行政和司法公正,而且还有市场主体守法等环节。[①]企业合规体现为一种底线思维,即企业只有在不违反法律的环境下才能够获得持续经营的条件。

从企业合规这一意义上讲,无论是对于企业的创新还是责任而言,都需要有底线思维。这种底线思维更多地表现为企业的自主性监督活动。换言之,企业需要对整个法律框架极为熟悉,即企业首先要求自己以不违法为前提。企业经营的活动非常复杂。很多的企业行为实际上游走在法律的边缘。特别是一些企业在获得某些竞争机会时,如果要做到不违反规定,在某种意义上是一种较高要求。在实际运行过程中,并不是所有的违法行为都能被发现。换言之,大量的违法行为都作为"沉默的大多数"而存在,或者叫"沉默的违法行为"。这就要求企业要有极强的自律意识。当企业的违法不被发现时,企业应该怎么做? 是继续从事更多的不被发现的违法行为,还是要及时地停下来? 我们在采访某位政府工作人员时,他认为"企业合规是企业的一种治理模式,或者叫企业的治理体系,就是在企业的治理体系当中引入合规的机制,保证我们的企业遵守国家的法

---

① 彭向刚、马冉:"政企关系视域下的营商环境法治化",载《行政论坛》2020 年第 2 期,第92 页。

律法规,以及公司的章程、商业伦理和社会公俗,能够保证企业的顺畅的运行,来创造更多的企业价值和商业价值"。(B01 C 市某区某机关书记)

笔者在这里强调的企业合规是一种基于自律的不违法,而不应是基于惩罚的不违法。许多违法行为在实践过程中被发现,往往需要一定的社会成本。如果大量企业经常采取这类不被发现的违法行为,那么整个经济环境仍然将会充斥着不公正和恶性竞争。那些被发现违法的企业会认为法治不完善或存在不公平。相比而言,那些不被发现的违法企业只可能进一步通过寻租方式来增加违法行为的概率。这种通过寻租而获得利益的企业被鲍莫尔称之为"非生产性企业家精神"。在鲍莫尔看来,生产性企业家精神有利于企业的创新,并促进经济的增长。而非生产性企业家精神则主要表现为通过寻租而寻求利益的企业家精神,这类企业家精神不仅不利于创新,而且不利于经济的增长。[1]埃里希·韦德(Erich Weede)的研究也表明,寻租会导致价格扭曲。在寻租猖獗的地方,激励机制严重扭曲。[2]

笔者在这里强调,要通过一种自律监督来守住真正的底线。换言之,这里的底线思维不能变成一种逐底竞争。因为有这样的底线存在,那么企业行为可能会变成一种通过大量的合规手段来实现一种技术意义上的合规,而非真正意义上的合规。逐底竞争的可怕之处就在于,其可能会形成企业的平庸之恶。"平庸之恶"是由著名的政治思想家汉娜·阿伦特(Hannah Arendt)所提出的,其主要指的是缺乏自我的独立思考,对上级命令或法律绝对服从的人。在阿伦特看来,这些人总是怀着这样一种心思,即"如果我没有做,其他某个人也能而且也会这样做的"。[3]企业的平

---

[1] William Jack Baumol, "Entrepreneurship: Productive, Unproductive, and Destructive", *Journal of Business Venturing*, 1996, Vol.11, No.1, pp.3—22.

[2] Erich Weede, "Rent Seeking, Military Participation, and Economic Performance in LDCs," *Journal of Conflict Resolution*, 1986, Vol.30, No.2, pp.291—314.

[3] [美]汉娜·阿伦特:《反抗"平庸之恶"》,陈联营译,上海人民出版社 2014 年版,第 58 页。

庸之恶就意味着，其仅仅在合法律性的框架内行为，而不去主动思考法治的实质内涵和本质性规定。换言之，如果企业投入大量的资金用于技术性的合规活动，那么这些企业尽管都是在法律的规范下行为，然而这样的企业可能会变成平庸的企业。这是因为企业是创新和责任的主体。向下的逐底竞争只会让企业变得更加平庸，而不能激发企业家精神。如果要形成真正的积极性的企业家精神，我们就应该鼓励一种向上的竞争。这是因为底线是法律的框架。这一框架被人们很容易所观察到。向上竞争是没有边界的，但向上竞争会激发企业的社会属性，从而不断地产生突破边界的潜能。这里的边界是一种正向框架。无论是创新和责任都与这样的正向边界密切相关。

总之，笔者在这里所强调的合规不应该成为操作意义上的合规，而应该是一种动态的符合道德的积极意义上的合规。政治思想家韦伯关于合法律性的合法性的讨论就体现了这种操作意义上的合规。韦伯的合法律性的合法性主要强调合法律性，而与超越法律的价值无关。其更强调拥有权力的人利用现有的法律或者合法的权威，让政治秩序的承受者接受和认可的过程。正如韦伯所指出的："今天最为流行的合法形式是对合法的信仰，对形式上具体地并采用通常形式产生的章程的服从。"①尤尔根·哈贝马斯(Jürgen Habermas)进一步从道德的视角讨论了这种操作意义上的合法性。在哈贝马斯看来，合法性是法律存在的总的原则，而缺乏合法性则意味缺乏必要的规范性结构。②但与此同时，合法律性的合法性不可能无涉道德。对此，哈贝马斯写道："现代法律的形式即使是在法律形式主义的前提下也不可能被描绘为是道德中立之意义上的合理的。"③

---

① ［德］马克斯·韦伯：《经济与社会》上卷，林荣远译，商务印书馆1997年版，第67页。

② ［美］尤尔根·哈贝马斯：《合法化危机》，刘北成、曹卫东译，上海人民出版社2009年版，第53—54页。

③ ［德］尤尔根·哈贝马斯：《在事实与规范之间——关于法律和民主法治国的商谈理论》，童世骏译，生活·读书·新知三联书店2003年版，第588页。

而对于企业来说,这里的合法律性是一种消极意义上的合规,即只要相关的行为符合法律规定就属于合法律性。而关乎道德的合法性则涉及企业长久生存的意义。作为一种社会存在,企业是社群的一分子,并具有很强的外部性特征。

企业与整个社会的其他单元紧密地结合在一起。如果企业可以有效地实现道德意义上的合规行为,那么法律就会变成一种信仰。正如哈罗德·伯尔曼(Harold Berman)所指出的:"法律必须被信仰,否则它将形同虚设。"①而对法律的信仰则可以进一步激发企业的内部集聚效应,这便是企业家精神的核心内涵。换言之,如果企业员工长期处于一种平庸之恶的环境之下,那么企业的行为就会变成一种向下的逐底竞争。这里的逐底竞争主要指的是各个企业竞相奔向底线博弈。这种底线博弈将很难让企业有真正意义上的创新活动。在底线思维的影响之下,企业更不太会跳出法律的边界去承担更多的社会责任。这样的企业最终会演变成一种负能量组织,而负能量组织无法有效地进行创新和责任行为。

因此,积极意义上的合规或者说哈贝马斯意义上的合法性要成为企业发展的真正原动力。企业在此影响之下,将会朝向一种向上的逐顶竞争。而逐顶竞争则意味着企业需要更多的付出。这里的付出既包括知识的付出(创新),也包括更多的社会付出(责任)。在此情况下,企业将会变成一种正能量组织。同时,这样的正能量组织将会产生某种溢出效应。这一溢出效应将会扩散到整个社会中。企业也会在这种知识的外溢过程中,获得更加积极的回报,并使得合法性的意义进一步凸显。

四、社会遵约、理性公民与企业家精神

如前所述,法治环境包括法治政府、法治经济和法治社会。而在法治

---

① [美]哈罗德·伯尔曼:《法律与宗教》,梁治平译,商务印书馆2012年版,第39页。

社会之中,社会团体和个人会成为重要的行为体。企业家精神要形成一种整体性的社会弥散效应,其最终要在社会中形成一种持久性的存在。而法治社会则会为这一持久性存在提供更大的容器空间。习近平总书记在企业家座谈会上也深刻地指出,任何企业都存在于社会之中,都是社会的企业,社会是企业家施展才华的舞台。①尽管企业家精神是以企业家群体为中心的,然而这样的精神状态实际上会弥散到整个社会中去。这时,我们可以看到,某些社会成员尽管不是企业家,但他们也具有足够的创新性和责任性。换言之,他们也具有某种企业家精神。因此,这里就需要对企业家精神作更加广义的定义和理解。企业家精神可以被定义为,通过创新性和责任性的活动,为社会作出更大贡献的一种整体性社会文化。这种整体性社会文化将有助于形成一种尊重企业家的氛围。之前讨论过企业家精神的韧性问题。换言之,企业家剥夺会导致企业家精神的阻断。在出现企业家剥夺的情形中,往往会出现两种典型的剥夺:一是社会剥夺,二是政府剥夺。社会剥夺是指在某种缺乏外部法治环境的约束之下,社会大众以暴民的形式对企业家的财产或创新权益进行剥夺。政府剥夺是指政府以某种紧急状态或以整体之名对企业家权益进行夺取的活动。这种情形在历史上非常常见,如汉武帝时期对商人财产的剥夺。这里需要特别说明的是,社会剥夺和政府剥夺其实会存在某种相互纠缠和相互影响的情况。例如,很多的政府剥夺实际上是在社会大众的整体呼吁下完成的。换言之,一旦形成了某种对企业家不满的暴民文化,这时候就很容易会形成直接的社会剥夺,或者是在社会要求下的政府剥夺。

　　因此,形成一种针对企业家群体的理性社会文化就会变得至关重要。就需要整个社会形成一种整体性的遵约效应。这种遵约效应是在契约主

---

① 习近平:"企业家当勇担社会责任",载光明网,2020年8月6日。

义的逻辑下形成的商业性活动,并在某种契约的条件下开展的。诺斯在
其《制度、制度变迁与经济绩效》一书中就认为,在契约双方拥有相同信
息,且可以进行反复博弈的情况下,遵约是更为有利的一种选择方式。[①]
契约一旦形成,就要产生某种效果。法治在很大程度上也发挥着某种类
契约的功能。法律经济学家理查德·波斯纳(Richard Posner)在讨论法
律与经济的关系时也提到法治对契约双方的意义:在未经法律界定、权利
界区不明的情况下,交易无法进行。[②]从拉图尔的角度来看,契约就需要
变成一种重要的非人行为者。公民需要认识到契约的重要作用,并形成
一种理性的积极公民文化。这种理性公民主要体现为如下两点:一是积
极公民,即公民要对经济社会的变化比较敏感。如当出现较大程度的社
会垄断时,积极公民可以向政府提供某些建议,用建设性的方法对企业的
垄断行为形成一定程度的约束。换言之,积极公民也要参与到政府针对
垄断型企业行为的决策之中。二是理性思维,即公民要辩证地看待企业
对于社会的意义和价值。公民不能简单地把企业看成一种榨取利润的组
织。理性公民需要对企业进行一种辩证的认识。企业是社会资源有效动
员和优化配置的一个新载体。如果没有企业,那么我们今天的日常生活
将很难维系。譬如,当经济不够繁荣时,每个个体的社会福利都会下降。
企业对于这种社会福利的整体性产出将至关重要。同时,我们也要看到
企业自利的一面,即企业行为在很大程度上由其管理者和股东共同驱动。
而对于股东和管理者而言,企业的行为首先要实现其资本保值增值的目
的。因此,从这一角度来讲,企业以追逐利润为导向似乎是企业行为的原
动力。理性公民要同时看到这两点:既要看到企业积极的社会正向价值,
又要看到企业内在追逐利润的原生动力。

---

① [美]道格拉斯·诺斯:《制度、制度变迁与经济绩效》,杭行译,格致出版社 2014 年版。
② [美]理查德·波斯纳:《法律的经济分析》,蒋兆康译,中国大百科全书出版社 1997 年版,第 87 页。

理性积极公民文化主要表现为三点：一是通过积极参与公共事务对企业追逐过多利润而无视社会责任的行为进行限制；二是通过参与到政府的有限干预和积极助推活动中，对企业的正向行为进行引导；三是在法律的框架之下对企业的负向行为进行约束。政府在企业的产权保护和反垄断方面是主要的行为者。然而，社会公民往往会对政府行为形成一种外部的舆论环境。政府在行动时，会考虑到外部的舆论环境。随着全过程人民民主的进一步完善和发展，某一时间点上的社会舆情会对政府政策出台产生重大影响。因此，理性公民就意味着，需要防止经济民粹主义对企业家精神的打断。经济民粹主义的出现是一种长期历史演进的结果。要避免经济民粹主义，就需要每个积极公民在理性的范围内行为。当雪崩发生之时，没有一片雪花是无辜的。一旦经济民粹主义对企业形成破坏效应之后，就会进入新的锁定轨道。在路径依赖的效果之下，企业家精神的恢复将极为困难。这在很多国家的发展当中都可以找到佐证。譬如，长期陷入"中等收入陷阱"的巴西和阿根廷等国家都可以找到相关证据。赛巴斯蒂安·爱德华兹（Sebastian Edwatds）在其著作中就详细分析了这一问题。在爱德华兹看来，在设计经济政策时聚焦于社会状况是无可厚非的，但是从长期来看，这些政策不具有可持续性，虽然短期内令人欢欣鼓舞，但之后将会导致经济停滞、通货膨胀、失业上升和工资降低。这些民粹主义的经济政策，不但没有改善穷人的生活，反而使其更加痛苦。[①]因此，企业家精神的形成是一种多方长期互动的结果。这不仅需要政府克服"政府悖论"进行有限干预，而且也需要企业自身避免逐底竞争，即在底线思维的基础之上，追求更高层次的合法性。同时，还需要社会上形成一种理性的、尊重企业家的文化。在此前提下，才有可能避免对企业家剥夺现象的出现，并使得企业家精神处在一种长期正向积极的锁定轨

---

①　［智］塞巴斯蒂安·爱德华兹：《掉队的拉美——民粹主义的致命诱惑》，郭金兴译，中信出版集团 2019 年版，第 176 页。

道中。与此同时,企业在这一有利的法治环境中,也将会源源不断地提供大量的社会福利,从而保证整个社会的良性发展。

本章小结

"法者,治之端也"。法治对于企业家精神的重要性不仅表现为其可以增加企业创新活动的确定性,而且还使得企业在一定的边界内承担社会责任,更为重要的是法治有助于企业家精神保持一种韧性。企业家精神是一种社会存在,而法治某种程度上为这一存在提供一种整体性的容器和环境。对于企业家精神而言,法治环境主要包括法治政府、法治经济和法治社会。法治政府意味着政府不仅要在法治的框架下对市场经济进行有限干预,同时政府也需要为企业家提供足够的产权保护规则。这里的规则要发挥一种"行动者"的功能。而有限干预更多地表现为一种行为经济学中的"助推",即政府要发挥一种"自由家长式"的干预。其主要表现为政府既要尊重市场经济的发展规律,同时也要引导市场在公平竞争的前提下开展活动。法治经济更多地表现为企业合规。这里的企业合规不是一种底线思维框架下的消极合规,而是一种符合道德的积极意义上的合规。法治社会是企业家精神弥散化的更大的容器空间。法治社会一方面表现为社会群体的遵约,另一方面则表现为理性公民。整体而言,企业家精神的培育是一个多方长期活动的结果。只有处在一种道德的、正向的、积极的文化和法治氛围当中,企业家精神才会促进经济的良性发展并助力人们美好生活的实现。

第八章 培训:新时代政府推动企业家精神培育的学习机制

党的二十大报告中提出了下一步推进社会主义现代化建设当中的一系列重大问题,如高质量发展、共同富裕等。而这与弘扬全社会的企业家精神密切相关。企业家精神是围绕着企业家群体展开的一种集体性社会心理,其以创新和责任为核心内涵。在目前智能革命的背景下,大量重复性的工作被算法和程序所代替,人的主观能动性则在时间和空间中被进一步激发出来。而在此背景下,一个创新型社会将会逐步形成。企业家在创新的过程中不仅需要丰富的经验,同时需要掌握较为系统的知识,并要将学到的知识运用于实践之中,形成企业家所具有的创新精神。[①]企业家精神不仅来自外界环境的影响,更来自教育、培训和政府引导。有学者认为企业家精神由创新能力、知识素养和前瞻意识三方面的内容组成。知识素养更多地表现为一种包括理智和理性的理论精神,而创新能力则更多地表现为一种实践精神。[②]正如马歇尔所指出的:企业家精神的内容之一是"在企业经营中充分利用自身的知识,以此来获取某种利益的能

---

① 华民:"弘扬企业家精神缘何如此重要",载《人民论坛》2019年1月下,第73页。
② 贾良定、周三多:"论企业家精神及其五项修炼",载《经济学研究》2006年第9期,第29页。

力"。①因此,政府就可以推动企业家精神形成一种全社会的学习风潮,并在此基础上,积极引导与推动建立新时代下的企业家精神的学习机制则有着重要的意义。目前关于企业家精神培训的文章相对不多,尤其是从教育学和社会心理学视角来探讨政府推动企业家精神的学习机制的文献则相对较少或几乎没有。本章尝试从教育学和社会心理学等学科和视角探讨这一问题。具体来说,本章主要分为三个部分:第一部分尝试探讨企业家精神的产生过程;第二部分则尝试讨论政府促进企业家精神传播的场域以及注意事项;第三部分则探讨了政府推动企业家精神培育的学习机制。

一、新时代企业家精神的产生过程

企业家是指独立承担企业的经营活动,并力图通过创新和责任对社会进行贡献的群体。而企业家精神则指企业家在社会中形成一种共同的以创新和责任为核心符号象征的文化现象。创新和责任作为构成企业家精神的核心符号特征,会外溢到企业家群体之外,与社会的其他群体进行有效的互动。在这一过程中,人们就会逐步地把企业家群体定义为通过科技创新和承担更多社会责任来为整个国家和社会作出重大贡献的人。这种文化符号的互动会慢慢消除人们对企业家群体的某些不正确认识。此种新型的符号互动是极为重要的。一方面需要行为者主动地建构其行为的意义,另一方面也涉及意义的传播,即更多的社会行为者参与到这种意义的建构当中。这里所强调的企业家精神是一个比较现代的概念,需要整个社会给予企业家这一群体较高的荣誉感,即社会成员会以成为企业家为荣。本部分尝试从教育学和社会心理学的视角来探讨企业家精神的产生过程。笔者在这一部分尝试探讨企业家精神的成长过程、企业家

---

① 马歇尔:《经济学原理》(下卷),陈良璧译,商务印书馆 1965 年版,第 259—288 页。

化、企业家精神的社会知觉与社会印象以及去企业家化与反企业家化等问题。其具体内容如下：

（一）企业家精神的成长过程

企业家精神的培育是一项长期且复杂的工作，政府在其中需要考虑多方面因素。企业家化是一个循环往复的过程，培育一个成功的精英企业家不可一蹴而就，具备创新意识和责任意识的企业家是在一个人漫长的成长过程中逐渐形成的，其会经历青春期、青年期、中年期、老年期四个过程。

第一，青春期的企业家化。青春期主要发生在 12—18 岁，其往往有获得自我同一性的强烈动机。在这一时期，行为者往往还无法正确认识自己的职责，可能会与自己承担的角色人格发生冲突或适应性问题。然而，这一时期也是重要的学习阶段。例如，关于企业家的敢于承担风险的特质便可能需要在这一时间形成。若一个人在青春期就已表现出某些企业家的特质，那么其在未来成年后就更有可能成为企业家。[①]一些重要的企业家都有多次创业的经历，同时，一些企业家最早的创业活动或创业意识往往在这一时期已经展开。因此，企业家候选人们在这一段时间的创业活动，未必会取得极大的成功，但往往会为其一生的企业家生涯奠定基础。

第二，青年期的企业家化。青年期大约为 18—35 岁，这一时期通常是情感交流的密集期，人们往往会在此时期与异性朋友形成恋爱关系，或与同性朋友建立更为深刻的友谊。因此，这一段时间的企业家活动同样是其对外寻求情感归属对象的关键时期。对于企业家而言，这一阶段的核心问题是在群体中获得某种亲密感，并极力避免个体的孤独感。这一

---

① Jutta Viinikainen，Guido Heineck，Petri Bockerman，Mirka Hintsanen and Olli T. Raitakari，"Born Entrepreneur? Adolescents' Personality Characteristics and Self-Employment in Adulthood，" *Labor：Demographics & Economics of the Family eJournal*，No.3，2016，pp.1—22.

时期的企业家往往会在团队中形成某种协作精神。企业家会意识到自己的企业经营活动需要获得团队的支持，往往会以团队为中心，建立更为广泛的社会联系，并从中找到企业经营和发展的机会。①

第三，中年期的企业家化。中年期大约是从 35—55 岁左右，在这一阶段中，企业的经营活动往往已初有成效，企业家在企业经营活动中也获得了相应的自我满足和社会荣誉。②在这一过程中，企业家要避免过度的自我关注，同时要不断设立新的目标。因为企业经营的外部环境通常会急速发生变化，而自己如果沉溺于前期经营所获得的成绩中，可能会逐渐自我束缚，最终导致经营失败。因此，这一阶段企业家精神将更多表现为：企业家需要不断设立新目标，并由此获得更大范围的社会认同与承认。这一时期是企业家经营活动的黄金时期。在这一时期，企业家的人格相对比较稳定。无论是自己的体力还是社会交往都处于一种较好的状态，这显然有助于企业经营活动的开展。

第四，老年期的企业家化。老年期是指 55 岁之后的生命时期，进入这个阶段后的企业家应该更多考虑企业和企业家精神的传承问题。这时的企业家需要系统梳理自己几十年的经营活动，并对其进行系统总结。当然，也有少数的企业家在这个时期还会再次进行创业活动，例如褚时健，他们会更因为自己的内部动机进行创业。③但这样的案例相对而言是少数，毕竟在进入这个时期之后，行动者无论是精力、体力还是知识更新都无法与青年人或中年人相匹敌。

---

① John Geldhof, Tenelle Porter and Michelle Weiner, et al., "Fostering Youth Entrepreneurship: Preliminary Findings from the Young Entrepreneurs Study," *Journal of Research on Adolescence*, Vol.24, 2014, pp.431—446.

② Andrés Hincapié, "Entrepreneurship Over the Life Cycle: Where are the Young Entrepreneurs?" *Wiley Blackwell: International Economic Review*, 2020, pp.1—81.

③ Áron Perényi, Roxanne Zolin and Alex Maritz, "The Perceptions of Australian Senior Entrepreneurs on the Drivers of Their Entrepreneurial Activity," *International Journal of Entrepreneurial Behaviour & Research*, Vol.24, 2018, pp.81—103.

综上所述，在对不同生命时期的企业家化进行讨论之后，我们会发现，企业家化存在一个循环往复的过程。①因此，笔者在这里进一步提出继续企业家化和再企业家化的概念。继续企业家化是指，企业家在企业经营的过程中为了进一步适应竞争激烈的市场环境，继续通过学习企业经营的相关知识进行理念更新，并积极为创新和承担社会责任而努力的过程。从这个意义上说，企业家要在个人生涯中不断地进行企业家化。企业家的核心内涵是创新和责任。一旦企业家自身的创新属性或承担社会责任的能力在下降时，其就需要通过知识学习和观念更新来重新完成企业家化。特别是，在进入信息社会之后，人类知识的发展速度过快。企业家要针对这些新的知识不断地进行维持性学习和创新性学习。

（二）企业家精神的社会教化与个体内化

企业家精神的社会教化是指社会通过相关的机构对整个社会成员实施企业家精神传承与弘扬等活动的过程。而政府则可以在企业家精神的社会教化过程中发挥重要的辅助性作用。具体来说，企业家精神的社会教化可以通过正式教育和非正式教育两类途径来实现。

第一，企业家精神的正式教育。正式教育主要在商学院以及相关的培训机构完成，即社会成员在商学院进行系统学习之后，进而激发自身的企业家精神。同时，这里还会存在某些创业的企业家通过业余时间来学习相关专业知识的情形。②譬如，我们在访谈中，有位企业家就谈到了通过各种方式来提升自己："一种是政府组织的这种，我认为对我们有好处的，我们会去培训。还有一种就是说我们会自主地去培训。另外一种就

---

① Jeong Shinhee, Jean Bailey, Jin Lee and Gary McLean, "It's not about Me, It's about Us: A Narrative Inquiry on Living Life as A Social Entrepreneur," *Social Enterprise Journal*, Vol.16, 2020, pp.263—280.

② Aleksandra Manić and Svetlana Trajkovic, "The Role and Importance of Formal Elementary Education for the Development of Entrepreneurial Abilities in Accordance with the Ethical Principle," *Journal of Process Management-New Technologies*, *International*, Vol.7, No.2, 2019, pp.60—69.

是说现在网课很多,我们有时候会观看一些教授级别的老师的讲座视频。"(A12 E 省某汽车零部件总经理)

另外,在开展中小学基础教育中,我们也需要增加培育企业家精神的相关内容。正如 2014 年 9 月李克强总理在夏季达沃斯论坛上提出的"大众创业、万众创新"的口号,而要形成这一创新文化,就需要从小做起。譬如,在中小学的基础教育阶段开展某些围绕创新创业的相关课程。由于目前的创新创业活动越来越低龄化,我们可以加大对青少年的创新创业精神的培育。[1]其实国外有很多关于青少年创业的案例。譬如,2009 年出生的英国印度裔男孩本雅明·艾哈迈德(Benyamin Ahmed)在 2021 年利用暑假的空闲画了一系列鲸鱼像素画,在区块链上以 NFT 的形式进行了出售,最终赚取价值超过 250 万元人民币的 ETH 币。再如,1994 年出生的维塔利克·布特林(Vitalik Buterin)在 2011 年作为联合创始人创立比特币杂志(Bitcoin Magazine)的网站,其在 2014 年拿到 Facebook 早期投资人彼得·蒂尔(Peter Thiel)鼓励辍学创业的 10 万元蒂尔奖学金后,全职开发出了以太坊项目,使其成为区块链领域最重要的底层应用。由此可见,这些越来越低龄化的创新创业活动表明,未来我们需要在基础教育阶段加大对企业家精神的传播。

第二,企业家精神的非正式教育。非正式教育与区域文化、群体文化以及大众媒介有关。一些发达地区可能有较强的企业家文化。譬如,在硅谷就存在一种非常鲜明的创新创业文化,此种区域文化可能会外溢扩散到其临近区域,从而形成企业家精神的弥散效应。另外,一些群体之间也会出现传承性的企业家精神。例如,犹太人群体便具备较强的企业家文化。企业家之间通过相互交流与合作来提升企业家精神在社会的传播。此外,传

---

① Tamara Pigozne, Ineta Luka and Svetlana Surikova, "Promoting Youth Entrepreneurship and Employability through Non-Formal and Informal Learning: The Latvia Case," *C · E · P · S Journal*, Vol.9, No.4, 2019, pp.129—150.

播媒介同样可以发挥对企业家精神的传播和推广作用。对此,政府可以通过相应的引导机制,使得大众媒体对企业家精神进行促进性传播。[①]

企业家精神的个体内化是指企业家个人通过自身学习相关创新创业知识,从而将其转化为自身品格的过程。社会教化是企业家精神形成的外部整体性因素,然而,企业家精神最终还需要落实到每个个体层面,这就意味着个体要通过对企业家精神的社会学习,将企业家精神相关的价值观和规范转化为个体稳定的人格特质和行为模式。这种个体内化可以通过如下的方式来实现。

第一,特定角色。企业家是一类承担特定角色的群体。我们可以在正式教育和非正式教育中强化这种角色担当和扮演。[②]例如,大众媒体中的现实剧(Reality Show)就可以发挥这类功能。譬如,《飞黄腾达》(Apprentice)这部美国制作的现实剧就通过招募相应的参与者来完成企业经营的一些活动,而胜出者最后将会获得组织方所提供的某个真实工作岗位。这样的现实剧便是一种角色担当和扮演游戏。对参与者来讲,这也是一种对企业家精神的内化学习。这种角色担当可以在镜头下完成,也可以在课堂上完成。例如,人们可以在正式教育中发布相应的企业家经营案例,如通过参与企业经营的沙盘游戏,个体可以在其中担任某种企业家角色,并且在一定时间内完成某一任务来加深对企业家角色的深度理解。

第二,刺激性强化。个体通过对他人行为以及后果的观察,产生一种自发的学习机制。譬如,精英企业家由于其在社会中承担更多的责任,因

---

① Abdus-Samad Temitope Olanrewaju, Naomi Whiteside, Mohammad Alamgir Hossain and Paul Mercieca, "The Influence of Social Media on Entrepreneur Motivation and Marketing Strategies in a Developing Country," *IFIP International Conference on e-Business, e-Services, and e-Society*, 2018, pp.355—364.

② 马刚:"我国现代企业家的职能与培育探讨",载《中国软科学》,2002年第2期,第63—66页。

此会因为其作出更大的贡献从而能够得到国家某一方面的特殊荣誉,这就可以对其他个体产生一种刺激性强化。譬如,我们在访谈中,当问到"谁是您心目中优秀的中国企业家代表"这一问题时,有人提到了福耀玻璃创始人曹德旺:"他首先把一个产品做到了极致。他把玻璃做到了全世界。他应该是行业第一吧!然后的话,我感觉他为人也是比较低调的。另外,他还是比较有情怀的嘛,就是他对教育这一块。他不是在福州出资建了一个学校嘛,而且还是免费的。这就是一种家国情怀的样子。"(A10 E省某雨具公司总经理)。这种标杆性人物的故事如果通过电视或报纸全程报道或追踪,那么这种激励很可能会在其心灵中产生一种刺激效应,从而演变成该个体成为企业家或者优秀企业家的一种内驱动力。譬如,宣传部门要对优秀企业家精神进行大力宣传,充分发挥优秀企业家的模范引领作用。

第三,反思性认可。有志于从事企业家的个体在长期的工作和学习过程中,会在潜移默化中对企业家群体产生较为完整和深入的理解。在理性判断的基础之上,个体对企业家群体可能会具备较为充分的认识。[1]同时,在理性和反思的基础之上,将自己终生奋斗的目标设定为成为精英企业家。这种理性定位将会是一种长期且结构性的内化。这种反思性认可能够避免特定角色或是刺激性强化的短期效应,其更多构成了一种深度内化。譬如,在访谈中,有位企业家就谈到了类似的内容:"我是从2004年开始在我们公司工作的,也有20年了。之前呢,也是从基层做起,最初做销售。我一直在学习,一直在提升。最近的五年,我开始做信息化这一块,成为管理岗。针对管理的这些学问啊、知识啊、经验啊这些东西的话,我还是比较浅的。整体上来说,我的优点就是踏实肯干,勤奋刻苦。"(A11 E省某电器集团公司总经理)

① 张华、张庆林:"企业家创新意识与企业创新潜力研究",载《科技进步与对策》,2011年第14期,第87—92页。

由此,通过对企业家精神的社会教化和个体内化,有助于推动社会的企业家化趋势,从而扩大企业家精神在社会的正面作用。企业家精神的本质是企业家群体所表现出的一种以创新和责任为特质的集体心理状态。政府希望通过这种精神状态的激发,使得企业家群体可以更好地为社会服务。[①]这里的"为社会服务"是一种广义的内涵,其既包括通过产业转型升级以提供更高质量的商品,也包括企业家通过服务于国家的重大战略以及为社会和社区提供更多的社会责任。中国共产党强调"共产党员是工人阶级的先锋队",该理念成为中国共产党在执政过程中一个非常重要的文化策略,即通过强调先进性精神,用少数楷模的先进事迹激发社会大众,从而使得社会大众整体进入一种较为先进的心理状态,并通过这种正能量的传播激发整个社会强大的社会改造能力或创新潜能。[②]企业家精神便是将这种精神状态运用到企业家群体上,即通过强调先进性引导从而激发企业家精神。

(三)企业家精神的社会知觉与社会印象

企业家精神产生的过程中存在一个社会知觉和社会印象的过程。社会知觉意味着整个社会要对企业家精神有一种完整的知觉过程。一方面,社会大众作为知觉者,需要对企业家的企业管理活动及其地位、身份和名望等有一个完整的认识。在这一过程中,企业家也可以作为知觉者,即企业家可以对整个社会的发展形成自己的判断,而这种判断对于其进一步更好地管理企业有重要作用。同时,一些精英企业家还需要引导社会大众,让他们接受自己的创新性努力。例如,史蒂夫·乔布斯(Steve Jobs)在培育苹果粉丝群体的过程中,便发挥了这种重要的塑造性功能。

---

① Anne Vorre Hansen, Lars Fuglsang, Faïz Gallouj and Ada Scupola, "Social Entrepreneurs as Change Makers: Expanding Public Service Networks for Social Innovation," *Public Management Review*, Vol.24, 2021, pp.1632—1651.

② 梁道刚:"马克思主义政党先进性的生成机理研究",载《马克思主义研究》,2011年第2期,第32—42页。

从这一意义上说,企业家是以知觉者的身份出现的。另一方面,企业家也会成为被知觉者。企业家的行为、对社会的贡献以及其获得的社会荣誉,都会被大众捕捉到并进行完整的判断。在大众之中,可能会存有一些潜在的企业家,他们通过对精英企业家的学习,在未来有可能会成长为精英企业家。这样就出现了一种知觉者和被知觉者的相互影响和相互作用。

生物学家康拉德·劳伦兹(Konrad Lorenz)讨论了此种追随反应。[①]这种追随反应意味着知觉者和被知觉者会处在一种相互追随的过程中。例如,企业家通过其对企业的卓越经营不仅获得了应得的社会财富,还获得了广泛的社会声誉。这种效应会影响大量的被知觉者,而这种效应就可能会使大众企业家在其心中立下要成为精英企业家的愿望和志向,这便是追随效应的企业家文化版本。

在社会知觉的基础之上,会形成一种社会印象。这种社会印象是一种相对固定的框架和文化状态。正如在前面章节所讨论过的,古代社会对商人群体往往比较轻视,并会给予其某种贬低性的评价,这与中国古代社会的官本文化是相一致的。在官本主义文化之中,就很难形成一种正向的企业家文化。[②]在现代社会,如果个体在大众媒体中经常接收到企业家为社会做贡献的正能量报道,那么社会大众往往会形成一种良好印象,即企业家是一个卓越的、支撑社会和国家发展的重要群体。譬如,宣传部门要组织相关媒体对有突出成就的优秀企业家进行报道,鼓励企业家创新,营造有利于企业家发展的舆论氛围。然而,如果在一段时间出现了多起精英企业家形象崩塌的事故,而且这类事故在此后的危机公关中并没有得到妥善处理的话,此前良好的企业家社会印象便可能会被打破。如

---

① Konrad Lorenz, "The Companion in the Bird's World," The Auk, Vol.54, 1937, pp.245—273.

② 邹恒甫:"市场竞争意识与中国传统文化的有为主义",载《管理世界》,1993 年第 3 期,第 204—209 页。

果类似的负面消息大量出现，人们可能就会在一段时间内形成关于企业家的负面社会印象。因此，对于企业家精神而言，综合性的印象管理就会变得至关重要。

欧文·戈夫曼（Erving Goffman）在其《日常生活中的自我呈现》一书中，对莎士比亚的"人生是大舞台"的观点进行了进一步的阐述。戈夫曼认为，存在一个社会剧本，而每个个体都是根据社会剧本来出演自己的角色。为使社会互动能顺利进行，每个行为体都要运用各种技巧对自己的印象进行管理和修饰。①戈夫曼的印象管理理论对我们理解企业家精神的社会印象有一定的启示。企业家精神是一种共同的社会心理。一些负面消息会破坏人们对企业家以及企业家精神的一些正向理解，这就产生了企业家和政府共同对企业家精神进行管理的需要。譬如，我们在访谈中，有位企业家在谈到社会对企业家要宽容时，就提到了政府的作用："这种宽容如果说要营造气氛，一定要拿出具体的措施。具体措施就是能不能在创新创业的资金支持、场地、环境、市场准入、先行先试、拆墙松绑、法律的全程松绑以及各种环境的拆墙松绑等，政府和社会能够一体化地去包容或者支持，这才是比较重要的一点。"（A01 A 市某科技公司总经理）

质言之，对于那些在企业经营过程中取得较大成就的企业家而言，他就更需要花较多的时间和成本在社会责任的履行上。企业履行社会责任将变成一种新的企业家精神的剧本。当然这种剧本不是一种纯粹的表演，而应该是发自内心地为社会做贡献。如果企业家不能完成这样的角色扮演，那便可能会受到其他知觉者的批评。正如我们在访谈中一位企业家提到："这里面也存在社会责任感怎么评判的问题。也就是说，拿什么标准来衡量，也不能一味地推荐，即便通过上面推荐，也应该是更多地

---

① ［美］欧文·戈夫曼：《日常生活中的自我呈现》，冯钢译，北京大学出版社 2008 年版，第 16 页。

实地走访,更接地气。"(A05 D省某智能科技公司总经理)当然,对于戈夫曼的印象管理理论,我们同样需要从另一个方面来理解。企业家需要把社会责任内化进自己的思维框架之中,而不仅仅是作为一种表演。如果是表演,就会存在前台和后台不一致的情况,而这种不一致有可能会在一些活动当中表现出来,最终可能会导致企业家精神被污染。因此,最好的印象管理便是需要企业家发自内心地建立起某种社会责任的观念。

（四）去企业家化与反企业家化

去企业家化指企业家放弃自身企业家身份的过程。出现这样的去企业家化现象,可能是个体的自主性选择。譬如,某个企业的经营者在长期的经营活动中一直面临困局,最后导致其放弃了自己的企业经营活动。去企业家化可能是一种受挫后的行为选择,同时也可能是一种功成名就之后的主体性选择。由于企业的经营活动是一种高强度的智力和体力活动,对行为者各方面的要求都非常之高,企业家往往会处在一种身心都极度疲惫的情况下。这时,企业家放弃自己的经营活动,也可能会出自这方面的考虑。[1]一些企业家在实现财务自由之后,便会选择以退出的方式将企业的经营活动交由其他人完成。例如,黄峥在拼多多发展的黄金时期选择退出,这便是一种去企业家化。

质言之,去企业家化是指个体放弃企业家身份的主体性选择。而反企业家化则是一种社会对企业家群体产生敌视态度的整体性文化。在某些以官本主义流行为主的社会中,往往会形成这种反企业家化的文化。譬如,在中国传统社会中,商人往往处在较低的社会阶层,人们对商人往往也会存有偏见。[2]这样的社会就容易形成一种反企业家化的文化。另

---

① Iuliia Pinkovetskaia, Natalya Schennikova and L Kryukova, "Exit of Entrepreneurs from Business: Reasons and Strategies," *Journal of History Culture and Art Research*, Vol.9, 2020, pp.365—374.

② 范忠信、秦惠民、赵晓耕:"论中国古代法中'重农抑商'传统的成因",载《中国人民大学学报》,1996年第5期,第63—68页。

外,在一些军人主导的政权之中,其政治权力也比较集中,企业家在其中往往是一种辅助性的角色,因此也容易形成一种反企业家文化。衡量反企业家化的重要标准是,这个社会中最优秀的个体是否会投身于企业的经营活动。如果在这个社会优秀的人不会投入经营活动,那就意味着整个社会形成了一种反企业家文化。因此,政府在培育企业家精神的过程中,就要避免出现反企业家文化的形成,同时还要不断培育企业家进行继续企业家化和再企业家化。

二、政府促进企业家精神传播的场域以及注意事项

企业家精神的培育是一个长期的过程,政府需要通过不同的场域来促进企业家精神的传播。同时政府在促进和培育企业家精神时,也需要注意一些负面效应。

(一)企业家精神的传播场域

企业家精神的传播不仅体现为个体之间的交流和环境的影响,同时政府可以在多种场域中对企业家精神中创新和责任为核心的特征进行广泛传播。其主要表现为以下五个方面:

第一,家庭。如果在家庭成员中有企业家,那么这种企业家文化便更容易内化到个体之中。这种企业家精神的传播会较为明显地体现在一些家族企业当中。同时,家族企业也会存在企业家精神的传承问题。在不同的历史发展阶段,企业家精神的内涵是不一样的。然而,企业家精神的传承就意味着二代或者三代企业家既要回应时代的新变化,同时也要将企业家精神的某些经典特质进一步传承和总结。①政府在企业家精神的家庭教育部分同样可以有所作为。譬如,政府可以选取企业家精神传承的一些典型案例进行传播,如宗馥莉是娃哈哈创始人宗庆后的女儿,是典

---

① Robert Smith, "Authoring Second-generation Entrepreneur and Family Business Stories," *Journal of Family Business Management*, Vol.4, 2014, pp.149—170.

型的二代企业家,其已经在目前的经营活动中表现出精英企业家的特质。政府可以将这些优质案例作为一些典型案例进行宣传,从而促使企业家内部有效的家庭教育经验在企业家群体中进行传播。我们在访谈的过程中,有一位企业家就提到了政府出资所开设的新生代接班传承专题班。来自家族企业的一些企业家也表达了企业传承的重要性。譬如,一位企业家提到:"因为我觉得,这个企业从我父亲这一辈起来的话,太不容易了。然后我也是希望把这个品牌做成一个百年老店。"(A10 E 省某雨具公司总经理)

第二,学校。学校是企业家精神传播的重要场域。这里的学校既包括经典的商学院,也包括相关的社会培训机构。商学院是企业家进行系统学习的最重要的正式机构。[①]然而,企业家群体规模较大,这意味着并不是所有的企业家都可以接受到完整的商学教育,因此对企业家群体进行终身教育和再教育就会变得至关重要。因此,这里的学校具备较为广义的内涵。另外,党校在企业家精神的培育中同样也要发挥重要作用。党校是中国共产党设立的进行党员先进性培训的主要机构,而企业家精神在某种意义上也与党员的先进性结合在一起。因为一些企业家本身就是党员企业家,因此,各级党校在进行相关培训时,也可以在一定程度上向企业家进行倾斜,从而在培训中引导企业家精神在社会责任和国家责任方面做更多的探索。对于普通企业家而言,如果可以进入党校学习,则可能意味着未来具有更多的政治机会和经济机会,这些政治和经济机会都可能转化为商业项目。当然除了党校之外,在访谈中,一位企业家还提到:"这个统战部呀、工商联呀,统一战线联盟也会有相关的一些培训和交流。"(A05 D 省某智能科技有限公司总经理)除此之外,在基础教育(特别

---

① Cherry Cheung, "Innovative Education and Business Engagement at the Heart of Entrepreneurial Business Schools: An interview with Dr Gwyn Jones, Director of Essex Business School, University of Essex," *Journal of General Management*, Vol.40, 2014, pp.107—111.

是中学教育)中,也需要增加一定的与企业家精神相关的课程。这样有助于青少年在其发展的重要阶段理解或者内化企业家精神。政府特别是相关教育部门可以通过制度规定,引导中小学阶段的学校尝试在基础课程之外设立一些与企业家精神有关的课外课程。

第三,工作场所。工作场所同样是培育企业家精神的重要场所。在大型企业中,较高层级的管理人员需要表现出一定程度的企业家精神,这样才能够使其更加主动地为企业的整体发展进行谋划。另外,企业内部的创业行为也是企业家精神传播和发挥的重要途径。例如,海尔集团创始人张瑞敏便通过对内部创业行为的鼓励,力图促使企业变成一种企业家精神培养的重要场所。在大型企业当中,中下层员工很容易变成执行上级任务的"单向度的人",而通过阿米巴经营管理模式的转型,即让每个一线员工都能参与到经营活动中去的管理模式,以及企业内部结构和流程的再造,曾经传统科层制的企业内部结构就会转变为一种流动性的业态组织,这样就可以使得企业家精神中所强调的创新和责任在企业内部更有效发挥作用。[1]

此外,一些企业会要求自己的员工在一定的时间内承担社区的义务工作,或是通过鼓励员工参与一些慈善公益活动从而积极回报社会,这便是在企业内部通过强调对社会责任的担当来培育企业家精神的形式。而企业内部的企业家精神培育过程中,政府仍然有较大的行动空间。例如,政府可以为履行更多社会责任的企业提供一定程度的税收优惠,或者其可以设定某些规章制度,使企业的捐赠行为能够折抵一部分的税费。同时,政府也可以在一些国家或地方层面的相关荣誉中,划分出一定配额给某些经常组织社会公益活动的企业,以鼓励其在内部开展企业公益活动。我们在对企业家访谈中,提到了这样一个问题,即"您认为一位企业家在

---

[1]　Fang Yang, "The Operation Mechanism of Amoeba's Organizational Model," *Open Journal of Business and Management*, Vol.6, 2018, pp.462—469.

哪方面作出贡献的时候,政府应该给予适当的鼓励和奖励"。一位企业家
这样回答:"因为从政府的角度来讲的话,肯定说你是从税收和就业,还有
一个就是你的社会责任,就是说你带动了区域的经济发展,这里面可能有
很多种,一种是附近居民的收入,或者说你带动了某方面的一些流通等
等。"(A12 E省某汽车零部件有限公司总经理)另一位企业家的回答是这
样的:"企业家的话,就像三好学生似的也需要表彰,也需要鼓励,这是人
的一种需求。尤其是对我们中小企业来说也需要多多鼓励,也需要多提
表扬。作为我们企业家来说,持续的学习能力是必不可少的。"(A05 D省
某智能科技有限公司总经理)

第四,同辈群体。同辈群体可能会相互激发企业家精神。这样的群
体可能是处于同一年龄段的群体,例如,从小在一起的玩伴,如果某一个
体去创业,那么这样的行为可能会对其他的玩伴形成某种激励效果。再
如,一同读高中或者大学的同学中,如果有人创业成功,那么在其企业发
展的过程中,可能会邀请自己的同学加入,同时这也可能会激励其同学在
其他领域进行创业。这都是同辈群体中所反映出的企业家精神的激
励。①另外,在某些重要商学院的学习过程中,这种同辈群体的相互激发
会更加明显。例如,在一些MBA的教育中,其本身招募的对象是新生代
的企业家,这部分群体在学习过程中会结成较为深厚的友谊,在之后的企
业经营活动当中也会相互帮助和相互激发。因为同辈群体的企业家精神
更多的是一种个体的私人行为,政府在这一领域似乎可以做的工作并不
多,但政府仍可以通过相应的项目设计培育企业家精神。例如,政府可以
通过组织一些针对企业家的社会培训项目,加深某些同辈效应。本来这
些企业家在日常的经营活动当中很难会相遇,但是由于他们在某大学的
商学院或党校有过一段时间的学习经历,那么就可能会形成一种新的同

---

① Ramana Nanda and Jesper Sørensen, "Workplace Peers and Entrepreneurship", *Entrepreneurship & the Social Sciences Journal*, 2009, pp.1—25.

辈效应,而政府的相关部门在这一过程中就可以发挥重要的组织和促进工作。我们在访谈中,一位企业家就提到了同辈效应的问题:"最近因为统战部是通过欧美同学会联系到我。然后我们也是去给海南省,正好年会也是给海南省做一些献计献策,后来又是去北京什么,所以我自己觉得这方面的工作形式越来越多样化,就不再是以前因为我们都听过党校培训,我们也接触过对吧?然后也有行政学院什么,就有好几个不同的学校里面,那个时候我在不同的企业的时候也都被邀请过,或者说我们的同事被邀请过,那个时候大家都觉得是一种荣誉,能够参与这样的封闭式的学习。"(A03 C市某科技公司前首席发展官)

第五,大众传媒。无论是在电视广播还是新媒体当中,进行企业家精神的传播是极为必要的。[1]当代人都生活在不同的媒介当中,而大众媒介则构成了个体心理和行为的一个基本背景。例如,在某一段时间里,如果大众媒体频繁地报道大量企业家的先进事迹,就会在公众心目中强化"国家非常重视企业家并希望其更多履行社会责任"的印象。在这一过程当中,政府可以邀请企业家更多地在大众媒体上分享自己科技创新和承担社会责任的经验,而这种知识会通过大众媒体向更多的社会成员传播,从而使精英企业家影响更多的大众企业家。这种大众媒体的整体传播结构会激发更多的社会成员完成企业家人格的培育。政府可以在这一过程中鼓励相关的大众媒体一同在注意力分配上向企业家精神的传播倾斜。此外,政府还可以将一些与企业家有关的重要荣誉颁布活动,通过大众媒介进行广泛传播。同时,党的宣传部门还可以进一步引导大众传播媒介,促使其分配一定的节目时间来传播企业家精神,进而可以对一些企业家先进案例的传播形成一种整体传播和动员的态势。

① Miftahul Rozaq, Sri Hastjarjo and Yulius Slamet, "The Entrepreneurs' Acceptence Ability in Learning The Use of Digital Media", *Indonesian Journal of Business and Entrepreneurship*, Vol.8, No.1, 2022, pp.38—48.

（二）政府培育企业家精神过程中的注意事项

政府在积极推动企业家精神培育的过程中，同样不能忽视其形成过程中的负面效应。具体而言，政府在培养企业家精神的过程当中需要注意以下几个方面：

第一，首因效应。首因效应也被称为"第一印象"①，这就使得政府在培育企业家精神的过程中需要注意那些感知者的初始状态。例如，使青少年价值观形成的家庭和基础教育阶段就会变得至关重要。同时，在现代社会，大众媒体对青少年的认知的影响越来越大。因此，政府需要引导青少年在这些场域中形成对企业家的一种正向认知。换言之，一旦青少年在其成长的早期阶段对企业家形成某种正向认知，那么他们很有可能在后面的成长阶段将企业家身份确定为自己的奋斗目标。

第二，近因效应。在社会心理学中，近因效应主要是指离感知者最近的原因会发挥重要影响。笔者将这种近因效应也称作为贝叶斯推断。心理学家亚伯拉罕·卢钦斯（Abraham Luchins）讨论了首因效应和近因效应的共同影响。②近因效应对我们培养企业家精神的启示在于，一方面，我们需要维护企业家整体的正面形象。这种形象维护需要通过企业家自身的印象管理来实现，如企业家需要把一定的时间、精力及资源放在履行社会责任上，这样有助于维系社会大众对企业家的完整的积极认识。另一方面，一旦出现某些关于企业家的负面新闻时，这时相关大众媒体以及自媒体需要对企业家给予一种完整认知，不能将某一个缺点放大，从而掩盖企业家所做的其他负有社会责任的有益行为。一旦出现大量关于企业家的负面信息，政府或是企业家需要通过相应的社会公关来减少或擦除

---

① Solomon Asch，"Forming Impressions of Personality，"*Journal of Abnormal and Social Psychology*，1946，Vol.41，pp.258—290.

② Abraham Luchins，"Forming Impressions of Personality：A Critique，"*Journal of Abnormal and Social Psychology*，1948，Vol.43，No.3，pp.318—325.

这些近因影响,否则近因就会影响到人们对企业家的整体判断。譬如,2023年3月28日,在举行的新闻发布会上,国新办相关负责人提到要整治自媒体对民营企业家的无端造谣以及相关乱象,充分保护企业家的合法权益,优化营商环境。①

第三,晕轮效应。晕轮效应主要是指被观察者的优点可能会被夸大,这样他的缺点就会被光环所遮挡。晕轮效应对我们培养企业家精神的启示在于,它可以帮助我们对企业家群体的社会印象管理。换言之,我们可以运用晕轮效应,使社会大众对企业家形成一种相对稳定的正向认知。企业也可以通过晕轮效应加强社会责任活动,以提高自身公司的形象。②但同时我们还需要建立一种内部的提醒或者纠错机制。譬如,通过内部谈话等形式,让企业家意识到其可能存在的一些缺点,并通过自身履行社会责任,进一步弥补自己的缺点。譬如,我们在采访一位政府工作人员时,他就提到了企业家如果不小心犯错之后,政府和社会要对其宽容的问题:"如政府遇到这样的一种企业家,他们属于疏忽,造成的负面影响不很大的话,整个社会应该对他采取一种宽容,政府也应该有相应的容错机制。"(B17 C市某区某机关书记)

第四,避免企业家侵犯。政府要推动企业家精神的培养,同时还要注意避免对企业家侵犯的行为。企业家侵犯是指对企业家的生理或心理造成的各种形式的伤害行为的总称。企业家侵犯主要可以分为两种,一种是手段性企业家侵犯,另一种则是目的性企业家侵犯。手段性企业家侵犯的目的是获得某种利益。例如,通过对企业家的侵犯,获得企业家的某些财产。因为企业家拥有较多的社会财富,因此通过侵犯获得企业家的

---

① "网络水军、网络暴力……网信办今年将重拳整治",http://news.china.com.cn/2023-03/28/content_85197366.htm,访问时间:2023年4月15日。

② Chang-Hyun Jin and Jung-Yong Lee, "The Halo Effect of CSR Activity: Types of CSR Activity and Negative Information Effects," *Sustainability*, Vol.11, 2019, pp.1—20.

财富便会成为某些行为的直接动机。目的性企业家侵犯的性质则更为恶劣,其目的是对企业家群体造成整体性的伤害。企业家侵犯的行为往往会产生示范效应,从而使得企业家很难将主要精力放在企业创新和社会责任的履行上,而会将其行为的目的定格在避免侵犯这一目的上。目的性企业家侵犯往往是整体社会文化所导致的。在一个缺乏法治环境的社会,由于企业家拥有较多的社会财富,其往往会引发他人的嫉妒,而这种嫉妒则可能会导致对企业家的整体性侵犯。我们在访谈中,一位企业家也提到了现在社会风气有时候对企业家并不友好:"出现了情绪化、嫉妒、仇恨等心理状况,甚至网络暴力。乌合之众有的时候左右了理性思维。"(A04 C市某智能科技公司总经理)政府在其中所承担的重要功能就是要建立法治框架以保障企业家的合法权益。①

按照侵犯者的意图来分,企业家侵犯也可以被分为有意侵犯和无意侵犯。有意侵犯是指侵犯者有明确的目的性,以对企业家身体或心理造成伤害的行为动机。这里的侵犯行为既包括暴力伤害,也包括毁谤或损害企业家的名誉等。无意侵犯则可能是在行为互动中产生的。侵犯者并没有恶意的动机对企业家的权益或名誉进行侵犯。这时候恰恰需要一种社会鉴别机制。如果施动者是无意的,这时候要更多地对施动者采取一种宽容的态度,避免社会大众与企业家之间形成一种恶意互动。恶意互动会引发社会其他群体对企业家产生剥夺或侵犯的动机,同时企业家为社会承担更多社会责任,这实际上也是在消除社会其他群体可能会对企业家产生的侵犯恶意。

社会心理学家阿尔伯特·班杜拉(Albert Bandura)关于社会学习的研究,可以让我们进一步理解避免企业家侵犯的意义。班杜拉在"宝宝玩偶"的实验中,通过让三组儿童来观察成人踢打充气玩具这一实验得出结

① 徐航:"用法治培育和守护企业家精神",载《人民论坛》,2017年第33期,第100—101页。

论：儿童在观察成人的示范行为时，会很容易模仿成人的行为，并且这样的模仿还会形成某种持续效应。①换言之，如果儿童在其青少年时期就看到过针对企业家的侵犯行为，那么在其成年之后这种效应可能还会持续存在。如果儿童在青少年时期，通过家庭、学校教育或大众媒体，观察到整个社会对于企业家的尊重，那么这种企业家的正面形象可能会在其成年之后转化为自身的行动目标。班杜拉的研究还发现，英雄人物、家庭成员以及同龄人最容易受到模仿者的模仿，这就意味着我们在培养企业家精神过程中要极为重视精英企业家的示范效应、家庭成员和同辈群体对企业家的整体性看法。

第五，重视企业家人格。政府在企业家精神的学习培训中发挥着举足轻重的作用，在培育企业家精神的过程中，政府不应忽视对企业家人格的重视。根据高尔顿·奥尔波特（Gordon Allport）对人格的定义，人格是个体内部决定其特征性行为和思想的身心系统的动力组织。②陈仲赓先生将人格定义为一种具有一致性和连续性的持久的自我。③从人格的这一定义出发，我们可以发现，企业家人格就是企业家个体内在的、行为上的某种倾向性。其会在企业家个体中表现出一种相对的一致性和连续性。企业家人格的形成主要取决于个体所处的社会环境。换言之，它是在个体的社会化进程中形成的。

企业家人格主要表现为企业家的自我观念，即企业家要将自己认定为企业家。我们在访谈中发现，有一些处于企业高管位置的人，并不认为自己是企业家。当我们向他提出访谈申请时，他会表示："这样的访谈是

---

①　Brigette Ryalls, Robina Enayat Gul and Ken Ryalls, "Infant Imitation of Peer and Adult Models: Evidence for a Peer Model Advantage," *Merrill-palmer Quarterly*, Vol. 46, 2000, pp.188—202.

②　Gordon Allport, *Personality: A Psychological Interpretation*, New York: Holt, Rinehart & Winston, 1937.

③　陈仲赓、张雨欣：《人格心理学》，辽宁人民出版社1986年版，第50页。

否可以找我们的老板?"在此处的描述中,"老板"自然是企业家,而自己只是"给老板打工的"。换言之,其中的含义是,该个体并没有将自己认定为是企业创新和承担社会责任的主体性角色。那么,该个体便缺乏一种企业家的自我观念。

查尔斯·库利(Charles Cooley)在研究自我时认为,自我或人格是在社会互动中产生的。在这一过程中,人们彼此之间的社会想象发挥了极为重要的作用。①企业家人格同样需要这种社会互动。因此,同辈群体对于培养企业家精神有着重要作用。当自己的玩伴或同学从事企业经营活动并由此获得社会认可时,这种他者的意向会映射到自己的意识当中。一个人可能才会真正意识到,自己发自内心地希望成为企业家。这便是库利所提出的镜中我(I'm in the mirror)的概念。库利写道:"人们彼此都是一面镜子,映照着对方。"②正因为这种相互映照,才使得自己的身份得以构成。他者作为企业家的事实在自己的心灵中产生了反应,自己才会去追求企业家所获得的社会荣誉,而这又也会对他者形成刺激。在这种相互激发的过程中,企业家精神便可能会以某种主体间性的方式产生。

乔治·米德(Georget Mead)在《心灵、自我与社会》中区分了主我和客我的概念。主我是行动过程当中的自我,它会给予人格某种动力性。客我则是社会中的自我,其更多依赖的是一种角色扮演。企业家精神同样存在这种主我和客我的关系。首先,企业家人格更多地表现为一种行动中的自我,它要求企业家按照自己的思路去设计企业的经营活动,通过科技创新在激烈的竞争中获胜,并用自己的方式为社会做出某些贡献。同时,企业家的这种主体性行为可能会对其他企业产生影响。那么在这里,对其他企业家产生的影响的便是客我。客我在企业家互动的过程中

---

①② 〔美〕查尔斯·库利:《人类本性与社会秩序》,包凡一、王源译,华夏出版社1989年版,第78页。

扮演着引领者的角色。如果自己表现得足够优秀,便可能会成为精英企业家,进而对更多的大众企业家形成激励效果。这样,作为主体的主我就会融入主体间的客我之中。在这样的背景下,企业家精神就会形成巨大的共振效应。①

三、政府推动新时代企业家精神培育的学习机制

企业家精神会在社会中产生相互传导的机制,而政府则可以在其中围绕企业家精神的传播,形成一种社会的整体学习机制。政府推动企业家精神培育的学习机制主要包括以下几个方面。

(一)正式学习机制

正式学习机制,包括学历教育和非学历教育。在学历教育方面,改革开放以后,管理学科和商学科的学历教育发展大大推动了企业家群体专业知识的增长,也促进了企业家精神在社会的广泛传播。②近年来,伴随着学习型社会的形成,越来越多的企业家需要通过非学历教育进一步提升自身的专业知识水平和综合素质。因此,从这一意义上讲,政府应更多鼓励社会商学院的举办。商学院可以帮助我们构建现代企业运作的一整套商学教育体系,而在这一过程中,商学教育可以将企业运营的专业知识以及创新、责任机制等内涵注入其中,致力于培育出一种现代企业运营的系统知识理论。③但与此同时,在鼓励社会商学院建立的过程中也要注意,一方面要避免某些社会商学院形成利益圈层,从而通过其相关的网络形成一种利益的相互锁定,将其异化为某种特殊利益的俱乐部;另一方

---

① [美]乔治·米德:《心灵、自我与社会》,赵月瑟译,上海译文出版社1992年版,第158页。

② 陈东:"私营企业出资人背景、投机性投资与企业绩效",载《管理世界》,2015年第8期,第97—119页。

③ Jonathan Doh and Pete Tashman, "Half a World Away: The Integration and Assimilation of Corporate Social Responsibility, Sustainability, and Sustainable Development in Business School Curricula," *Corporate Social Responsibility and Environmental Management*, No. 21, 2014, pp.131—142.

面,要避免社会商学院变成某些机构敛财的工具,否则就会在企业家精神的传播过程中将一些谬误的观念作为正确的思想。

在非学历教育方面,政府可以以多种举措并施鼓励企业家开展终身学习。现在的社会表现出知识爆炸、模式创新和思维多元等特征,因此,终身学习理念变得愈发重要。①政府为加大支持企业家精神的传播,同时还需要鼓励相关大学或相关部门努力探索构建针对企业家的终身学习机制。例如,在相关大学举办定期的企业家"回炉"学习班。此种学习班同样是正式学习的一种方式,即在一定时间内完成相关特定模块的学习任务。这样可以整体提升企业家的创新能力和责任精神。另外,政府可以将党建引领内容与正式学习机制相结合,将党建引领作为企业家精神正式学习的指路标。

(二)非正式学习机制

非正式学习,即政府可以推动企业家在社会网络中传播和学习企业家精神。伴随着整个社会媒介化的发展,非正式学习会变得至关重要,其形式也更加多元。其主要表现为如下几点:

第一,非正式学习可以在企业家的非正式网络中展开,从而在其社会网络中提升社会资本。罗伯特·帕特南(Robert Putnam)曾在其研究中关注到意大利北方的社会资本问题,帕特南所关注的重点是公民文化和公民精神。②本研究尽管讨论的重点是企业家精神,但其基本内涵是一致的,即这样一种精神和文化会以社会网络的方式进行传播。因此,政府对于一些能够促进企业家精神传播的非正式社会网络要尽可能地减少干预。在访谈中,一位企业的书记提到了类似的内容:"如果政府和党组织

---

① 苑大勇、沈欣忆:"终身学习推进可持续发展路径及实现:从秩序共存到螺旋上升",载《中国远程教育》,2020年第8期,第2页。

② [美]罗伯特·帕特南:《使民主运转起来》,王列、赖海榕译,江西人民出版社2001年版,第109—213页。

多把这些企业家组织起来,时不时地、定期或不定期地开展一些交流活动,或者是开展一些培训教育、企业家精神的塑造活动,或者是请一流的企业家、很有名的企业家,给他们讲讲课,去给他们分享一下,这肯定是有带动作用的。"(A02 B省某公司党委书记)

第二,政府可以在主流媒体和新媒体上,鼓励企业家精神的传播。"媒介化"是麦克卢汉的一个重要概念,其反映了整个社会朝着整体媒介转向的趋势。①因此,要推动企业家精神的社会扩散,就需要充分发挥多元媒介的作用。譬如,我们可以积极运用各种线上或线下的论坛以及自媒体推动企业家精神的传播。相关新闻机构可以加强对企业家先进事迹的宣传,并通过这种社会扩散形成相互激发效应。而政府可以在其中发挥重要的引导性作用。

第三,非正式学习同党建引领相结合。政府可以给予对社会做出重大贡献的企业家以较高的政治荣誉。例如,邀请精英企业家参加国家重大庆典活动,或是在党代表名额的分配上对企业家进行一定程度的倾斜。在这些大型政治活动中,企业家的出场会进一步强化企业家精神在社会中的积极影响,从而扩散企业家精神的正面作用。

(三)弥散机制

企业家精神本质上是一种社会文化,而政府对企业家精神的保护和促进更多地表现为一种外部的制度性安排。因此,政府要推动企业家精神的形成,就要通过外部的相关机制安排来推动一种以企业家群体为中心的正向行为的扩散,使其变成一种普遍性的心理状态。企业家精神表现为一种群体意识,而这种群体意识则反映为精英企业家与大众企业家的互动,以及他们对外部刺激的反应。一方面,企业家精神表现为精英企业家在应对社会变革的过程当中,通过在企业经营活动中的创新,积极回

---

① 王学成:"媒介化中的意向性与身体性——从海德格尔到麦克卢汉媒介思想的演进",载《新闻与传播研究》,2021年第11期,第42页。

应社会需求。精英企业家通过提供高质量的商品或服务，获得社会正向回报，并用其得到的正向回报再为社会作出更大贡献。[1]另一方面，精英企业家的这种行为会对大众企业家产生引导效果，那么越来越多的大众企业家就会通过自身努力向精英企业家靠近，其中少数一部分将来可能会发展为精英企业家。在这样的背景之下，整个社会就会涌现出一种以精英企业家为荣的企业家文化。

具体说来，企业家精神的形成与扩散与个人因素和外部制度两大因素有关。[2]个人因素包括企业家的受教育程度、性别、个人意愿等。[3]外部制度因素则包括区域文化、区域社会网络、政治制度安排、外部技术的发达程度、人口特征、市场和产业结构等。而政府要推动企业家精神的正向效应扩散，就需要在外部制度因素上进一步满足企业家精神的培育条件。从社会整体的意义来看，企业家精神会在企业家群体之间甚至之外形成弥散性的效应。企业家精神的知识外溢理论，[4]与笔者所提的企业家精神的社会弥散理论有一致之处。这一理论认为，企业和企业家可以从外溢的知识中找到新的创业机会，并运用这些新的知识来发现市场价值。[5]同时，知识溢出与企业家精神之间存在某种双向因果关系。一方面，企业

① 李金华："第四次工业革命的兴起与中国的行动选择"，载《新疆师范大学学报（哲学社会科学版）》，2018年第3期，第77—86页。

② Ryan Sutter，"The Existence of Positive Psychological Environments and Their Impact on Regional Entrepreneurship," *Journal of Regional Analysis & Policy*，Vol.38，No.3，2008，pp.272—292；Michael Stuetzer and Martin Obschonka，et al.，"Industry Structure，Entrepreneurship and Culture：An Empirical Analysis Using Historical Coalfields，" *European Economic Review*，No.86，2016，pp.52—72.

③ Claudio Michelacci and Olmo Silva，"Why So Many Local Entrepreneurs?" *The Review of Economics and Statistics*，Vol.89，No.4，2007，pp.615—633；Ben Spigel，"The Relational Organization of Entrepreneurial Ecosystems，" *Entrepreneurship Theory and Practice*，Vol.41，No.1，2017，pp.49—72.

④ Zoltan Acs，et al.，"The Knowledge Spillover Theory of Entrepreneurship，" *Small Business Economics*，Vol.41，No.4，2013，pp.757—774.

⑤ 钟春平："中国需要什么样的企业家和企业家精神"，载《人民论坛》，2018年第35期，第36—37页。

家精神对知识溢出具有重要的推动作用；另一方面，知识溢出也可以帮助企业家创业。此外，相关实证研究也认为某一地区的企业家精神对周边省份的企业家精神，有正向的知识溢出效应。[①]因此，加强知识保护和保障个体的市场参与权益，不仅有助于推动当地的创新创业活动，还可以激励邻近地区的创业活动。[②]需要指出的是，企业家精神的知识外溢效应只能存在相对局限的空间之内，并且这种外溢效应的成果可能在数年之后才能逐步呈现出来。

甘纳尔·缪尔达尔（Gunnar Myrdal）曾提出两大空间效应，即扩散效应和回波效应。[③]扩散效应是指一个地区的经济扩张会对另一地区带来积极有效的变化。回波效应，也被称为虹吸效应，是指某一地区的扩张使得另一地区的人口、资本等稀缺资源受到限制。[④]实际上，企业家精神的传播也存在地理空间效应。一方面，发达地区的企业家精神可能会外溢到相近区域，这就是企业家精神的扩散效应；[⑤]另一方面，企业家精神在某一地区的传播很可能将资源、技术、人口等在这一地区形成进一步的集聚效应。[⑥]但如果周边地区无法提供更加有利于企业家精神培育的相应制度，那么就很可能会产生回波效应或虹吸效应。

政府在企业家精神的扩散过程中发挥了重要的作用。[⑦]需要指出的是，在创造有利于企业家精神的外部环境时，边缘区域的政府功能更加关

---

①⑤ 杨勇、朱乾、达庆利："中国省域企业家精神的空间溢出效应研究"，载《中国管理科学》，2014 年第 11 期，第 105—113 页。

② Jamie Bologna, "A Spatial Analysis of Entrepreneurship and Institutional Quality：Evidence from US Metropolitan Areas," *Journal of Regional Analysis & Policy*, Vol.44, No.2, 2014, pp.109—131.

③ 安虎森："增长极理论评述"，载《南开经济研究》，1997 年第 1 期，第 31—37 页。

④ Gunnar Myrdal and *Economic Theory and Underdeveloped Regions*, New York：Harper & Row, 1957.

⑥ 宛群超、袁凌："空间集聚、企业家精神与区域创新效率"，载《软科学》，2019 年第 8 期，第 32—38 页。

⑦ 张敏："营商制度环境对企业家精神的影响研究——以中国地方行政审批改革为例"，载《中央财经大学学报》，2021 年第 6 期，第 90—103 页。

键。边缘区域需要在培育企业家精神上更加积极主动,在相应的产业规划、人才引进等方面,要制定更加优惠的政策,这样才有助于企业家精神的扩散。一旦边缘区域的外部条件与中心区域差距较大,其整体的制度性配套环境不利,那么中心区域就会表现出极强的虹吸效应,使得创新企业家在中心区域大量出现,而边缘区域的企业家则会减少,这样就不利于企业家精神的弥散化。

产业集群也有助于企业家精神的进一步弥散。当产业资源进一步集中之后,可能会形成相应的产业集群,而这也有助于促进企业家精神的扩散。[1]然而,在地区性垄断或者相关要素资源成本极为昂贵的情况下,如土地资源极为稀缺,那么这时中心区域的企业家精神则有可能会被遏制。而此时就会出现中心区域向边缘区域的扩散动力。譬如,华为之前的制造中心在深圳,但由于深圳房价不断上升,华为将制造中心转移到了东莞。这种企业家精神扩散的最为深刻的动因便是中心区域资源要素价格的不断上涨。因此,在中心城市出现严重拥挤、污染、土地价格上升等问题之后,就可能会出现空间效应的方向调整。[2]

(四)企业家精神的培养与深化

为加强企业家精神的共振效应,政府应积极培育企业家精神在社会上的进一步深化。企业家精神的培养与深化分为创新社会化和责任社会化两个过程,而政府需要在其中发挥促进作用。创新社会化表现为,企业家的行为不再是个体的创新性行为,而是一种双向过程。个体在创新社会化的同时,会把自己的主体性行为和社会的创新观念结合在一起,形成自己独立的创新态度和创新行为,并反作用于整个社会的创新性活动。

---

① 孔令池:"制度环境、企业家精神与高技术产业集聚",载《中国经济问题》,2020年第2期,第16—29页。

② Anping Chen and Mark Partridge, "When Are Cities Engines of Growth in China? Spread and Backwash Effects Across the Urban Hierarchy," *Regional Studies*, Vol.47, No.8, 2013, pp.1313—1331.

个体在这一过程中接受社会的创新性改造,同时又为社会的整体性创新贡献出自己的力量。责任社会化则意味着,企业家在企业经营的过程当中要更多考虑社会责任的相关问题,并就企业社会责任的相关观念与其他企业家形成呼应。这种呼应使得个体承担企业社会责任的行为与他者的行为在相互影响之中共同向前发展。而在企业家进行创新社会化和责任社会化的过程中,政府的作用主要体现为如下几个方面:

第一,制度保障。由于企业家精神的发挥需要涉及一系列外部制度,例如,政府需要通过相应的制度保护企业的合法权益,否则企业家经营企业的正常活动就可能会被打断,而企业家精神中创新的部分就很难持续。另外,要保障企业家积极地进行创新活动,政府就需要加大对企业的知识产权保护。[①]政府要完善保护知识产权的相关规章和制度,确保企业在创新过程中的利益不受损,从而保护企业的健康发展。此外,公平的外部市场环境也同样很重要。[②]如果在某一个细分领域当中存在较大的寡头企业,那么小企业就很难成长为更具竞争力的企业。因此,在这样的环境下,政府维护公平的竞争环境就会变得至关重要。

第二,先进性引导。政府对于企业家精神的促进,还体现在先进性引导这一内容之下。企业家精神不仅包括创新,还包括责任。这种责任体现在内部、社区、国家和全球不同层面。[③]例如,新时代的企业家精神在一定程度上就表现为服务传统产业转型升级、高质量发展、共同富裕以及中华民族伟大复兴等一系列较为宏大的目标。从这个意义上讲,政府促进企业家精神的培育,就需要在各个行业树立一些标杆性人物,这些人物既

①　林瑶鹏、林柳琳:"制度供给、企业家精神与区域创新",载《技术经济与管理研究》,2022年第1期,第61—66页。

②　姚雷:"营造促进企业家公平竞争诚信经营的市场环境",载《人民论坛》,2019年第9期,第90页。

③　王希、陈言:"民营企业家社会资本与企业社会责任——基于海外经历的调节效应分析",载《山西财经大学学报》,2022年第11期,第65—78页。

包括就职于创新能力强的科技企业的负责人,也包括在一些细分领域成为隐形冠军的中小规模企业的负责人,还包括那些为国计民生提供基础服务的小微企业的负责人。尽管小微企业的企业家对整个国家的创新贡献较为有限,但是他们也为国家贡献了优质服务、就业岗位和税收。因此,我们所强调的企业家精神是一种集体的心理现象。这种企业家精神既包括那些标志性的、引导潮流的大型企业的精英企业家,还包括那些较为平凡的小微企业里的大众企业家。尽管大众企业家对社会的创新相对有限,但是他们依然在平凡的岗位上体现出一种社会责任。

另外,在对企业家群体的讨论中,也需要将投资人这一群体包含进来。尽管投资人并不直接参与经营活动,但是投资人通过资本的运作,为企业的科技创新提供了某种要素支撑。一些投资人还会对企业进行某种孵化的指导,这些对于企业发展都是至关重要的。同时,投资人参与企业活动表现为基于某些风险承受的高创新性智力活动,需要对未来有前瞻性和预见性的把握,这些都与企业家精神密切相关。[1]换言之,投资人的投资活动构成了企业的科技创新和高质量发展的重要因素。[2]从这个意义上讲,投资人也在为国家的科技创新承担相应的责任。因此,政府同样需要对投资人群体进行先进性引导。

企业家精神可以看作是一种集群行为的展示。企业家精神是由共同信念所引导的。特别是在中国官方话语中,企业家精神会更加强调企业家通过其企业的经营行为服务于国家的整体战略发展,如中华民族伟大复兴、共同富裕和经济高质量发展等目标,这就构成了某种共同信念。另外,集群行为往往是不确定性的行为,其制度程度很低,因为企业家精神

---

① Laura Huang and Andrew Knight, "Resources and Relationships in Entrepreneurship: An Exchange Theory of the Development and Effects of the Entrepreneur-Investor Relationship," *Academy of Management Review*, Vol.42, 2017, pp.80—102.

② 郝云宏:"企业家激励:制度激励、形式激励与激励形式",载《经济学家》,2000 年第 2 期,第 25—29 页。

涉及多行为体的互动。而这样的群体互动会使得群体的一致性变得极为困难。因此,对于中国的企业家群体而言,规范标准化可以使得群体之间的协作更加密切。

第三,群体规范。政府还要注意企业家群体的规范作用。群体规范可以发挥重要的行为标识作用。每个个体都会有自己不同的想法和意见。企业家群体也是如此。企业家精神的内核之一为创新,而创新在很大程度上就表现为与众不同,那么这就很容易使企业家个体变得极为个性化。而个性化的企业家则很难形成一种群体效应,因此,这就需要使得企业家精神作为一种群体规范而产生认知标准化的作用。换言之,在企业家精神这一标尺面前,尽管企业家个体可以保持自己的个性和差异化特征,但同时也需要在群体规范的要求之下,在某些事物的评价和看法中达到一种相对的统一。这种相对统一可以产生一种行为的定向作用。企业家成员有其各自的差异性和个性,如何引导企业家群体发挥出强大的整体性效应,为国家和社会作出其应有的贡献? 那么这样的行为定向就需要群体规范来进行引导和约束。群体规范在一定程度上可以使社会成员之间的意见和看法相对统一。如果没有企业家精神这类群体规范的存在,那么企业家的群体就会容易变成一盘散沙。企业家精神的内容越标准化,成员之间的活动就越容易协调。

第四,避免失范。政府还要避免企业家精神的失范状态。企业家精神的有序状态是指整个社会形成一种关于企业家的正向文化,而通过企业家精神的弘扬,企业家群体为社会做出更大贡献,同时获得社会更高程度的认可。企业家精神的失范状态则是有序状态的反面。例如,某些企业家的不当行为或是失信行为引起了社会的不满以及争论,随后整个社会都产生了对企业家群体的剥夺或侵犯行为。[1]这时,一些企业家的不当行动又进一步激发了社会大众的反企业家文化。在一些危机事件中,

---

① 万友根:"企业家失信行为与信任危机转化",载《学术界》,2006 年第 2 期,第 165—168 页。

一些行为不端正的企业家会被定义为唯利是图者。这类事件的恶性发展就可能会引发企业家精神的失范状态。而这正是政府在推动企业家精神的培育方面要极力避免的。

第五,自发秩序与制度秩序之间。政府对于企业家精神的推动,需要处在自发秩序和制度秩序之间。首先,企业家精神的发挥会表现为一种自发秩序。企业家精神是以企业家对企业的经营活动为中心的,而政府则是一种外在的制度性存在。换言之,政府对企业活动的促进和引导,不能代替企业家的自主性行动。政府要通过外部的制度建设以及先进性的引导,形成企业自主创新以及主动为社会承担责任的内生动力,从而推动企业家精神的内生性增长。从这一角度讲,企业家精神则更多表现为一种自发秩序,其与企业家通过创新获得某种正向市场激励,以及企业家承担更多社会责任而获得更多正向社会激励关联在一起。譬如,一些具有家国情怀的企业家,在为国家做出重大贡献之后,会得到国家某些极高的荣誉,例如霍英东。这就意味着企业家精神存在着一种在企业家群体内部相互激发的特点。一些精英企业家会展现出引领潮流的企业家精神,同时这种精神会激发一些更为年轻的,处在一些新竞争赛道中和具备较大成长空间的大众企业家,朝着这类楷模的目标迈进。在榜样力量以及学习效应的激励之下,这种企业家精神形成了一种集体性文化心理。这种文化心理会在扩散之中形成某种正向能力,从而推动整个社会朝着一种积极创业、服务社会并且勇于为社会作贡献的正能量方向迈进。

从另一方面来讲,政府同样需要为这种企业家精神的发挥提供一种外部的制度秩序。政府的主要功能是提供公共产品,从这个角度来讲,政府需要通过一系列的制度安排,为企业家的正常经营活动以及为其更好地服务社会提供外部制度保障。例如,目前集成电路已成为中国企业转型升级中的一个重要领域,如果没有集成电路这一产业的国产化推进,中国的数字化转型就会受到更多掣肘。在这样的背景之下,国家在集成电路领域推出了较多的优惠政策。例如,在人才的培养以及免税待遇等方面都对集成电路企业进行了较多倾斜。正因为有这样的外部制度环境,才会引导大量人才进入这一领域积极进行创业和创新,随之激发这一领域的产业发展潜能,从而为中国集成电路产业的产业升级提供支撑。

政府更主要的功能是提供这种制度秩序。在政府提供的制度秩序之下,企业家可以通过正常的企业经营活动以及科技创新获得正当收益。[1]同时,精英企业家也会把其中的部分收益拿出来,通过慈善或公益事业为国家和社会作出贡献。这样就会形成企业家精神的社会弥散,逐步引导整个社会中最优秀的人进入经济领域进行创新创业。从这个意义上讲,官本文化可能会形成一种对企业家精神的对冲性影响。官本文化意味着最优秀的人会进入公务员行业,而在官本文化的影响之下,企业活动可能会成为政治权力分配的次生效应。[2]因此,对于政府而言,就需要在一定程度上使政治制度更加公正廉洁,减少因政治权力而产生的财富分配效应。政府要通过营造更加公平的市场竞争环境,为企业的经营者提供良好和公平的市场竞争秩序,这样才能够使得企业家心无旁骛地将精力投入科技创新和企业经营活动中,从而通过产品、服务等一系列创新活动推动企业的转型升级。

本章小结

党的二十大报告中明确指出,党未来的中心任务就是团结带领全国各族人民全面建成社会主义现代化强国、实现第二个百年奋斗目标,以中国式现代化全面推进中华民族伟大复兴。全面建设社会主义现代化国家,需要以经济的高质量发展为基本条件,因此,培育以创新和责任为核

---

① 邵传林:"制度环境、产权性质与企业家创新精神——来自中国工业企业的经验证据",载《证券市场导报》,2015 年第 3 期,第 20—25 页。
② 周黎安:"'官场+市场'与中国增长故事",载《社会》,2018 年第 2 期,第 1—45 页。

心特质的企业家精神就至关重要。企业家精神的培育是一个循环往复的过程,需要政府在多方位和多领域进行持续性的引导和促进。在企业家精神培育的过程中,政府首先可以推动普通社会个体成为企业家,再通过培育企业家群体扩大企业家精神的弥散效应。其次,政府要在学校、工作场所等多种场域中对企业家精神进行培育,建立一整套完备的学习机制,以正式学习和非正式学习的机制推动企业家精神在社会的扩散。再次,政府要在制度层面对企业家精神的培育做好外部保障,以确保企业家精神在自由市场中进行自发的增长。最后,政府在培育过程中,同时需要注意规避企业家精神的失范,做好企业家群体的规范作用。政府推动企业家精神的培育是一项系统工程,需要政府在培育学习机制中发挥能动作用,以合理合法的方式进行企业家精神在社会层面的良性流动,并为经济的高质量发展和社会主义现代化建设提供精神动力。

参考文献

一、经典作家及党的文献

1.《马克思恩格斯全集》第 23 卷,北京:人民出版社,1972 年版。

2.《马克思恩格斯文集》第 5 卷,北京:人民出版社,2009 年版。

3.《马克思恩格斯文集》第 8 卷,北京:人民出版社,2009 年版。

4.《马克思恩格斯选集》,北京:人民出版社,2012 年版。

5.《列宁全集》第 2 卷,北京:人民出版社,2013 年版。

6.《列宁选集》第 24 卷,北京:人民出版社,1990 年版。

7.《毛泽东选集》第 3 卷,北京:人民出版社,1991 年版。

8.《毛泽东文集》第 7 卷,北京:人民出版社,1999 年版。

9.《邓小平文选》第 1 卷,北京:人民出版社,1994 年版。

10.《邓小平文选》第 3 卷,北京:人民出版社,1993 年版。

11.《习近平扶贫论述摘编》,北京:中央文献出版社,2018 年版。

12.《习近平谈治国理政》第 3 卷,北京:外文出版社,2020 年版。

13.《习近平谈治国理政》第 4 卷,北京:外文出版社,2022 年版。

14. 习近平:"决胜全面建成小康社会　夺取新时代中国特色社会主义伟大胜利",《人民日报》,2017 年 10 月 28 日,第 1 版。

15. 习近平："企业家当勇担社会责任"，《光明网》，2020 年 8 月 6 日。

16. 习近平："依法规范和引导我国资本健康发展发挥资本作为重要生产要素的积极作用"，《人民日报》，2022 年 5 月 1 日。

17. 习近平："与时俱进的浙江精神"，《哲学研究》，2006 年第 4 期。

18. 习近平："在企业家座谈会上的讲话"，《中华人民共和国国务院公报》，2020 年第 22 期。

19. 习近平："扎实推动共同富裕"，《求是》，2021 年第 20 期。

20. 习近平："正确认识和把握我国发展重大理论和实践问题"，《先锋》，2022 年第 5 期。

21. 习近平：《高举中国特色社会主义伟大旗帜　为全面建设社会主义现代化国家而团结奋斗——在中国共产党第二十次全国代表大会上的报告》，北京：人民出版社，2022 年版。

22. 习近平：《决胜全面建成小康社会　夺取新时代中国特色社会主义伟大胜利——在中国共产党第十九次全国代表大会上的报告》，北京：人民出版社，2017 年版。

23. 习近平：《论把握新发展阶段、贯彻新发展理念、构建新发展格局》，北京：中央文献出版社，2021 年版。

24. 习近平：《论党的宣传思想工作》，北京：中央文献出版社，2020 年版。

25. 习近平：《在庆祝中国共产党成立 100 周年大会上的讲话》，北京：人民出版社，2021 年版。

26.《中共中央关于党的百年奋斗重大成就和历史经验的决议》，北京：人民出版社，2021 年版。

27.《中共中央关于进一步治理整顿和深化改革的决定》（摘要），北京：人民出版社，1990 年版。

28.《中共中央关于制定国民经济和社会发展第十四个五年规划和

二〇三五年远景目标的建议》,北京:人民出版社,2020 年版。

29. 中共中央党史和文献研究院编:《十九大以来重要文献选编》(上),北京:中央文献出版社,2019 年版。

30. 中共中央文献研究室:《十二大以来重要文献选编》,北京:人民出版社,1986 年版。

31. 中共中央文献研究室:《十六大以来重要文献选编》(中),北京:中央文献出版社,2013 年版。

32. 中共中央文献研究室:《十七大以来重要文献选编》(上),北京:中央文献出版社,2009 年版。

33. 中共中央文献研究室:《十八大以来重要文献选编》(上),北京:中央文献出版社,2014 年版。

34.《邓小平年谱(1975—1997)》(下),北京:中央文献室,2004 年版。

35. 中共中央宣传部编:《习近平新时代中国特色社会主义思想学习问答》,北京:学习出版社,2021 年版。

36. 中共中央宣传部编:《习近平总书记系列重要讲话读本》,北京:学习出版社、人民出版社,2016 年版。

37.《习近平新时代中国特色社会主义思想基本问题》,北京:人民出版社,2020 年版。

38.“关于加强新时代民营经济统战工作的意见”,《人民日报》,2020 年 9 月 16 日。

39.“决胜全面建成小康社会 夺取新时代中国特色社会主义伟大胜利”,《人民日报》,2017 年 10 月 28 日。

40.“中共中央关于全面推进依法治国若干重大问题的决定”,《人民日报》,2014 年 10 月 29 日。

41.“中共中央国务院关于营造更好发展环境支持民营企业改革发展的意见”,《社会主义论坛》,2020 年第 1 期。

42."中央经济工作会议在北京举行习近平李克强李强作重要讲话赵乐际王沪宁韩正蔡奇丁薛祥李希出席会议",《人民日报》,2022 年 12 月 17 日,第 1 版。

二、中文译著

1.〔奥〕路德维希·冯·米塞斯:《人的行动:关于经济学的论文》,余晖译,上海:上海人民出版社,2013 年版。

2.〔比〕伊利亚·普利戈津:《确定性的终结:时间、混沌与新自然法则》,湛敏译,上海:上海世界出版社,2009 年版。

3.〔德〕弗里德里希·李斯特:《政治经济学的国民体系》,陈万熙译,北京:商务印书馆,1961 年版。

4.〔德〕哈贝马斯:《交往与社会进化》,张博树译,重庆:重庆出版社,1989 年版。

5.〔德〕哈贝马斯:《在事实与规范之间——关于法律和民主法治国的商谈理论》,童世骏译,北京:生活·读书·新知三联书店,2003 年版。

6.〔德〕黑格尔:《法哲学原理》,范扬、张企泰译,北京:商务印书馆,2011 年版。

7.〔德〕黑格尔:《精神现象学》,先刚译,北京:人民出版社,2013 年版。

8.〔德〕黑格尔:《哲学科学百科全书Ⅲ　精神哲学》,杨祖陶译,北京:人民出版社,2015 年版。

9.〔德〕康德:《纯粹理性批判》,邓晓芒译,北京:人民出版社,2004 年版。

10.〔德〕克里斯多夫·库克里克:《微粒社会:数字化时代的社会模式》,黄昆、夏柯译,北京:中信出版社,2018 年版。

11.〔德〕卢曼:《信任:一个社会复杂性的简化机制》,瞿铁鹏、李强译,上海:上海人民出版社,2005 年版。

12. [德]马克思·韦伯:《经济与社会》上卷,林荣远译,北京:商务印书馆,1997 年版。

13. [德]马克思·韦伯:《新教伦理和资本主义精神》,赵勇译,西安:陕西人民出版社,2009 年版。

14. [德]马克斯·韦伯:《儒教与道教》,洪天富译,南京:江苏人民出版社,1995 年版。

15. [法]埃德加·莫兰:《复杂思想:自觉的科学》,陈一壮译,北京:北京大学出版社,2001 年版。

16. [法]埃米尔·迪尔凯姆:《自杀论》,谢佩芸、舒云译,台湾:台海出版社,2016 年版。

17. [法]布鲁诺·拉图尔:《科学在行动:怎样在社会中跟随科学家和工程师》,刘文旋、郑开译,北京:东方出版社,2005 年版。

18. [法]卢梭:《社会契约论》,何兆武译,北京:商务印书馆,2003 年版。

19. [法]萨伊:《政治经济学概论》,陈福生译,北京:商务印书馆,1963 年版。

20. [法]托马斯·皮凯蒂:《21 世纪资本论》,巴曙松、陈剑等译,北京:中信出版社,2014 年版。

21. [古罗马]奥古斯丁:《论自由意志:奥古斯丁对话录二篇》,成官泯译,上海:上海人民出版社,2010 年版。

22. [古希腊]柏拉图:《柏拉图全集》第 2 卷,王晓朝译,北京:人民出版社,2003 年版。

23. [古希腊]柏拉图:《理想国》,郭斌和、张竹明译,北京:商务印书馆,1986 年版。

24. [古希腊]色诺芬:《经济论　雅典的收入》,张伯健译,北京:商务印书馆,2009 年版。

25.〔韩〕李哲松:《韩国公司法》,吴日焕译,北京:中国政法大学出版社,2000 年版。

26.〔加〕雷蒙德·W. Y. 考尔、〔新〕谭文良:《亚洲企业家精神与企业发展》,杨静、唐晖译,北京:北京大学出版社,2003 年版。

27.〔加拿大〕查尔斯·泰勒:《黑格尔》,张国清、朱进东译,南京:译林出版社,2002 年版。

28.〔美〕W. W. 罗斯托:《经济增长的阶段》,张保煦译,北京:中国社会科学出版社,2001 年版。

29.〔美〕爱德华·弗里曼:《战略管理:利益相关者方法》,王彦华、梁豪译,上海:上海译文出版社,2006 年版。

30.〔美〕安德鲁·卡耐基:《卡耐基自传》,文武译,长春:吉林出版集团股份有限公司,2019 年版。

31.〔美〕彼得·德鲁克:《创新与企业家精神》,蔡文燕译,北京:机械工业出版社,2009 年。

32.〔美〕伯尔曼:《法律与宗教》,梁治平译,北京:商务印书馆,2012 年版。

33.〔美〕查尔斯·库利:《人类本性与社会秩序》,包凡一、王源译,北京:华夏出版社,1989 年版。

34.〔美〕大卫·哈维:《希望的空间》,胡大平译,南京:南京大学出版社,2005 年版。

35.〔美〕戴维·兰德斯、乔尔·莫克、威廉·鲍莫尔编著:《历史上的企业家精神:从古代美索不达米亚到现代》,姜井勇译,北京:中信出版集团,2016 年版。

36.〔美〕丹尼尔·贝尔:《后工业社会的来临——对社会预测的一项探索》,高铦等译,北京:新华出版社,1997 年版。

37. [美]道格拉斯·诺斯:《经济史中的结构与变迁》,陈郁、罗华平等译,上海:三联书店,1991年版。

38. [美]道格拉斯·诺斯:《制度、制度变迁与经济绩效》,杭行译,上海:格致出版社,2008年版。

39. [美]哈贝马斯:《合法化危机》,刘北成、曹卫东译,上海:上海人民出版社,2009年版。

40. [美]汉娜·阿伦特:《反抗"平庸之恶"》,陈联营译,上海:上海人民出版社,2014年版。

41. [美]卡尔·奥古斯特·魏特夫:《东方专制主义:对于极权力量的比较研究》,徐式谷等译,北京:中国社会科学出版社,1989年版。

42. [美]卡斯·桑斯坦:《为什么助推》,马冬梅译,北京:中信出版社,2015年版。

43. [美]克里斯·安德森:《免费:商业的未来》,蒋旭峰、冯斌、璩静译,北京:中信出版社,2009年版。

44. [美]里昂·尤里斯:《出埃及记》,高卫民译,北京:中国青年出版社,2014年版。

45. [美]理查德·波斯纳:《法律的经济分析》,蒋兆康译,北京:中国大百科全书出版社,1997年版。

46. [美]理查德·塞勒、卡斯·桑斯坦:《助推》,刘宁译,北京:中信出版社,2018年版。

47. [美]罗伯特·帕特南:《使民主运转起来》,王列、赖海榕译,南昌:江西人民出版社,2001年版。

48. [美]罗杰·希尔斯曼:《美国是如何治理的》,曹大鹏译,北京:商务印书馆,1986年版。

49. [美]迈克尔·桑德尔:《自由主义与正义的局限》,万俊人等译,南京:译林出版社,2001年版。

50. ［美］米尔顿·弗里德曼：《资本主义与自由》，张瑞玉译，北京：商务印书馆，2004年版。

51. ［美］米歇尔·A.赫特：《战略型企业家：创建一种新的智力模式》，徐芬丽等译，北京：经济管理出版社，2003年版。

52. ［美］欧文·戈夫曼：《日常生活中的自我表演》，徐江敏译，北京：北京大学出版社，2008年版。

53. ［美］乔治·米德：《心灵、自我与社会》，赵月瑟译，上海：上海译文出版社，1992年版。

54. ［美］让·萨伊：《政治经济学概论》，赵康英等译，北京：华夏出版社，2014年版。

55. ［美］塞缪尔·P.亨廷顿：《变化社会中的政治秩序》，王冠华、刘为等译，上海：上海人民出版社，2014年版。

56. ［美］涛慕思·博格：《康德、罗尔斯与全球正义》，刘莘、徐向东译，上海：上海译文出版社，2010年版。

57. ［美］威廉·鲍莫尔：《企业家精神》，孙志军等译，武汉：武汉大学出版社，2010年版。

58. ［美］维杰·萨思：《公司的企业家精神：高层管理者和业务创新》，邢华、钟正生译，北京：中国人民大学出版社，2008年版。

59. ［美］亚当·斯密：《国富论》，唐日松译，北京：华夏出版社，2013年版。

60. ［美］约翰·霍兰：《隐秩序——适应性造就复杂性》，周晓牧、韩晖译，上海：上海科技教育出版社，2011年版。

61. ［美］约翰·加尔布雷思：《丰裕社会》，赵勇译，南京：江苏人民出版社，2009年版。

62. ［美］约翰·罗尔斯：《作为公平的正义》，姚大志译，北京：中国社会科学出版社，2011年版。

63. [美]约翰·洛克菲勒:《洛克菲勒自传》,亦言译,北京:中国友谊出版公司,2008 年版。

64. [美]约翰·梅纳德·凯恩斯:《就业、利息和货币通论》,陆梦龙译,北京:中国社会科学出版社,2009 年版。

65. [美]约瑟夫·熊彼特:《经济发展理论》,何畏、易家祥等译,北京:商务印书馆,1990 年版。

66. [美]约瑟夫·熊彼特:《资本主义、社会主义与民主》,吴良健译,北京:商务印书馆,1999 年版。

67. [美]詹姆斯·麦格雷戈·伯恩斯等:《民治政府》,吴爱明等译,北京:中国人民大学出版社,2007 年版。

68. [日]稻盛和夫:《阿米巴经营》,陈忠译,北京:中国大百科全书出版社,2009 年版。

69. [日]稻盛和夫:《活法》,曹岫云译,北京:东方出版社,2019 年版。

70. [日]宫本又郎:《涩泽荣一:日本企业之父》,崔小萍译,北京:新星出版社,2019 年版。

71. [日]皆木和义:《稻盛和夫的论语》,郭勇译,海口:海南出版社,2011 年版。

72. [日]幸田露伴:《涩泽荣一传》,余炳跃译,上海:上海社会科学出版社,2016 年版。

73. [以]S. 艾森斯塔德:《现代化:抗拒与变迁》,张旅平译,北京:中国人民大学出版社,1988 年版。

74. [英]G. 柯亨:《如果你是平等主义者,为何如此富有?》,霍政欣译,北京:北京大学出版社,2009 年版。

75. [英]埃里克·霍布斯鲍姆:《工业与帝国:英国的现代化历程》,梅俊杰译,北京:中央编译出版社,2016 年版。

76. [英]戴维·多伊奇:《无穷的开始:世界进步的本源》,王艳红、张韵译,北京:人民邮电出版社,2014年版。

77. 〔英〕马歇尔:《经济学原理》,陈良璧译,北京:商务印书馆,1954年版。

78. 〔英〕玛丽安娜·马祖卡托:《创新型政府:构建公共与私人部门共生共赢关系》,李磊、束东新等译,北京:中信出版社,2019年版。

79. 〔英〕斯科特·鲍曼著:《现代企业与美国的政治思想》,李存捧译,重庆:重庆出版社,2001年版。

80. 〔英〕韦农·波格丹诺主编:《布莱克维尔政治制度百科全书》,邓正来译,北京:中国政法大学出版社,2011年版。

81. 〔智〕塞巴斯蒂安·爱德华兹:《掉队的拉美——民粹主义的致命诱惑》,郭金兴译,北京:中信出版集团,2019年版。

三、中文专著

1.《周易》,杨天才、张善文译,北京:中华书局,2011年版。

2.《庄子》,方勇译,北京:中华书局,2010年版。

3. 曹德旺:《心若菩提》,北京:人民出版社,2017年版。

4. 常宗虎:《末代状元张謇家族百年纪》,北京:中国社会出版社,2000年第1版。

5. 陈锦江:《清末现代企业与官商关系》,王笛、张箭译,北京:中国社会科学出版社,1997年版。

6. 陈仲赓、张雨欣:《人格心理学》,沈阳:辽宁人民出版社,1986年版。

7. 大成企业研究院:《中国民营经济70年大事记》,北京:中华工商联合出版社,2019年版。

8. 丁栋虹主编:《企业家精神》,北京:清华大学出版社,2010年版。

9. 董仲舒:《春秋繁露》,上海:上海书店出版社,2012年版。

10. 范国睿:《教育政策研究》,福州:福建教育出版社,2020 年版。

11. 费孝通:《志在富民——中国城乡发展的道路》,上海:上海人民出版社,2004 年版。

12. 傅国涌:《大商人:追寻企业家的本土传统》,北京:五洲传播出版社,2011 年版。

13. 高波:《文化资本、企业家精神与经济增长:浙商与粤商成长经验的研究》,北京:人民出版社,2011 年版。

14. 郭定平:《政党与政府》,杭州:浙江人民出版社,1998 年版。

15. 国家统计局、科学技术部:《中国科技统计年鉴 2022》,北京:中国统计出版社,2022 年版。

16. 何勤华、方乐华、李秀清等:《日本法律发达史》,上海:上海人民出版社,1999 年版。

17. 景跃进、陈明明、肖滨:《中国政府与政治》,北京:中国人民大学出版社,2017 年版。

18. 久大盐业公司、水利化学工业公司、黄海化学工业研究室联合办事处:《我们初到华西》,北京:中国文史出版社,1987 年版。

19. 李传欣:《经济控制论与经济信息系统工程》,天津:天津科学技术出版社,1991 年版。

20. 李惠宗:《宪法要义(第六版)》,台北:元照出版公司,2012 年版。

21. 李萍:《企业伦理:理论与实践》,北京:首都经济贸易大学出版社,2008 年版。

22. 李振城主编:《鞍钢宪法五十年回顾》,昆明:云南人民出版社,2011 年版。

23. 林尚立:《当代中国政治:基础与发展》,北京:中国大百科全书出版社,2016 年版。

24. 林尚立:《中国共产党与国家建设》,天津:天津人民出版社,2017

年版。

25. 刘军宁编:《自由与社群》,北京:三联出版社,1998 年版。

26. 刘俊海:《公司的社会责任》,北京:法律出版社,1999 年版。

27. 刘少奇:《论共产党员的修养》,北京:人民出版社,2018 年版。

28. 刘重来:《卢作孚与民国乡村建设研究》,北京:人民出版社,2007 年版。

29. 吕思勉:《秦汉史》,北京:商务印书馆,2010 年版。

30. 罗家德:《社会网络分析讲义(第二版)》,北京:社会科学文献出版社,2010 年版。

31. 祁茗田、陈立旭:《文化与浙江区域经济发展》,杭州:浙江人民出版社,2001 年版。

32. 上海大学、江南大学《乐农史料》整理研究小组:《荣德生与企业经营管理》,上海:上海古籍出版社,2004 年版。

33. 上海社会科学院经济研究所:《荣德生文集》,上海:上海古籍出版社,2002 年版。

34. 司马迁:《史记》,韩兆琦译注,北京:中华书局,2010 年版。

35. 谭建立编著:《中央与地方财权事权关系研究》,北京:中国财政经济出版社,2010 年版。

36. 唐力行:《商人与中国近代社会》,杭州:浙江人民出版社,1993 年版。

37. 王建均:《中华商道与企业家精神》,北京:华文出版社,2021 年版。

38. 王小鲁、樊纲、胡李鹏:《中国分省份市场化指数报告》,北京:社会科学文献出版社,2021 年版。

39. 王扬宗:《过渡时代的奇人:徐寿的故事》,长春:吉林科学技术出版社,2012 年版。

40. 魏振瀛编:《民法》,北京:北京大学出版社,2007 年版。

41. 温铁军:《告别百年激进》,北京:东方出版社,2016 年版。

42. 吴晓波:《激荡三十年:中国企业 1978—2008》(上卷),北京:中信出版社,2014 年版。

43. 夏洪胜、张世贤:《创业与企业家精神》,北京:经济管理出版社,2014 年版。

44. 徐子宏、金忠林:《白话吕氏春秋》,长沙:岳麓书社,1993 年版。

45. 姚大志:《何谓正义:现代西方政治哲学研究》,北京:人民出版社,2007 年版。

46. 余秋里:《余秋里回忆录》,北京:解放军出版社,1996 年版。

47. 余英时:《中国近世宗教伦理与商人精神》,合肥:安徽教育出版社,2001 年版。

48. 俞可平:《社群主义》,北京:中国社会科学出版社,1998 年版。

49. 张桂平、张杰、林锋:《中国企业家精神录》,北京:光明日报出版社,2018 年版。

50. 张謇:《张謇全集》,上海:上海辞书出版社,2012 年版。

51. 张静:《法团主义》,北京:东方出版社,2015 年版。

52. 张守广:《卢作孚年谱长编》,北京:中国社会科学出版社,2014 年版。

53. 张维迎、王勇:《企业家精神与中共经济》,北京:中信出版社,2019 年版。

54. 张孝若:《南通张季直先生传记》,上海:上海书店,1991 年影印版(《民国丛书》第 3 编第 73 号)。

55. 张兴龙:《张瑞敏的儒商智慧》,杭州:浙江大学出版社,2011 年版。

56. 赵晓铃:《卢作孚的梦想与实践》,成都:四川人民出版社,2002

年版。

57. 中共攀枝花市委党校三线建设干部学院编:《三线建设文献及研究成果选》,北京:中国文史出版社,2019 年版。

58. 邹进文主编:《新编经济思想史:中国近代思想的发展》第 6 卷,北京:经济科学出版社,2016 年版。

四、中文论文

1. 安虎森:"增长极理论评述",《南开经济研究》,1997 年第 1 期。

2. 博特莱特、张敦敏:"企业契约论",《哲学译丛》,1997 年第 1 期。

3. 柏路、包崇庆:"精神生活共同富裕的文化之维",《思想理论教育》,2022 年第 12 期。

4. 美文:"企业家精神赋能可持续发展的影响机制研究",《财经科学》,2022 年第 9 期。

5. 蔡地、万迪昉:"制度环境影响企业的研发投入吗?",《科学学与科学技术管理》,2012 年第 4 期。

6. 蔡洪滨:"等级观念扼杀想象力",《哈佛商业评论》,2013 年第 5 期。

7. 蔡华、于永彦、蒋天颖:"民营企业家精神的测量与分析",《统计与决策》,2009 年第 16 期。

8. 蔡跃洲、牛新星:"中国数字经济增加值规模测算及结构分析",《中国社会科学》,2021 年第 11 期。

9. 曹洪剑、张帅、欧阳峣、李科:"创新政策与'专精特新'中小企业创新质量",《中国工业经济》,2022 年第 11 期。

10. 曹艳:"企业家精神的时代理念与和谐社会的构建",《经济问题探索》,2008 年第 11 期。

11. 曹正勇:"数字经济背景下促进我国工业高质量发展的新制造模

式研究",《理论探讨》,2018 年第 2 期。

12. 曾铖、李元旭:"试论企业家精神驱动经济增长方式转变——基于我国省级面板数据的实证研究",《上海经济研究》,2017 年第 10 期。

13. 陈爱华:"黑格尔理性概念的自我否定性",《江苏社会科学》,2010年第 5 期。

14. 陈宝良:"明代的致富论——兼论儒家伦理与商人精神",《北京师范大学学报(社会科学版)》,2004 年第 6 期。

15. 陈彪、张锦高、吕军等:"地方政府对地质灾害防治投资的经济学分析",《中国软科学》,2008 年第 9 期。

16. 陈东:"私营企业出资人背景、投机性投资与企业绩效",《管理世界》,2015 年第 8 期。

17. 陈冬梅、王俐珍、陈安霓:"数字化与战略管理理论——回顾、挑战与展望",《管理世界》,2020 年第 5 期。

18. 陈刚、陈敬之:"产权保护与企业家精神——基于微观数据的实证研究",《经济社会体制比较》,2016 年第 1 期。

19. 陈欢、庄尚文、殷晶晶:"市场化改革、企业家精神与经济高质量发展",《统计与决策》,2022 年第 7 期。

20. 陈镜先、周全林:"数字服务税:内容、挑战与中国应对",《当代财经》,2021 年第 4 期。

21. 陈俊龙、齐平、李夏冰:"企业家精神、企业成长与经济增长",《云南社会科学》,2014 年第 3 期。

22. 陈立泰、陈春丽、万丽娟:"企业家精神与区域经济增长",《重庆大学学报(社会科学版)》,2011 年第 3 期。

23. 陈丽姗、傅元海:"融资约束条件下技术创新影响企业高质量发展的动态特征",《中国软科学》,2019 年第 12 期。

24. 陈剩勇、赵光勇:"阿里巴巴为什么产生在杭州?——对政府作用、政府与市场关系的思考"，《浙江社会科学》，2017年第4期。

25. 陈怡安、赵雪芹："制度环境与企业家精神：机制、效应及政策研究"，《科研管理》，2019年第5期。

26. 陈昭、刘映曼："政府补贴、企业创新与制造业企业高质量发展"，《改革》，2019年第8期。

27. 陈忠杰："'中国版乔布斯'雷军的创富传奇"，《经济视野》，2012年第Z1期。

28. 程锐、马莉莉、张燕等："企业家精神、要素配置效率与制造业出口升级"，《产业经济研究》，2019年第6期。

29. 程锐、马莉莉："市场化改革、金融发展与企业家精神"，《北京工商大学学报》，2019年第4期。

30. 程又中："百年大党先进性建设的历程与经验"，《社会主义研究》，2021年第4期。

31. 代玉启："中国共产党保持先进性的百年探索与基本经验"，《马克思主义研究》，2022年第1期。

32. 戴茂林："鞍钢宪法研究"，《中共党史研究》，1999年第6期。

33. 戴中亮："委托代理理论述评"，《商业研究》，2004年第19期。

34. 邓伟、魏宏亮："转型时期中央与地方的博弈——一个共同代理的观点"，《浙江社会科学》，2009年第6期。

35. 丁栋虹、赵荔："企业家精神的三大要素：创新、机会识别和冒险——来自企业家排行榜的证据"，《上海管理科学》，2009年第3期。

36. 董慧："数字经济时代人类命运共同体构建的哲学思考与中国智慧"，《南京师大学报（社会科学版）》，2022年第5期。

37. 董进："'下海'及三次'下海'潮刍议"，《科学管理研究》，1994年第4期。

38. 杜玉华："加强新时代'两新'组织党建工作"，《红旗文稿》，2018

年第 5 期。

39. 范忠信、秦惠民、赵晓耕:"论中国古代法中'重农抑商'传统的成因",《中国人民大学学报》,1996 年第 5 期。

40. 方中秀:"知识产权保护、企业创新动力与创新绩效",《统计与决策》,2022 年第 24 期。

41. 费孝通:"温州行",《瞭望周刊》,1986 年第 20 期。

42. 费孝通:"小城镇 再探索(之二)",《瞭望周刊》,1984 年第 21 期。

43. 高波、黄婷婷:"中国企业家精神的测度、空间差异与收敛趋势",《学习与探索》,2023 年第 2 期。

44. 高波:"文化、文化资本与企业家精神的区域差异",《南京大学学报(哲学・人文科学・社会科学版)》,2007 年第 5 期。

45. 高奇琦:"马克思主义视域下的人工智能与未来治理之道",《政治学研究》,2021 年第 3 期。

46. 高奇琦:"区块链在智能社会中的政治经济意义",《上海师范大学学报(哲学社会科学版)》,2021 年第 1 期。

47. 高奇琦:"智能革命与国家治理现代化初探",《中国社会科学》,2020 年第 7 期。

48. 葛宣冲:"企业家精神与民营企业创新发展的耦合机制研究",《经济问题》,2019 年第 6 期。

49. 龚广祥、王展祥:"党组织建设与民营企业生命力——基于企业软实力建设的视角",《上海财经大学学报》,2020 年第 3 期。

50. 龚少情:"中国新型政党制度对西方政党制度的双重超越及其类型学意义",《马克思主义研究》,2019 年第 7 期。

51. 龚天平、殷全正:"共同富裕:思想回顾与伦理省思",《华中科技大学学报》,2022 年第 6 期。

52. 顾海良、罗永宽:"'三个代表'重要思想是推进党的先进性建设的强大思想武器",《马克思主义研究》,2006 年第 8 期。

53. 官兵:"企业家精神、金融制度与金融发展",《中央财经大学学报》,2008 年第 9 期。

54. 广东省政府研究室调研组:"关于弘扬企业家精神发挥企业家作用构建新型营商环境的对策建议",《广东经济》,2018 年第 5 期。

55. 郭学信:"论宋代士商关系的变化",《文史哲》,2006 年第 2 期。

56. 郭研、郭迪、姜坤:"市场失灵、政府干预与创新激励——对科技型中小企业创新基金的实证检验",《经济科学》,2016 年第 3 期。

57. 郭燕青、王洋:"中国企业家精神时空演化及驱动因素分析",《科技进步与对策》,2019 年第 13 期。

58. 韩春晖:"优化营商环境与数字政府建设",《上海交通大学学报(哲学社会科学版)》,2021 年第 12 期。

59. 韩书成、梅心怡、杨兰品:"营商环境、企业家精神与技术创新关系研究",《科技进步与对策》,2022 年第 9 期。

60. 韩文龙:"'技术进步—制度创新—企业家精神'的创新组合及其增长效应",《社会科学辑刊》,2019 年第 3 期。

61. 韩文龙:"技术进步—制度创新—企业家精神的创新组合及其增长效应",《社会科学辑刊》,2019 年第 3 期。

62. 郝晓彤、唐元虎:"刍议企业家精神",《经济与管理研究》,2003 年第 5 期。

63. 郝云宏:"企业家激励:制度激励、形式激励与激励形式",《经济学家》,2000 年第 2 期。

64. 何予平:"企业家精神与中国经济增长——基于 C-D 生产函数的实证研究",《当代财经》,2006 年第 7 期。

65. 侯丽颖:"涩泽荣一商业思想及对日本近代化的贡献",《现代日本经济》,2021 年第 4 期。

66. 胡厚全:"企业家精神与中国经济增长:基于历史传承的视角",《系统工程理论与实践》,2022 年第 6 期。

67. 胡涛、查元桑:"委托代理理论及其新的发展方向之一",《财经理论与实践》,2002 年第 6 期。

68. 华民:"弘扬企业家精神缘何如此重要",《人民论坛》,2019 年 1 月下。

69. 黄百炼:"跳出治乱兴衰的历史周期率——中国共产党永葆先进性和纯洁性的成功实践",《当代世界与社会主义》,2021 年第 3 期。

70. 黄大慧:"从'村山谈话'到'安倍谈话':日本在历史认识上'失去的二十年'",《现代国际关系》,2015 年第 8 期。

71. 黄冬娅:"压力传递与政策执行波动——以 A 省 X 产业政策执行为例",《政治学研究》,2020 年第 6 期。

72. 黄炬:"通往'自由人的联合体':现代性危机的破解方案",《宁夏社会科学》,2022 年第 1 期。

73. 黄其松:"数字时代的国家理论",《中国社会科学》,2022 年第 10 期。

74. 黄谦明:"论商业模式创新与企业家精神——基于资源基础观的分析框架",《改革与战略》,2009 年第 8 期。

75. 黄贤环、吴秋生:"阿米巴模式下的管理会计理念、方法与创新",《云南财经大学学报》,2018 年第 8 期。

76. 黄晓光、李胜兰、黎天元:"行政事业性收费改革与地区企业经营效益",《财政研究》,2021 年第 5 期。

77. 黄奕杰、王佩如:"'万企帮万村'行动的主要模式与成效",《农经》,2021 年第 3 期。

78. 贾海东、关然:"产权保护、企业家精神与第三次分配",《商业研究》,2022 年第 2 期。

79. 贾良定、周三多:"论企业家精神及其五项修炼",《经济学研究》,2006 年第 9 期。

80. 江春、李安安:"法治、金融发展与企业家精神",《武汉大学学报(哲学社会科学版)》,2016 年第 2 期。

81. 江春、周宁东、张龙耀:"中国企业家精神的动态变化与政策支持",《财政研究》,2012 年第 5 期。

82. 江艇:"因果推断经验研究中的中介效应与调节效应",《中国工业经济》,2022 年第 5 期。

83. 江文路、张小劲:"中国共产党人民观的演进逻辑与特征——基于历次党代会报告的词频统计和语料分析",《社会主义研究》,2019 年第 5 期。

84. 江依妮、曾明:"中国政府委托代理关系中的代理人危机",《江西社会科学》,2010 年第 4 期。

85. 姜付秀、王莹、李欣哲:"论国有企业的企业家精神",《中国人民大学学报》,2021 年第 5 期。

86. 姜英华:"共同富裕思想的政治经济学分析",《当代经济管理》,2023 年第 2 期。

87. 焦长权、董磊明:"迈向共同富裕之路:社会建设与民生支出的崛起",《中国社会科学》,2022 年第 6 期。

88. 金太军、鹿斌:"社会治理新常态下的地方政府角色转型",《中国行政管理》,2016 年第 10 期。

89. 靳卫东、高波:"企业家创新行为的经济学分析",《经济评论》,2008 年第 5 期。

90. 孔令池:"制度环境、企业家精神与高技术产业集聚",《中国经济问题》,2020 年第 2 期。

91. 郎佩娟:"政府干预经济的原则与界限",《中国政法大学学报》,2018 年第 4 期。

92. 乐国林、毛淑珍:"企业家精神地域差异与区域民营经济增长——基于鲁浙两地私营企业成长整体比较",《商业经济与管理》,2011 年第 7 期。

93. 雷红、李言:"互联网提升了城市的企业家精神吗? ——基于全国 282 个地级及以上城市的面板数据分析",《云南财经大学学报》,2021 年第 2 期。

94. 李炳坤:"乡镇企业改革开放十五年历程回顾与前景展望",《管理世界》,1993 年第 5 期。

95. 李红兵、李杏等:"企业家的创业与创新精神对中国经济增长的影响",《经济研究》,2009 年第 10 期。

96. 李宏彬、李杏、姚先国等:"企业家的创业与创新精神对中国经济增长的影响",《经济研究》,2009 年第 10 期。

97. 李辉:"共同富裕的哲学意涵",《中南民族大学学报(人文社会科学版)》,2022 年第 11 期。

98. 李金华:"第四次工业革命的兴起与中国的行动选择",《新疆师范大学学报(哲学社会科学版)》,2018 年第 3 期。

99. 李军、杨兴时:"对企业家精神的辨析",《管理研究》,2010 年第 12 期。

100. 李明伟、索殿杰:"党建引领'两新'组织参与北京社会治理:功能和路径",《新视野》,2022 年第 1 期。

101. 李平、竺家哲:"组织韧性:最新文献评述",《外国经济与管理》,2021 年第 3 期。

102. 李树茁、任义科、费尔德曼:"中国农民工的整体社会网络特征分析",《中国人口科学》,2006 年第 3 期。

103. 李涛、方江燕:"党组织建设与企业资产保值增值研究——基于混合所有制企业的经验证据",《南方金融》,2021 年第 9 期。

104. 李维安、王辉:"企业家创新精神培育:一个公司治理视角",《南开经济研究》,2003 年第 2 期。

105. 李小娟:"把好发展党员入口关",《人民论坛》,2017 年 8 月下。

106. 李晓:"新时代中国企业家精神:特点与培育",《人民论坛》,2020 年第 32 期。

107. 李言、张智:"营商环境、企业家精神与经济增长质量——来自中国城市的经验证据",《宏观质量研究》,2021 年第 3 期。

108. 李玉:"创业不为发财:试论张謇的财富观",《暨南学报(哲学社会科学版)》,2022 年第 10 期。

109. 李元旭、曾铖:"政府规模、技术创新与高质量发展——基于企业家精神的中介作用研究",《复旦学报(社会科学版)》,2019 年第 3 期。

110. 李云:"新时代构建民营企业自主创新内生动力机制研究",《中州学刊》,2020 年第 9 期。

111. 李韵石:"企业社会责任法治化的重要意义",《人民论坛》,2016 年第 33 期。

112. 梁道刚:"马克思主义政党先进性的生成机理研究",《马克思主义研究》,2011 年第 2 期。

113. 梁颖、陈佳鹏:"日本失去的二十年——基于中日人口红利的比较的视角",《人口学刊》,2013 年第 4 期。

114. 林盼:"共同富裕:企业履行社会责任的应有使命",《河北经贸大学学报》,2022 年第 6 期。

115. 林善浪、宋时达:"为培育企业家精神营造良好制度环境",《人民论坛》,2019 年 10 月上。

116. 林涛、魏下海:"营商环境与外来移民的企业家精神",《宏观质量研究》,2020 年第 1 期。

117. 林祥、郭海、魏泽龙:"战略型企业家精神与自主创新:一个研究框架",《科学学研究》,2009 年第 2 期。

118. 林瑶鹏、林柳琳、刘帷韬:"市场化程度、金融发展水平与区域创新能力——基于企业家精神的中介效应研究",《科技管理研究》,2022 年第 9 期。

119. 林瑶鹏、林柳琳:"制度供给、企业家精神与区域创新",《技术经济与管理研究》,2022 年第 1 期。

120. 刘诚、叶雨晴:"企业家精神对城镇化质量的影响",《南方经济》,2013 年第 9 期。

121. 刘国光:"分好蛋糕比做大蛋糕更困难",《江淮论坛》,2010 年第 6 期。

122. 刘亮:"企业家精神的度量及其度量方法的改进",《世界经济情况》,2008 年第 4 期。

123. 刘鹏程、李磊、王小洁、刘斌:"FDI 对东道国企业家精神的动态影响",《当代经济科学》,2013 年第 4 期。

124. 刘荣:"日本企业家的功利主义及激励机制",《日本学刊》,1999 年第 4 期。

125. 刘文勇:"颠覆式创新的内涵特征与实现路径解析",《商业研究》,2019 年第 2 期。

126. 刘晓扬、范炜烽:"中国企业家精神研究的发展脉络与趋势——基于文本分析的视角",《现代经济探讨》,2022 年第 5 期。

127. 刘鑫鑫、惠宁:"互联网发展对企业家精神的影响——基于互联网资源量与普及度双重视角",《科技进步与对策》,2021 年第 24 期。

128. 刘颜、伦晓波:"我国中小企业发展过程中政府角色变迁研究",《青海社会科学》,2017 年第 2 期。

129. 刘沂："中国近代民族资本畸形发展原因探析",《苏州大学学报（哲学社会科学版）》,1998 年第 3 期。

130. 刘玉锋："中国传统重农抑商政策评议",《江汉论坛》,2005 年第 9 期。

131. 刘志铭、李晓迎："企业家精神与经济增长——奥地利学派的视角",《华南师范大学学报(社会科学版)》,2008 年第 6 期。

132. 鲁传一、李子奈："企业家精神与经济增长理论",《清华大学学报（哲学社会科学版）》,2000 年第 3 期。

133. 吕峻、胡洁、石荣："'技工贸'和'贸工技'战略谁更胜出？——基于制造业上市公司的分析",《技术经济》,2020 年第 12 期。

134. 麻宝斌、李辉："中国地方政府间合作的动因、策略及其实现",《行政管理改革》,2010 年第 9 期。

135. 马刚："我国现代企业家的职能与培育探讨",《中国软科学》,2002 年第 2 期。

136. 马吉芬、王革："论大庆精神的文化维度",《学术交流》,2017 年第 11 期。

137. 马涛："中西方传统财富观的特点及对近代发展分流的影响",《中国经济史研究》,2021 年第 6 期。

138. 马忠新、陶一桃："企业家精神对经济增长的影响",《经济学动态》,2019 年第 8 期。

139. 马忠新、伍凤兰："中国企业家精神跨期传承与演变:繁荣还是凋敝",《山西财经大学学报》,2022 年第 10 期。

140. 马忠新："善治兴业:地方政府治理能力对企业家精神的影响研究",《当代经济管理》,2022 年第 1 期。

141. 毛其淋、许家云："政府补贴对企业新产品创新的影响——基于补贴强度'适度区间'的视角",《中国工业经济》,2015 年第 6 期。

142. 米加宁、高德想：“企业家阶层的社会学含义”，《社会学研究》，1997 年第 4 期。

143. 欧雪银、刘琼娥：“企业家精神形成的博弈机制研究”，《求索》，2010 年第 4 期。

144. 欧阳英：“黑格尔绝对精神的‘绝对性’辨析”，《世界哲学》，2020 年第 2 期。

145. 潘健平、王铭榕、吴沛雯：“企业家精神、知识产权与保护企业创新”，《财经问题研究》，2015 年第 12 期。

146. 庞长伟、李垣：“制度转型环境下的中国企业家精神研究”，《管理学报》，2011 年第 10 期。

147. 彭东琳：“社群主义对构建和谐社会的意义”，《探索》，2011 年第 3 期。

148. 彭贺：“中国传统商人精神的现代性转换”，《经济管理》，2008 年第 7 期。

149. 彭向刚、马冉：“政企关系视域下的营商环境法治化”，《行政论坛》，2020 年第 2 期。

150. 戚聿东、丁述磊、刘翠花：“数字经济时代新职业发展与新型劳动关系的构建”，《改革》，2021 年第 9 期。

151. 齐卫平：“中国共产党组织建设百年历史实践纵论”，《行政论坛》，2021 年第 2 期。

152. 秦甄、谢璐华、郭娟娟：“政府创新偏好、企业家精神与省域创新效率”，《华东经济管理》，2021 年第 12 期。

153. 邱安琪：“培育国家公民：黑格尔‘客观精神’中的教化及其作用”，《思想战线》，2021 年第 5 期。

154. 任佳、王霞、谢智敏、谢玲敏：“企业家精神绩效水平测度与区域差异分析”，《统计与决策》，2022 年第 15 期。

155. 任喜荣："中国特色社会主义宪法学理论研究",《当代法学》,
2012 年第 6 期。

156. 邵传林、张存刚："法治如何影响了企业家精神?",《经济与管理
研究》,2016 年第 1 期。

157. 邵传林："制度环境、产权性质与企业家创新精神——来自中国
工业企业的经验证据",《证券市场导报》,2015 年第 3 期。

158. 邵军、杨丹辉："全球数字服务税的演进动态与中国的应对策
略",《国际经济评论》,2021 年第 3 期。

159. 沈大伟："中国共产主义政党——国家体制:西方的视角",王新
颖译,《国外理论动态》,2011 年第 3 期。

160. 石晓虎："震荡与趋势:资本主义国家选举政治新变化",《当代世
界与社会主义》,2022 年第 3 期。

161. 时鹏程、许磊："论企业家精神的三个层次及其启示",《外国经济
与管理》,2006 年第 2 期。

162. 史际春、肖竹、冯辉："论企业社会责任:法律义务、道德责任及其
他",《首都师范大学学报》,2008 年第 2 期。

163. 史宇鹏、周黎安："地区放权与经济效率:以计划单列为例",《经
济研究》,2007 年第 1 期。

164. 孙冰、田胜男："企业家精神如何影响技术创新扩散:一个有调节
的中介模型",《系统管理学报》,2022 年第 1 期。

165. 孙黎、朱蓉、张玉利："企业家精神:基于制度和历史的比较视
角",《外国经济管理》,2019 年第 9 期。

166. 孙淑文、王勇："共同富裕中的企业参与:基于制度理论的视角",
《西安财经大学学报》,2022 年第 5 期。

167. 孙毅："论近代买办的企业主形态",《云南社会科学》,2004 年第
1 期。

168. 孙早、刘李华:"社会保障、企业家精神与内生经济增长",《统计研究》,2019 年第 1 期。

169. 唐任伍:"唐代'抑工商'国策与'重商'社会观念的对立",《河北师范大学学报》,1995 年第 3 期。

170. 唐艳艳、肖建忠:"创意与企业家精神:为什么企业家需要企业",《商业研究》,2010 年第 3 期。

171. 田凯:"构建时代的企业家精神",《社会科学研究》,1998 年第 3 期。

172. 田正:"日本数字经济发展动因与趋势分析",《东北亚学刊》,2022 年第 2 期。

173. 童泽林、冯竞丹、彭泗清:"用企业家精神扶贫的全要素模式:模式创新及管理启示",《广东财经大学学报》,2020 年第 1 期。

174. 宛群超、袁凌:"空间集聚、企业家精神与区域创新效率",《软科学》,2019 年第 8 期。

175. 万友根:"企业家失信行为与信任危机转化",《学术界》,2006 年第 2 期。

176. 汪岩桥:"关于企业家精神的思考",《浙江社会科学》,2004 年第 3 期。

177. 汪岩桥:"论企业家精神的系统模式",《华中师范大学学报(人文社会科学版)》,2005 年第 2 期。

178. 王炳成、张士强、王俐、王森:"商业模式创新、员工企业家精神和企业文化的跨层次研究",《研究与发展管理》,2016 年第 4 期。

179. 王敦琴:"建国初期私营企业走公私合营之路的历史必然性——以大生、荣氏两大企业集团为例",《社会科学家》,2009 年第 11 期。

180. 王贵:"算法行政的兴起、挑战及法治化调适",《电子政务》,2021 年第 7 期。

181. 王娟、刘伟："企业家精神的涌现：一个整合框架"，《理论述评》，2019 年第 4 期。

182. 王立夏、宋子昭："动态演化视角下企业家精神与商业模式创新关系研究——以尚品宅配为例"，《管理案例研究与评论》，2020 年第 3 期。

183. 王天夫："数字时代的社会变迁与社会研究"，《中国社会科学》，2021 年第 12 期。

184. 王希、陈言："民营企业家社会资本与企业社会责任——基于海外经历的调节效应分析"，《山西财经大学学报》，2022 年第 11 期。

185. 王先柱、陈峰、杨义武："企业家精神与收入不平等——来自中国省级面板数据的实证研究"，《学习与探索》，2015 年第 11 期。

186. 王效俐、马利君："政府管制对企业家精神的影响研究——基于 30 个省份的面板数据"，《同济大学学报（社会科学版）》，2019 年第 2 期。

187. 王新平、周采霞："企业家精神与企业高质量发展——基于被调节的链式中介模型"，《调研世界》，2022 年第 8 期。

188. 王学成："媒介化中的意向性与身体性——从海德格尔到麦克卢汉媒介思想的演进"，《新闻与传播研究》，2021 年第 11 期。

189. 王永贵、高佳："新冠疫情冲击、经济韧性与中国高质量发展"，《经济管理》，2020 年第 5 期。

190. 王长刚、罗卫东："创新、企业家精神与资本主义的兴衰——作为社会思想家的熊彼特"，《浙江大学学报（人文社会科学版）》，2021 年第 2 期。

191. 吴炯、张引："中国企业家精神内涵研究——以企业家鲁冠球为例"，《管理案例研究与评论》，2019 年第 3 期。

192. 吴娜、于博、白雅馨、樊瑞婷："营商环境、企业家精神与金融资产的动态协同"，《会计研究》，2021 年第 3 期。

193. 吴爽:"优化党员队伍结构 助力企业高质量发展",《共产党员（河北）》,2022 年第 24 期。

194. 吴心伯:"美国压力与盟国的对华经贸政策",《世界经济与政治》,2022 年第 1 期。

195. 吴雨:"党员企业家的三重担当",《党建》,2018 年第 8 期。

196. 吴振国:"反垄断监管的中国路径:历史回顾与展望",《清华法学》,2022 年第 4 期。

197. 奚洁人:"心怀国之大者:新时代党的创新理论体系建构的大逻辑",《毛泽东邓小平理论研究》,2022 年第 5 期。

198. 肖炜诚:"党组织建设对于民营企业贷款问题的纠偏效果研究",《经济社会体制比较》,2021 年第 4 期。

199. 肖潇:"正确认识'防止资本无序扩张'",《马克思主义基本原理研究》,2022 年第 4 期。

200. 谢易和、许家瑜、许航敏:"数字财政:地方实践、理论辨析及转型思考",《地方财政研究》,2021 年第 4 期。

201. 谢众、张杰:"营商环境、企业家精神与实体企业绩效——基于上市公司数据的经验证据",《工业技术经济》,2019 年第 5 期。

202. 辛杰、吴创:"企业家精神对企业社会责任的影响:领导风格的调节作用",《财贸研究》,2014 年第 6 期。

203. 邢小强、周平录:"中国区域企业家精神的评估与分析",《技术经济》,2018 年第 7 期。

204. 徐航:"用法治培育和守护企业家精神",《人民论坛》,2017 年第 33 期。

205. 徐梅:"战后 70 年日本经济发展轨迹与思考",《日本学刊》,2015 年第 6 期。

206. 许光伟:"中国国有企业历史特性分析",《经济评论》,2008 年第

1 期。

207. 许小年:"强势政府的兴起是企业家精神衰落的最根本原因",《中国商人》,2011 年第 2 期。

208. 薛海平、刁龙:"基于多源流理论的我国基础教育课外补习治理政策分析",《首都师范大学学报(社会科学版)》,2021 年第 1 期。

209. 杨江、戴林:"中国企业家精神与企业家行为理性化",《管理世界》,2000 年第 5 期。

210. 杨述明:"新时代国家治理现代化的智能社会背景",《江汉论坛》,2018 年第 3 期。

211. 杨雪冬:"压力型体制:一个概念的简明史",《社会科学》,2012 年第 11 期。

212. 杨勇、朱乾、达庆利:"中国省域企业家精神的空间溢出效应研究",《中国管理科学》,2014 年第 11 期。

213. 杨宇、郑垂勇:"企业家精神对经济增长作用的实证研究",《生产力研究》,2008 年第 18 期。

214. 杨渊浩:"新时代推进共同富裕的实践之策及价值意蕴",《江苏社会科学》,2022 年第 6 期。

215. 姚大志:"公平与契约主义",《哲学动态》,2017 年第 5 期。

216. 姚雷:"营造促进企业家公平竞争诚信经营的市场环境",《人民论坛》,2019 年第 9 期。

217. 叶成城:"数字时代的大国竞争:国家与市场的逻辑——以中美数字竞争为例",《外交评论》,2022 年第 2 期。

218. 叶明、梁静:"我国互联网领域经营者集中反垄断审查的不足与改进",《西南政法大学学报》,2021 年第 1 期。

219. 叶勤:"企业家精神的兴起对美国经济增长的促进作用及其启示",《外国经济与管理》,2000 年第 10 期。

220. 叶志鹏:"上下互动式扩权:内生型经济发展中的地方政府行为逻辑——对昆山经济发展的长时段考察",《公共管理学报》,2022年第3期。

221. 易忠梅、彭华涛:"创业企业社会网络演化分阶段特征比较研究",《科技进步与对策》,2013年第6期。

222. 应千凡:"金融支持与企业家精神成长:内在机理与实证分析",《上海金融》,2011年第1期。

223. 于洪君、吕楠:"热话题与冷思考——中国走向世界舞台中心是历史的必然",《当代世界与社会主义》,2019年第4期。

224. 于永达、薛莹:"保罗·罗默的内生增长理论与区域高质量发展——'全球区域科学发展深圳高端论坛'综论",《公共管理评论》,2022年第4期。

225. 余东华、王梅娟:"数字经济、企业家精神与制造业高质量发展",《改革》,2022年第7期。

226. 俞吾金:"黑格尔精神认识论初探——重读《精神现象学》和《精神哲学》有感",《北京大学学报(哲学社会科学版)》,2010年第5期。

227. 郁建兴、高翔:"地方发展型政府的行为逻辑及制度基础",《中国社会科学》,2012年第5期。

228. 郁建兴、任杰:"共同富裕的理论内涵与政策议程",《政治学研究》,2021年第3期。

229. 袁红林、蒋含明:"中国企业家创业精神的影响因素分析——基于省级面板数据的实证研究",《当代财经》,2013年第8期。

230. 袁志刚:"做大蛋糕的前提与分好蛋糕的关键",《探索与争鸣》,2021年第11期。

231. 苑大勇、沈欣忆:"终身学习推进可持续发展路径及实现:从秩序共存到螺旋上升",《中国远程教育》,2020年第8期。

232. 张萃："什么使城市更有利于创业?"，《经济研究》，2018 年第 4 期。

233. 张翠梅、赵若瑜："卢曼自创生法律系统视阈下的系统与环境"，《江汉论坛》，2019 年第 4 期。

234. 张峰、黄玖立、王睿："政府管制、非正规部门与企业创新：来自制造业的实证依据"，《管理世界》，2016 年第 2 期。

235. 张泓、董聚元、王璐："中国数字经济高质量发展：内涵、现状及对策"，《人文杂志》，2022 年第 10 期。

236. 张华、张庆林："企业家创新意识与企业创新潜力研究"，《科技进步与对策》，2011 年第 14 期。

237. 张龙鹏、蒋为、周立群："行政审批对创业的影响研究——基于企业家才能的视角"，《中国工业经济》，2016 年第 4 期。

238. 张敏："营商制度环境对企业家精神的影响研究——以中国地方行政审批改革为例"，《中央财经大学学报》，2021 年第 6 期。

239. 张守凤、周海洋、李淑萍："企业家精神发展路径及其研究方法概述"，《华东经济管理》，2011 年第 5 期。

240. 张维迎："从套利到创新：企业家与中国经济增长方式的转变"，《比较》，2017 年第 2 期。

241. 张维迎："为什么产业政策注定会失败?"，《中国连锁》，2016 年第 11 期。

242. 张小君："公共政策执行的委托代理困境及其对策浅析"，《高等教育与学术研究》，2008 年第 9 期。

243. 张新红等："中国分享经济发展现状、问题及趋势"，《电子政务》，2017 年第 3 期。

244. 张雄、季小江："中国企业家精神现象问题的哲学透视"，《哲学动态》，2007 年第 3 期。

245. 张勋、万广华、张佳佳、何宗樾："数字经济、普惠金融与包容性增长"，《经济研究》，2019 年第 8 期。

246. 张晔："政府干预、经济自由与企业家精神"，《南京大学学报(哲学·人文科学·社会科学版)》，2005 年第 2 期。

247. 张毅、杨奕、邓雯："政策与部门视角下中国网络空间治理"，《北京理工大学学报》，2019 年第 2 期。

248. 张玉利、谢巍："改革开放、创业与企业家精神"，《南开管理评论》，2018 年第 5 期。

249. 张玉利："创业与企业家精神：管理者的思维模式和行为准则"，《南开学报(哲学社会科学版)》，2004 年第 1 期。

250. 张玉利："容错机制与激发保护企业家精神"，《社会科学辑刊》，2019 年第 1 期。

251. 张振华："我国地方发展型政府建构的制度基础与形态演变"，《比较政治学研究》，2018 年第 2 辑。

252. 赵德森、窦垚、张建民："营商环境与绿色经济增长——基于企业家精神的中介效应与遮掩效应"，《经济问题探索》，2021 年第 2 期。

253. 赵东辉、孙新波、钱雨、张大鹏："数字化时代企业家精神的涌现：基于多案例的扎根研究"，《中国人力资源开发》，2021 年第 7 期。

254. 赵红凌："资本主义精神、创业精神与中国企业家精神重塑路径"，《海南大学学报(人文社会科学版)》，2013 年第 6 期。

255. 赵乐祥、汪春雨："新时代企业家精神的内涵、作用与环境培育"，《广西社会科学》，2020 年第 12 期。

256. 郑方辉、尚虎平："中国法治政府建设进程中的政府绩效评价"，《中国社会科学》，2016 年第 1 期。

257. 郑妮："'三线建设'的凝练历程与时代价值——以攀枝花三线建设为例"，《天府新论》，2021 年第 3 期。

258. 郑鹏:"行政审批制度改革能否提升企业家精神?",《南京财经大学学报》,2022年第3期。

259. 郑毅:"法制背景下的对口援疆——府际关系的视角",《甘肃政法学院学报》,2010年第5期。

260. 郑毅:"中央与地方事权划分基础三题——内涵、理论与原则",《云南大学学报(法学版)》,2011年第4期。

261. 钟春平:"中国需要什么样的企业家和企业家精神",《人民论坛》,2018年第35期。

262. 周大鹏:"企业家精神与中国经济的熊彼特型增长转型",《学术月刊》,2020年第7期。

263. 周海涛、朱玉成:"教育领域供给侧改革的几个关系",《教育研究》,2016年第12期。

264. 周黎安:"'官场 + 市场'与中国增长故事",《社会》,2018年第2期。

265. 周黎安:"行政发包制与中国特色的国家能力",《开放时代》,2022年第4期。

266. 周黎安:"中国地方官员的晋升锦标赛模式研究",《经济研究》,2007年第7期。

267. 朱德全、冯丹:"和而不同:义务教育优质均衡发展的新时代要义与治理逻辑",《教育科学》,2021年第1期。

268. 朱富强:"如何引导'企业家精神'的合理配置——兼论有为政府和有效市场的结合",《教学与研究》,2018年第5期。

269. 朱富强:"新自由主义经济学为何如此迷恋市场:奥地利学派的分析思维批判",《经济社会体制比较》,2019年第1期。

270. 朱富强:"张维迎的企业家观错在何处:假设与逻辑",《当代经济研究》,2020年第8期。

271. 朱乾、杨勇、陶天龙、达庆利："企业家精神影响因素的国外研究综述"，《东南大学学报（哲学社会科学版）》，2012 年第 4 期。

272. 朱乾、杨勇："空间视域下的市场化进程、区域企业家精神与经济增长"，《南通大学学报（社会科学版）》，2014 年第 1 期。

273. 邹恒甫："市场竞争意识与中国传统文化的有为主义"，《管理世界》，1993 年第 3 期。

274. 左亚文："马克思'自由人联合体'的人本之维"，《哲学研究》，2014 年第 12 期。

275. 刘得手："美国政商关系观察及借鉴"，《人民论坛》，2015 年第 2 期。

276. 于悦："日本政治中政商关系的历史传承性"，《当代世界社会主义问题》，2016 年第 1 期。

277. 周方冶："泰国政治转型中的政商关系演化：过程、条件与前景"，《东南亚研究》，2012 年第 4 期。

278. 利布曼："中亚的政商关系：比较分析的方法"，《俄罗斯研究》，2009 年第 5 期。

279. 汪建华："包揽式政商关系、本地化用工与内地中小城市的劳工抗争"，《社会学研究》，2017 年第 2 期。

280. 叶静："中央财政策略与地方政商关系"，《上海交通大学学报（哲学社会科学版）》，2014 年第 1 期。

281. 陈家喜："政商'关系'的构建模式"，《云南行政学院学报》，2008 年第 2 期。

282. 佟德志："当代中国政商关系博弈复合结构及其演变"，《人民论坛》，2015 年第 5 期。

283. 田国强、陈旭东："重构新时期政商关系的抓手"，《人民论坛》，2015 年第 2 期。

284. 徐邦友："新型政商关系的重构——基于政商关系的历史分析"，《中共浙江省委党校学报》，2017 年第 5 期。

285. 谢志强、王涛："新型政商关系构建面临哪些'绊脚石'"，《人民论坛》，2016 年第 10 期。

286. 杨典："政商关系与国家治理体系现代化"，《国家行政学院学报》，2017 年第 2 期。

287. 储建国："政商关系清晰界定才能更好构建"，《中国党政干部论坛》，2016 年第 6 期。

五、中文析出文献

1. 范旭东："创设海洋研究室缘起"，载全国政协文史资料研究委员会天津市政协文史资料研究委员会：《化工先导范旭东》，北京：中国文史出版社，1987 年版。

2. 冯筱才："前言"，载冯筱才：《政商中国：虞洽卿与他的时代——读懂中国近现代史的另一种角度》，北京：社会科学文献出版社，2013 年版。

3. 李祉川等："祖国·事业·科学·人才"，载全国政协文史资料研究委员会天津市政协文史资料研究委员会：《化工先导范旭东》，北京：中国文史出版社，1987 年版。

4. 刘鹤："拉美经济的主要挑战与经验教训"，载青木昌彦、吴敬琏主编：《从威权到民主》，北京：中信出版社，2008 年版。

5. 楼建波、郭秀华："现代企业社会责任核心理念和中国实践之路"，载楼建波、甘培忠编：《企业社会责任专论》，北京：北京大学出版社，2009 年版。

6. 吴伯凡："序言"，载吴伯凡、阳光等编：《企业公民：从责任到能力》，北京：中信出版社，2010 年版。

7. 张维迎："前言：企业家精神与中国经济增长"，载张维迎、王勇著：

《企业家精神与中国经济》,北京:中信出版社,2019 年版。

8. 张维迎:"引论",载张维迎著:《重新理解企业家精神》,海口:海南出版社,2022 年版。

六、中文报纸

1. 傅勇:"京东深耕农特产品'奔富'产业带",《经济参考报》,2022 年 9 月 26 日,第 A08 版。

2. 江小涓:"以数字经济促进共享发展",《经济日报》,2022 年 5 月 18 日。

3. 练洁雯:"广东省优秀共产党员梅彬用实际行动诠释责任与担当",《澎湃新闻》,2021 年 6 月 30 日。

4. 刘春燕:"日本数字经济的'慢'与'快'",《经济参考报》,2021 年 10 月 28 日,第 2 版。

5. 宿党辉:"立时代潮头　惠国计民生——企业家精神述评",《光明日报》,2021 年 12 月 6 日。

6. 孙福全:"要坚持创新在我国现代化建设全局中的核心地位",《人民日报》,2022 年 12 月 9 日。

7. 王璐:"为强国战略提供强大装备支撑",《经济参考报》,2021 年 9 月 27 日。

8. 王智奎:"把党的领导更好融入公司治理",《学习日报》,2020 年 1 月 15 日。

9. 吴蔚:"京东助农实践产业结构新调整",《经济参考报》,2022 年 9 月 26 日,第 A08 版。

10. 张宪丽:"发挥政府在培育企业家精神中的积极作用",《中国社会科学报》,2023 年 1 月 18 日。

11. 张奕雯:"上汽集团:坚持与时俱进　以党建推动创新发展",《中国汽车报》，2021 年 6 月 21 日。

12. 赵丹："自律监督师：是监督，也是陪伴"，《中国工人》，2021 年 10 月 15 日。

七、英文著作

1. Adrie Dassen，*Networks：Structure and Action：Steering in and Steering by Policy Networks*，Enschede：University of Twente，2010.

2. Alfred Marshall，*Principles of Economics*，London：The Macmillan Company，1890.

3. Amitai Etzioni，*The Moral Dimension：Toward a New Economics*，New York：Free Press，1988.

4. Amitai Etzioni，*The Spirit of Community：Rights，Responsibilities and the Communitarian Agenda*，New York：Crown Publishers，1993.

5. Andrés Hincapié，*Entrepreneurship Over the Life Cycle：Where Are the Young Entrepreneurs?*，Wiley-Blackwell：International Economic Review，2020.

6. Bruno Sergi，Elena Popkova and Aleksei Bogoviz，et al.，*Entrepreneurship and Economic Growth：The Experience of Developed and Developing Countries*，Bingley：Emerald Publishing Limited，2019.

7. Charlie Karlsson，*Christian Friis，Thomas Paulsson，The Emerging Digital Economy*，Springer，2006.

8. D. Tapscott，*The Digital Economy：Promise and Peril in the Age of Networked Intelligence*，New York：The McGraw-Hill Companies，1995.

9. David Audretsh，*Max Keilbach and Erik Lehman，Entrepre-*

neurship and Economic Growth, London: Oxford University Press, 2006.

10. David Harvey, *Spaces of Hope*, Edinburgh: Edinburgh University Press, 2000.

11. Frank van Oort and Erik Stam, *Agglomeration Economies and Entrepreneurship in the ICT Industry*, ERIM Report Research in Managemenr, 2006.

12. Gordon Allport, *Personality: A Psychological Interpretation*, New York: Holt, Rinehart & Winston, 1937.

13. Gunnar Myrdal, *Economic Theory and Underdeveloped Regions*, New York: Harper & Row, 1957.

14. Israel Kirzner, *Competition and Entrepreneurship*, Chicago: University of Chicago Press, 2015.

15. James Hurst, *Law and Economic Growth: The Legal History of the Lumber Industry in Wisconsin 1836—1915*, Cambridge: Harvard University Press, 1964.

16. Jiawei Wu, Yehua Dennis Wei, Qizhai Li and Fenglin Yuan, *Economic Transition and Changing Location of Manufacturing Industry in China: A Study of the Yangtze River Delta*, Sustainability, 2018.

17. John Elkington, *Cannibals With Forks: The Triple Bottom Line of 21st Century Business*, Oxford: Capstone, 1997.

18. Manfred Fischer, Javier Diez and Folke Snickars, *Metropolitan Innovation System: Theory and Evidence from Three Metropolitan Regions in Europe*, Berlin: Springer Science & Business Media, 2001.

19. Niklas Luhmann, *Theories of Distinction*, California: Stanford University Press, 2002.

20. Paul Geroski，*Market Dynamics and Entry*，Oxford and Cambridge：Blackwell Publishers，1991.

21. Peter Drucker，*Entrepreneurship and Innovation：Practice and Principles*，New York：Harper Business，1985，277.

22. Robert Bellah，*The Good Society*，New York：Vintage，1991.

23. Safiya Umoja Noble，*Algorithms of Oppression：How Search Engines Reinforce Racism*，New York：New York University Press，2018.

24. Scott Shane，*The Illusions of Entrepreneurship；The Costly Myths that Entrepreneurs，Investors and Policy Makers Live by*，New Haven：Yale University Press，2008.

25. Zoltan Acs，Bo Carlsson and Roy Thurik，*Small Business in the Modern Economy*，Oxford：Blackwell Publishers，1996.

八、英文论文

1. Abraham Luchins，"Forming Impressions of Personality：A Critique"，*Journal of Abnormal and Social Psychology*，1948，Vol.43，No.3.

2. Aleksandra Manić and Svetlana Trajkovic，"The Role and Importance of Formal Elementary Education for the Development of Entrepreneurial Abilities in Accordance with the Ethical Principle"，*Journal of Process Management-New Technologies*，International，Vol.7，No.2，2019.

3. Alex Maritz，Bronwyn Eager and Saskia DeKlerk，"Entrepreneurship and Self-employment for Mature-aged People"，*Australian Journal of Career Development*，Vol.30，No.1，2021.

4. Alexander Ward，Brizeida Hernández-Sánchez and Jose Sánchez-

García，"Entrepreneurial Intentions in Students from a Trans-National Perspective"，*Administrative Sciences*，Vol.9，No.37，2019.

5. Allan Farnsworth，"The Past of Promise：An Historical Introduction to Contract"，*Columbia Law Review*，Vol.69，1969.

6. Almodóvar-González，Fernández-Portillo and Díaz-Casero，"Entrepreneurial Activity and Economic Growt A Multi-country Analysis"，*European Research on Management and Business Economics*，Vol.26，No.1，2020.

7. Andrei Shleifer，"Government in Transition"，*European Economic Revies*，1997，Vol.41，No.3—5.

8. Andrew Hodge，Sriram Shankar and Prasada Rao，"Exploring the Links Between Corruption and Growth"，*Review of Development Economics*，Vol.15，No.1，2011.

9. Ann Firth，"State Form，Social Order and the Social Sciences：Urban Space and Politico-economic Systems 1760—1850"，*Journal of Historical Sociology*，Vol.16，No.1，2003.

10. Anna Maija Vuorio，Kaisu Puumalainen and Katharina Fellnhofer，"Drivers of Entrepreneurial Intentions in Sustainable Entrepreneurship"，*International Journal of Entrepreneurial Behavior & Research*，Vol.24，No.2，2018.

11. Anne Vorre Hansen，Lars Fuglsang，Faïz Gallouj and Ada Scupola，"Social Entrepreneurs as Change Makers：Expanding Public Service Networks for Social Innovation"，*Public Management Review*，Vol.24，2021.

12. Anping Chen and Mark Partridge，"When Are Cities Engines of Growth in China? Spread and Backwash Effects Across the Urban Hier-

archy", *Regional Studies*, Vol.47, No.8, 2013.

13. Antonio Minguzzi and Renato Passaro, "The Network of Relationships Between the Economic Environment and the Entrepreneurial Culture in Small Firms", *Journal of Business Venturing*, Vol.16, No.2, 2000.

14. Archie Carroll, "A Three-dimensional Conceptual Model of Corporate Social Performance", *Academy of Management Review*, Vol.4, No.4, 1979.

15. Archie Carroll, "Corporate Social Responsibility Evolution of a Definitional Construct", *Business and Society*, Vol.38, No.3, 1999.

16. Archie Carroll, "The Pyramid of Corporate Social Responsibility: Toward the Moral Management of Organizational Stakeholder", *Business Horizons, July-August*, Vol.34, No.4, 1991.

17. Áron Perényi, Roxanne Zolin and Alex Maritz, "The Perceptions of Australian Senior Entrepreneurs on the Drivers of Their Entrepreneurial Activity", *International Journal of Entrepreneurial Behaviour & Research*, Vol.24, 2018.

18. Baoqing Pang, Shu Keng and Siyi Zhang, "Does Performance Competition Impact China's Leadership Behaviour? Re-examining the Promotion Tournament Hypothesis", *The China Quarterly*, 2023.

19. Ben Spigel, "The Relational Organization of Entrepreneurial Ecosystems", *Entrepreneurship Theory and Practice*, Vol.41, No.1, 2017.

20. Birger Wernerfelt, "A Resource-Based View of the Firm", *Strategic Management Journal*, Vol.5, No.2, 1984.

21. Brent Daniel Mittelstadt, Patrick Allo, Mariarosaria Taddeo, Sandra Wachter and Luciano Floridi, "The Ethics of Algorithms: Map-

ping the Debate", *Big Data & Society*, Vol.3, No.2, 2016.

22. Brigette Ryalls, Robina Enayat Gul and Ken Ryalls, "Infant Imitation of Peer and Adult Models: Evidence for a Peer Model Advantage", *Merrill-palmer Quarterly*, Vol.46, 2000.

23. Brigitte Hoogendoorn and Peter Zwan, "Sustainable Entrepreneurship: The Role of Perceived Barriers and Risk", *Journal of Business Ethics*, Vol.157, 2019.

24. Cai Li, Naveed Ahmed, Sikandar Ali Qalati, Asadullah Khan and Shumaila Naz: "Role of Business Incubators as a Tool for Entrepreneurship Development: The Mediating and Moderating Role of Business Start-up and Government Regulations", *Sustainability*, Vol.12, 2020.

25. Canfei He, Jiangyong Lu and Haifeng Qian, "Entrepreneurship in China", *Small Business Economics*, Vol.52, No.3, 2019.

26. Carmen Paunescu and Elisabeta Molnar, "Country's Entrepreneurial Environment Predictiors for Starting a New Venture—Evidence For Romanania", *Sustainability*, Vol.12, No.18, 2020.

27. Cass Sunstein, "Beyond the Republican Revival", *Yale Law Journal*, Vol.97, 1988.

28. Chang-Hyun Jin and Jung-Yong Lee, "The Halo Effect of CSR Activity: Types of CSR Activity and Negative Information Effects", *Sustainability*, Vol.11, 2019.

29. Charles Ragin, "Set Relations in Social Research: Evaluating Their Consistency and Coverage", *Political Analysis*, Vol.14, 2006.

30. Cherry Cheung, "Innovative Education and Business Engagement at the Heart of Entrepreneurial Business Schools: An interview with Dr Gwyn Jones, Director of Essex Business School, University of Essex",

Journal of General Management, Vol.40, 2014.

31. Christopher Schlaegel and Michael Koenig, "Determinants of Entrepreneurial Intent: A Meta-Analytic Test and Integration of Competing Models", *Entrepreneurship Theory and Practice*, Vol.38, No.2, 2014.

32. Claudio Michelacci and Olmo Silva, "Why So Many Local Entrepreneurs?", *The Review of Economics and Statistics*, Vol.89, No.4, 2007.

33. Colette Henry, Frances Hill and Claire Leitch, "Developing a Coherent Enterprise Support Policy: A New Challenge for Governments", *Environment and Planning C: Government and Policy*, Vol.21, 2003.

34. Craig Volden, "States as Policy Laboratories: Emulating Success in the Children's Health Insurance Program", *American Journal of Political Science*, Vol.50, 2006.

35. Curran and Storey, "Small Business Policy in the United Kingdom: The Inheritance of the Small Business Service and Implications for Its Future Effectiveness", *Environment and Planning C: Government and Policy*, Vol.20, No.2, 2002.

36. Danah Boyd and Kate Crawford, "Critical Questions for Big Data", *Information, Communication & Society*, Vol.15, No.5, 2012.

37. David Audretsch and Heike Grimm, "Emotional Skills for Entrepreneurial Success: The Promise of Entrepreneurship Education and Policy", *Journal of Technology Transfer*, Vol.46, No.5, 2021.

38. David Audretsch and Maryann Feldman, "R&D Spillovers and the Geography of Innovation and Production", *The American Economic*

Review, Vol.86, No.3, 1996.

39. David Audretsch and Max Keilbach, "Resolving the Knowledge Paradox: Knowledge-spillover Entrepreneurship and Economic Growth", *Research Policy*, Vol.37, No.10, 2008.

40. David Audretsch and Michael Fritsch, "Link Entrepreneurship to Growth: A Case of West Germany", *Industry and Innovation*, Vol.10, No.1, 2003.

41. David Audretsch and Roy Thurik, "Capitalism and Democracy in the 21st Century: From the Managed to the Entrepreneurial Economy", *Journal of Evolutionary Economics*, Vol.10, 2000.

42. David Audretsch and Thurik Roy, "What's New About the New Economy? Sources of Growth in the Managed and Entrepreneurial Economics", *Industrial and Corporate Change*, Vol.10, No.1, 2001.

43. David Audretsch, "Entrepreneurship, Economic Growth and Geography", *Oxford Review of Economic Policy*, Vol.34, No.4, 2018.

44. David Evans and Boyan Jovanovic, "An Estimated Model of Entrepreneurship Choice under Liquidity Constrsints", *Journal of Political Economy*, Vol.97, No.4, 1989.

45. David McClell and David Burnham, "Power Is the Great Motivator", *Harvard Business Review*, Vol.81, No.1, 2003.

46. David Millon, "Redefining Corporate Law", *Indiana Law Review*, Vol.24, 1992.

47. David Millon, "Theories of the Corporation", *Duke Law Journal*, 1990, Vol.39.

48. David Smallbonea and Friederike Welterb, "Entrepreneurship and Institutional Change in Transition Economies: The Commonwealth

of Independent States, Central and Eastern Europe and China Compared", *Entrepreneurship & Regional Development*, Vol.24, 2012.

49. David Teece, "A Capability Theory of the Film: An Economics and Managemnet Perspective", *New Zealand Economic Papers*, Vol.53, No.1, 2019.

50. Devi Gnyawali and Daniel Fogel, "Environments for Entrepreneurship Development: Key Dimension and Research Implications", *Entrepreneurship Theory Practice*, Vol.18, No.4, 1994.

51. Dimitrios Efthymiou, Constantinos Antoniou and Paul Waddell, "Factors Affecting The Adoption of Vehicle Sharing Systems by Young Drivers", *Transport Policy*, Vol.29, No.3, 2013.

52. Djoni Hartono and Infani Muzayanah, "The Roles of Entrepreneurship on Regional Economic Growth in Indonesia", *Journal of the Knowledge Economy*, Vol.11, 2020.

53. Dongya Huang, "Top-Level Design and Fragmented Decision-Making: A Case Study of an SOE Merger in China's High-Speed Rail Industry", *Journal of Contemporary China*, Vol.27, 2018.

54. Dwight Lee, "The Seeds of Entrepreneurship", *The Journal of Private Enterprise*, Vol.7, No.1, 1991.

55. Edward Glaeser, Sari Pekkala Kerr and William Kerr, "Entrepreneurship and Urban Growth: An Empirical Assessment with Historical Mines", *Review of Economics and Statistics*, Vol.97, No.2, 2015.

56. Erich Weede, "Rent Seeking, Military Participation, and Economic Performance in LDCs", *Journal of Conflict Resolution*, Vol.30, No.2, 1986.

57. Fang Yang, "The Operation Mechanism of Amoeba's Organiza-

tional Model", *Open Journal of Business and Management*, Vol.6, 2018.

58. Farzana Chowdhury, David Audretsch and Maksim Belitski, "Institutions and Entrepreneurship Quality", *Entrepreneurship Theory and Practice*, Vol.43, No.1, 2019.

59. Fenghua Pan and Bofei Yang, "Financial Development and the Geographies of Startup Cities: Evidence from China", *Small Business Economics*, Vol.52, 2019.

60. Francisco Liñán, Justin Paul and Alain Fayolle, "Entrepreneurship and Country-Level Innovation: Investigation the Role of Entrepreneurial Opportunities", *Journal of Technology Transfer*, Vol.42, No.5, 2017.

61. Frank Easterbrook and Daniel Fischel, "Antitrust Suits by Targets of Tender Offers", *Michigan Law Review*, Vol.80, 1982.

62. Frank Easterbrook and Daniel Fischel, "Close Corporations and Agency Costs", *Stanford Law Review*, Vol.38, 1986.

63. Frank Easterbrook and Daniel Fischel, "Corporate Control Transactions", *Yale Law Journal*, Vol.91, 1982.

64. Frank Easterbrook and Daniel Fischel, "Limited Liability and the Corporation", *University of Chicago Law Review*, Vol.52, 1985.

65. Frank Easterbrook and Daniel Fischel, "The Corporate Contract", *Columbia Law Review*, Vol.89, 1989.

66. Frank Easterbrook and Daniel Fischel, "Voting in Corporate Law", *The Journal of Law and Economics*, Vol.26, 1983.

67. Frank Michelman, "Law's Republic", Yale Law Journal, Vol.97, 1988.

68. Frans van Waarden, "Dimensions and Types of Policy Net-

works", *European Journal of Political Research*, Vol.21.

69. Heather Stephens, Mark Partridge and Alessandra Faggian, "Innovation, Entrepreneurship and Economic Growth in Lagging Regions", *Journal of Regional Science*, Vol.53, No.5, 2013.

70. Henry Butler and Larry Ribstein, "Opting Out of Fiduciary Duties: A Response to the Anti-Contractarians", *Washington Law Review*, Vol.65, 1990.

71. Henry Butler, "The Contractual Theory of the Corporation", *George Mason University Law Review*, Vol.11, 1989.

72. Hongbin Li and Li-an Zhou, "Political Turnover and Economic Performance: The Incentive Role of Personnel Control in China", *Journal of Public Economic*, Vol.89, 2005.

73. Hongbin Li, Zheyu Yang, Xianguo Yao and Junsen Zhang, "Entrepreneurship, Private Economy and Growth: Evidence from China", *China Economic Review*, Vol.23, No.4, 2012.

74. Huggins and Williams, "Enterprise and Public Policy: A Review of Labour Government Intervention in the United Kingdom", *Environment and Planning C: Government and Policy*, Vol.27, No.1, 2009.

75. Humphry Hung, "Formation and Survival of New Ventures: A Path from Interpersonal to Interorganizational Networks", *International Small Business Journal*, Vol.24, No.4, 2006.

76. Ines Ben Chikha and Anis Jarboui, "Social Entrepreneurship Determinants: an Empirical Study Related to Tunisia", *International Social Entrepreneurship and Innovation*, Vol.4, No.2, 2016.

77. Isabel Grilo and Jesus-Maria Irigoyen, "Entrepreneurship in the

EU: To Wish and not to Be", *Small Business Economics*, Vol.26, No.4, 2006.

78. Iuliia Pinkovetskaia, Natalya Schennikova and L. Kryukova, "Exit of Entrepreneurs from Business: Reasons and Strategies", *Journal of History Culture and Art Research*, Vol.9, 2020.

79. James Ang, Yingmei Cheng and Chaopeng Wu, "Does Enforcement of Intellectual Property Rights Matter in China? Evidence from Financing and Investment Choices in the High-Tech Industry", *Review of Economics and Statistics*, Vol.96, 2014.

80. James Coleman, "Social Capital in the Creation of Human Capital", *The American Journal of Sociology*, Vol.94, 1988.

81. Jamie Bologna, "A Spatial Analysis of Entrepreneurship and Institutional Quality: Evidence from US Metropolitan Areas", *Journal of Regional Analysis & Policy*, Vol.44, No.2, 2014.

82. Jason Fitzsimmons and Evan Douglas, "Interaction between Feasibility and Desirability in the Formation of Entrepreneurial Intentions", *Journal of Business Venturing*, Vol.20, 2011.

83. Jeong Shinhee, Jean Bailey, Jin Lee and Gary McLean, "It's not about Me, It's about Us: A Narrative Inquiry on Living Life as A Social Entrepreneur", *Social Enterprise Journal*, Vol.16, 2020.

84. Jeremy Hall, Gregory Daneke and Michael Lenox: "Sustainable Development and Entrepreneurship: Past Contributions and Future Directions", *Journal of Business Venturing*, Vol.25, No.5, 2010.

85. Jiangyong Lu and Zhigang Tao, "Determinants of Entrepreneurial Activities in China", *Journal of Business Venturing*, Vol.25, No.3, 2010.

86. John Geldhof, Michelle Weiner, Jennifer Agans, Megan Mueller and Richard Lerner, "Understanding Entrepreneurial Intent in Late Adolescence: The Role of Intentional Self-Regulation and Innovation", *Journal of Youth and Adolescence*, Vol.43, 2014.

87. John Geldhof, Tenelle Porter and Michelle Weiner, et al., "Fostering Youth Entrepreneurship: Preliminary Findings from the Young Entrepreneurs Study", *Journal of Research on Adolescence*, Vol.24, 2014.

88. John Mcmillan and Christopher Woodruff, "The Central Role of Entrepreneurs in Transition Economies", *Journal of Economic Perspectives*, Vol.16, No.3, 2002.

89. Jonathan Doh and Pete Tashman, "Half a World Away: The Integration and Assimilation of Corporate Social Responsibility, Sustainability, and Sustainable Development in Business School Curricula", *Corporate Social Responsibility and Environmental Management*, No.21, 2014.

90. Jun Yan and Li Yan, "Individual Entrepreneurship, Collective Entrepreneurship and Innovation in Small Business: An Empirical Study", *International Entrepreneurship and Management Journal*, Vol.12, 2016.

91. Junsong Wang, Yehua Dennis Wei and Bingquan Lin, "How Does Tolerance Affect Urban Innovative Capacities in China?", *Growth and Change*, Vol.50, No.4, 2019.

92. Jutta Viinikainen, Guido Heineck, Petri Bockerman, Mirka Hintsanen and Olli T. Raitakari, "Born Entrepreneur? Adolescents' Personality Characteristics and Self-Employment in Adulthood", *Labor: Demographics & Economics of the Family eJournal*, No.3,

2016.

93. Katharina Fellnhofer, "Toward a Taxonomy of Entrepreneurship Education Research Literature: A Bibliometric Mapping and Visualization", *Educational Research Review*, 2019, Vol.27.

94. Konrad Lorenz, "The Companion in the Bird's World", *The Auk*, Vol.54, 1937.

95. László Szerb, Zoltan Acs and Erkko Autio, "Entrepreneurship and Policy: The National System of Entrepreneurship in the European Union and in Its Member Countries", *Entrepreneurship Research Journal*, Vol.3, No.1, 2013.

96. Laura Huang and Andrew Knight, "Resources and Relationships in Entrepreneurship: An Exchange Theory of the Development and Effects of the Entrepreneur-Investor Relationship", *Academy of Management Review*, Vol.42, 2017.

97. Lawrence Brown and Kevin Cox, "Empirical Regularities in the Diffusion of Innovation", *Annals of the Association of American Geographers*, Vol.61, No.3, 1971.

98. Lawrence Mitchell, "A Critical Look at Corporate Governance", *Vanderbilt Law Review*, Vol.45, 1992.

99. Lawrence Mitchell, "The Cult of Efficiency", *Texas Law Review*, 1992, Vol.71, 1992.

100. Leong Carmen, et al., "The Emergence of Self-Organizing E-Commerce Ecosystems in Remote Villages of China: A Tale of Digital Empowerment for Rural Development", *MIS Quarterly*, Vol.40, No.2, 2016.

101. Lewis Soloman and Kathleen Collins, "Humanistic Economics:

A New Model for the Corporate Social Responsibility Debate", *The Journal of Corporate Law*, Vol.12, 1987.

102. Liang Zheng and Zhao Zhong, "What Drives Spatial Clusters of Entrepreneurship in China? Evidence from Economic Census Data", *China Economic Review*, No.46, 2017.

103. Louise Knight and Annie Pye, "Exploring the Relationships Between Network Change and Network Learning", *Management Learning*, Vol.35, No.4, 2004.

104. Lyman Johnson and David Millon, "Corporate Takeovers and Corporate Law: Who's in Control?", *George Washington Law Review*, Vol.61, 1993.

105. Lyman Johnson and David Millon, "Misreading the Williams Act", *Michigan Law Review*, Vol.87, 1989.

106. Lyman Johnson and David Millon, "Missing the Point About State Takeover Statutes", *Michigan Law Review*, Vol.87, 1989.

107. Lyman Johnson and David Millon, "The Case Beyond Time", *Business Law*, Vol.45, 1990.

108. Lyman Johnson, "Individual and Collective Sovereignty in the Corporate Enterprise", *Columbia Law Review*, Vol.92, 1992.

109. Lyman Johnson, "Law and Legal Theory in the History of Corporate Responsibility: Corporate Personhood", *Seattle Law Review*, Vol.35, 2012.

110. Lyman Johnson, "Pluralism in Corporate Form: Corporate Law and Benefit Corporations", *Regent Law Review*, Vol.25, 2012.

111. Lyman Johnson, "The Delaware Judiciary and the Meaning of Corporate Life and Corporate Law", *Texas Law Review*, Vol.68, 1990.

112. Maria Figueroa-Armijos and Thomas Johnson, "Entrepreneurship Policy and Economic Growth: Solution or Delusion? Evidence from A State Initiative", *Small Business Economics*, Vol.47, 2016.

113. Mark Dutz, Janusz Ordover and Robert Willig, "Entrepreneurship, Access Policy and Economic Development: Lessons from Industrial Organozation", *European Economic Review*, Vol.44, No.4—6, 2000.

114. Mark Granovetter, "Economic Action and Social Structure: The Problem of Embeddedness", *American Journal of Sociology*, Vol.91, 1985.

115. Marleen Connor, "A Socio-Economic Approach to the Japanese Corporate Governance Structure", *Washington and Lee Law Review*, Vol.50, 1993.

116. Marleen Connor, "Human Capital Era: Reconceptualizing Corporate Law to Facilitate Labor-Management Cooperation", *Cornell Law Review*, Vol.78, 1993.

117. Martin Carree and Roy Thurik, "The Impact of Entrepreneurship on Economic Growth", *Handbook of Entrepreneurship Research: An Interdisciplinary Survey and Introduction*, Vol.14, No.46, 2003.

118. Martin Carree, André van Stel, Roy Thurikand and Sander Wennekers, "Economic Development and Business Ownership: An Analysis Using Data of 23 OECD Countries in the Period 1976—1996", *Small Business Economics*, Vol.19, 2002.

119. Michael Atkinson and William Coleman, "Strong States and Weak States: Sectoral Policy Networks in Advanced Capitalist Economies", *British Journal of Political Science*, Vol.19, No.1, 1989.

120. Michael Fritsch and Michael Wyrwich, "The Long Persistence of Regional Levels of Entrepreneurship: Germany, 1925—2005", *Regional Studies*, Vol.48, 2014.

121. Michael Jensen and William Meckling, "Theory of the Firm: Managerial Behavior, Agency Costs, and Ownership Structure", *Journal of Financial Economics*, Vol.3, 1976.

122. Michael Stuetzer and Martin Obschonka, et al., "Industry Structure, Entrepreneurship and Culture: An Empirical Analysis Using Historical Coalfields", *European Economic Review*, No.86, 2016.

123. Miftahul Rozaq, Sri Hastjarjo and Yulius Slamet, "The Entrepreneurs' Acceptence Ability in Learning The Use of Digital Media", *Indonesian Journal of Business and Entrepreneurship*, Vol.8, No.1, 2022.

124. Miri Lerner, Candida Brush and Robert Hisrich, "Israeli Women Entrepreneurs: An Examination of Factors Affecting Performance", *Journal of Business Venturing*, Vol.12, No.4, 1997.

125. Morton Horwitz, "The Modern Foundations of Modern Contract Law", *Harvard Law Review*, Vol.87, 1974.

126. Naif Haddad, Mohammad Waheeb and Leen Fakhoury, "The Baptism Archaeological Site of Bethany Beyond Jordan: Towards an Assessment for a Management Plan", *Tourism and Hospitality Planning & Development*, Vol.6, No.3, 2009.

127. Natalia Ortiz-de-Mandojana and Tima Bansal, "The Long-Term Benefits of Organizational Resilience through Sustainable Business Practices", *Strategic Management Journal*, Vol.37, No.8, 2016.

128. Nicholas Attamah, "Entrepreneurship, Government and Their

Roles", *Journal of Current Issues in Arts and Humanities*, Vol. 2, No. 1, 2016.

129. Nonna Barkhatova, "Russian Small Business, Authorities and the State", *Europe-Asia Studies*, Vol. 52, No. 4, 2000.

130. Norin Arshed, Sara Carter, and Colin Mason, "The Ineffectiveness of Entrepreneurship Policy: Is Policy Formulation to Blame?" *Small Business Economics*, Vol. 43, 2014.

131. Nurdan Ozaralli and Nancy Rivenburgh, "Entrepreneurial Intention: Antecedents to Entrepreneurial Behavior in the U. S. A. and Turkey", *Journal of Global Entrepreneurship Research*, Vol. 6, No. 1, 2016.

132. Oliver Williamson, "Markets and Hierarchies: Some Elementary Considerations", The American Economic Review, Vol. 63, No. 2, 1973.

133. Ovidiu Stoica, Angela Roman and Valentina Diana Rusu, "The Nexus between Entrepreneurship and Economic Growth: A Comparative Analysis on Groups of Countries", *Sustainability*, Vol. 12, No. 3, 2020.

134. Pak Hung Mo, "Corruption and Economic Growth", *Journal of Comparative Economics*, Vol. 29, No. 1, 2001.

135. Paul Cox, "The Indiana Experiment in Corporate Law: A Critique", *Valparaiso University Law Review*, Vol. 24, 1990.

136. Paul Romer, "Increasing Returns and Long-run Growth", *Journal of Political Economy*, Vol. 94, No. 5, 1995.

137. Peer Fiss, "Building Better Causal Theories: A Fuzzy Set Approach to Typologies in Organization Research", *Academy of Manage-

ment Journal，Vol.54，2011.

138. Peter Drucker，"Converting Social Problems into Business Opportunities: The New Meaning of Corporate Social Responsibility"，*California Management Review*，Vol.26，No.2，1984.

139. Philip McCann and Raquel Ortega-Argilés，"Smart Specialisation，Entrepreneurship and SMEs: Issues and Challenges for a Results-oriented EU Regional Policy"，*Small Business Economics*，Vol.46，2016.

140. Philippe Aghion and Howitt Peter，"A Model of Growth Through Creative Destruction"，*Econometrica*，Vol.60，No.2，1992.

141. Piers Thompson and Wenyu Zang，"The Relationship between Foreign Direct Investment and Domestic Entrepreneurship: The Impact and Scale of Investments in China"，*Growth and Change*，2023.

142. Poh Kam Wong，Yuen Ping Ho and Erkko Autio，"Entrepreneurship，Innovation and Economic Growth: Evidence from GEM Data"，*Small Business Economics*，Vol.24，2005.

143. Qi Guo，Canfei He and De Li. "Entrepreneurship in China: The Role of Localisation and Urbanisation Economies"，*Urban Studies*，Vol.53，2016.

144. Ramana Nanda and Jesper Sørensen，"Workplace Peers and Entrepreneurship"，*Entrepreneurship & the Social Sciences Journal*，2009.

145. Randall Holcombe，"Entrepreneurship and Economic Growth: Reply"，*The Quarterly Journal of Austrian Economics*，Vol.2，No.2，1999.

146. Richard Caves，"Industrial Organization and New Findings on the Turnover and Mobility of Firms"，*Journal of Economic Literature*，

Vol.36，No.4，1998.

147. Richard Fallon，"What Is Republicanism and Is It Worth Reviving?"*Harvard Law Review*，Vol.102，1989.

148. Richard，Connell，Ibbetson，Kestenbaum and Richards，"Richard Review on Small Business and Government: Interim Report"，*Conservative Party*，March 2007.

149. Robert King and Sergio Rebelo，"The Problem of Development: A Conference of the Institute for the Study of Free Enrerprise Systems"，*The Journal of Political Economy*，Vol.98，No.5，1990.

150. Robert Lucas，"On the Mechanics of Economic Development"，*Journal of Monetary Economics*，Vol.22，No.1，1998.

151. Robert Smith，"Authoring Second-generation Entrepreneur and Family Business Stories"，*Journal of Family Business Management*，Vol.4，2014.

152. Rodney Lacey and Peer Fiss，"Comparative Organizational Analysis across Multiple Levels: A Set-theoretic Approach"，*Research in the Sociology of Organizations*，Vol.26，2009.

153. Russell Sobel，"Testing Baumol: Institutional Quality and the Productivity of Entrepreneurship"，*Journal of Business Venturing*，Vol.23，No.6，2008.

154. Ryan Sutter，"The Existence of Positive Psychological Environments and Their Impact on Regional Entrepreneurship"，*Journal of Regional Analysis & Policy*，Vol.38，No.3，2008.

155. Sander Wennekers and Roy Thurik，"Linking Entrepreneurship and Economic Growth"，*Small Business Economics*，Vol. 13，No. 1，1999.

156. Satish Nambisan, "Digital Entrepreneurship: Toward a Digital Technology Perspective of Entrepreneurship", *Entrepreneurship Theory and Practice*, Vol.41, No.6, 2017.

157. Scott Shane, "Why Encouraging More People to Become Entrepreneurs Is Bad Public Policy", *Small Business Economics*, Vol.33, No.2, 2009.

158. Sergey Anokhin, et al., "Corporate Venturing Deal Syndication and Innovation: The Information Exchange Paradox", *Long Range Planning*, Vol.44, No.2, 2011.

159. Sheila Puffer, Daniel McCarthy and Max Boisot, "Entrepreneurship in Russia and China: The Impact of Formal Institutional Voids", *Entrepreneurship Theory and Practice*, Vol.34, No.3, 2010.

160. Shirley Liu, "The Urban-Rural Divide: The Effects of the Small Business Innovation Research Program in Small and Nonmetro Counties", *Economic Development Quarterly*, Vol.36, No.3, 2022.

161. Simeon Djankov and Edward Miguel, "Who Are Russia's Entrepreneurs?", *Journal of European Economics*, Vol.3, No.2, 2005.

162. Simeon Djankov, et al., "Entrepreneurship in China and Russia Compared", *Journal of the European Economic Association*, Vol.4, No.2, 2006.

163. Sjoerd Beugelsdijk and Niels Noorderhaven, "Entrepreneurial Attitude and Economic Growth: Across Section of 54 Regions", *Annals of Regional Science*, Vol.38, No.2, 2004.

164. Solomon Asch, "Forming Impressions of Personality", *Journal of Abnormal and Social Psychology*, Vol.41, 1946.

165. Sorin Gog, "Neo-liberal Subjectivities and the Emergence of

Spiritual Entrepreneurship: An Analysis of Spiritual Development Programs in Contemporary Romania", *Social Compass*, Vol.67, No.1, 2020.

166. Stephen Zhang and Elco Burg, "Advancing Entrepreneurship as a Design Science: Developing Additional Design Principles for Effectuation", *Small Business Economics*, Vol.55, No.3, 2020.

167. Stuetzer and Michael, et al., "Industry Structure, Entrepreneurship, and Culture: An Empirical Analysis Using Historical Coalfields", *European Economic Review*, Vol.86, 2016.

168. Tamara Pigozne, Ineta Luka and Svetlana Surikova, "Promoting Youth Entrepreneurship and Employability through Non-Formal and Informal Learning: The Latvia Case", *CEPS Journal*, Vol.9, No.4, 2019.

169. William Baumol, "Entrepreneurship: Productive, Unproductive, and Destructive", *Journal of Business Venturing*, Vol.11, No.1, 1996.

170. William Bratton, "Nexus of Contracts Corporation: A Critical Appraisal", *Cornell Law Review*, Vol.74, 1989.

171. William Bratton, "The New Economic Theory of the Firm: Critical Perspectives from History", *Stanford Law Review*, Vol.41, 1989.

172. William Simon, "Social-Republican Property", *UCLA Law Review*, Vol.38, 1991.

173. Yangyang Chen, Edward Podolski and Madhu Veeraraghavan, "National Culture and Corporate Innovation", *Pacific-Basin Finance Journal*, Vol.43, 2017.

174. Ya-Wen Lai and Nicholas Vonortas，"Regional Entrepreneurial Ecosystems in China"，*Industrial and Corporate Change*，2019.

175. Zoltan Acs and Catherine Armington，"Employment Growth and Entrepreneurial Activity in Cities"，*Research Papers in Economics*，Vol.7，No.38，2004.

176. Zoltan Acs and David Audretsch，"Innovation in Large and Small Firms：An Empirical Analysis"，The American Economic Review，Vol.78，No.4，1988.

177. Zoltan Acs and Emma Lappi，"Entrepreneurship，Culture，and the Epigenetic Revolution：A Research Note"，*Small Business Economics*，Vol.56，No.5，2021.

178. Zoltan Acs and Laszlo Szerb，"Entrepreneurship，Economic Growth and Public Policy"，*Small Business Economics*，Vol. 28，No. 2，2007.

179. Zoltan Acs，et al.，"The Knowledge Spillover Theory of Entrepreneurship"，*Small Business Economics*，Vol.41，No.4，2013.

九、英文析出文献

1. David Millon，"*Communitarianism in Corporate Law：Foundations and Law Reform Strategies*"，in Lawrence Mitchell，ed.，Progressive Corporate Law，Boulder，Colorado：Westview Press，1995.

2. James Ang，Yingmei Cheng and Chaopeng Wu，"Does Enforcement of Intellectual Property Rights Matter in China? Evidence from Financing and Investment Choices in the High-Tech Industry"，*Review of Economics and Statistics*，Vol.96，2014.

3. John Rigby and Ronnie Ramlogan，"*The Impact and Effective-*

ness of Entrepreneurship Policy", in Jakob Edler, Paul Cunningham, Abdullah Gök, and Philip Shapira, Handbook of Innovation Policy Impact, Cheltenham, UK: Edward Elgar Publishing, 2016.

4. Lawrence Mitchell, *"Trust Contract Process"*, in Lawrence Mitchell, ed., Progressive Corporate Law, Boulder, Colorado: Westview Press, 1995.

5. Maryann Feldman, Lauren Lanahan and Jennifer Miller, *"Inadvertent Infrastructure and Regional Entrepreneurship Policy"*, in Michael Fritsch, Handbook of Research on Entrepreneurship and Regional Development, Cheltenham, UK: Edward Elgar Publishing, 2011.

6. Theresa Gabaldon, *"Experiencing Limited Liability: On Insularity and Inbreeding in Corporate Law"*, in Lawrence Mitchell, ed., Progressive Corporate Law, Boulder, Colo: Westview Press, 1995.

7. William Bratton, *"Game Theory and the Restoration of Honor to Corporate Law's Duty of Loyalty"*, in Lawrence Mitchell, ed., Progressive Corporate Law, Boulder, Colo: Westview Press, 1995.

附录1

访谈资料编码:A＊＊

调研访谈提纲(样本)

(访谈对象:企业家)

> 您好!这是关于新时代政府推动企业家精神培育的机制研究访谈问卷,旨在了解新时代政府推动企业家精神方面的相关机制,分析政府在推动企业家精神中存在的问题和现状,为政府部门提供决策参考和建议,促进政企关系的发展。本次访谈仅用于学术研究,我们将对访谈资料保密,不会出现个人资料,请您放心。衷心感谢您的支持与合作!祝您工作顺利!
>
> 访谈人: 单位: 联系电话:

访谈时间:___年___月___日

访谈地点:___省___市___县(区)___街道(镇)

访谈对象:_____ 性别:___ 年龄:___

工作单位:_____ 工作岗位:_____

(一)关于保护企业家合法权益的法治环境

1. 作为一名企业家,您觉得您的合法利益能够得到保护吗?

2. 您是否遇到过,或您身边是否出现过侵犯企业家财产权的案例?

3. 在保护企业家财产权的过程当中,您认为在立法、执法、司法、守法等环节中,哪个环节最为重要?

4. 在您经营企业的过程中是否遇到过政府部门工作人员进行干预的情况? 是否存在乱收费、乱摊派的情况?

5. 您自己是否加入过行业协会或商会? 当您要维护自己的权益时,您通常采用哪些方法来维权?

6. 在您所处的行业中,是否存在比较明显的行业垄断的现象,如果遇到这个现象,您是否会运用相关的法律手段来保护自己的利益?

(二)关于促进企业家公平竞争诚信经营的市场环境

1. 在您的企业经营活动中是否存在多重多头执法的情况,可否举一两个案例?

2. 您在与别的企业家打交道时,会使用全国信用信息共享平台和国家信息信用公示系统来查询相关情况吗?

3. 当企业长期保持良好的信用记录与诚信档案时,有关部门是否有税费减免等激励措施?

(三)关于尊重和激励企业家干事创业的社会氛围

1. 您如何理解"亲清"新型政商关系?

2. 在您接触到的党政机关干部中,是否遇到过比较坦荡真诚的干部主动帮助企业解决一些实际的困难?

3. 在您的企业经营活动中,如果发现一些不好的现象,您会通过正常渠道反映问题吗? 您反映问题的渠道主要是什么?

4. 您觉得我们目前的文化和社会氛围对企业家在经营过程中的失败宽容吗?

5. 如果您身边的企业家在经营过程当中出现了失误或失败,旁边的人会对其给予理解和宽容吗?

6. 您认为当企业家在哪些方面作出重要的贡献时应适当给予表彰或

宣传?

（四）关于企业家爱国敬业遵纪守法艰苦奋斗的精神

1. 您能否举一两个带头依法经营的案例?

2. 在您的企业经营活动中会出现国家利益和企业利益冲突的情形吗? 遇到这种冲突您如何处理?

3. 您觉得艰苦奋斗重要吗? 勤俭节约是今天企业家精神的重要组成部分吗?

（五）关于企业家创新发展专注品质追求卓越的精神

1. 在您的企业经营活动中,科技创新重要吗?

2. 您负责的企业在申请专利和科技成果转化方面有些什么经验? 贵企业会拿出营收中的百分之多少来进行科技创新活动?

3. 在您的企业经营活动中,是否有降低能耗、向低碳化转型的计划与尝试?

（六）关于企业家履行责任敢于担当服务社会的精神

1. 贵企业从事的慈善公益活动体现在哪些方面? 您认为国有企业家和民营企业家的企业家精神有何不同?

2. 您会时刻关注国家的重要新闻吗? 例如像"一带一路"这样的重大倡议,您会用实际行动来表示支持和参与吗? 您觉得在参与国家重大倡议的过程当中,企业会有大的收益和发展吗?

（七）关于针对企业家的优质高效务实服务

1. 当政府出台重大经济决策时,他们会向您这样的企业家问计求策吗? 您是否参与过这样的相关活动?

2. 您平常获得涉及企业的相关政策的方式是什么?

（八）关于优秀企业家的培育

1. 在您的理解当中,哪些是我们心目中典型的最好的企业家? 可以说出他/她们的名字吗? 您认为他/她们是最好企业家的理由是什么?

2. 您觉得自己身上有哪些企业家精神的特质？

3. 如果企业经营活动遇到极大的风险,您会敢于承担风险吗？

4. 您觉得优秀的企业家应该具有哪方面的特质？

5. 您觉得 95 后甚至 00 后的青年身上有哪些特质？ 他们将来作为企业家又会出现哪些新的企业家精神？

6. 您会担心企业家精神的传承问题吗？ 您觉得您的子女是否会继承您的企业家精神？

7. 您参加过党校或统战部、工商联组织的企业家培训吗？ 在这样的培训活动当中,您最希望获得的培训内容是什么？

8. 您觉得企业家培训是走过场还是有真正的内容？ 你们当地有"企业家活动日"这样的设置吗？ 您会在这一天参加或举行什么样的活动？

9. 如果统战部门或行业协会组织相关的企业家活动,您愿意参加吗？ 您在参加这样的活动当中预期会获得哪方面的收益？

（九）关于党对企业家队伍建设的领导

1. 您身边的企业家朋友中党员多吗？ 您觉得党员企业家应该具备哪方面的意识？

2. 您的企业是否有相关的党建活动？ 若有,您认为这些党建活动给企业带来了哪些影响？

附录 2

访谈资料编码:B＊＊

调研访谈提纲(样本)

(访谈对象:政府工作人员)

> 您好!这是关于新时代政府推动企业家精神培育的机制研究访谈问卷,旨在了解新时代政府推动企业家精神方面的相关措施,分析政府在推动企业家精神中存在的问题以及现状,为相关部门提供决策参考和建议,促进政企关系的发展。本次访谈仅用于学术研究,我们将对访谈资料保密,不会出现个人资料,请您放心。衷心感谢您的支持与合作!祝您工作顺利!
>
> 访谈人:　　单位:　　联系电话:

访谈时间:＿＿年＿＿月＿＿日

访谈地点:＿＿省＿＿市＿＿县(区)＿＿街道(镇)

访谈对象:＿＿＿＿＿　性别:＿＿＿　年龄:＿＿＿

工作单位:＿＿＿＿＿＿＿＿＿　工作岗位:＿＿＿＿＿＿＿＿＿

(一)关于保护企业家合法权益的法治环境

1.您身边遇到过一些领导干预企业经营活动的案例吗?您觉得一些领导干预企业活动背后的动机是什么?

2. 在您的工作当中是否遇到过政策变化导致企业合法利益受损的情况和案例？

3. 作为政府工作人员，您觉得企业在经营活动当中最需要政府做什么？

4. 当企业将政府告上法庭时，您能接受这样一个被告的身份吗？

（二）关于促进企业家公平竞争诚信经营的市场环境

1. 您觉得目前在哪些领域出现了比较严重的垄断和不正当竞争？

2. 在您的工作过程当中，是否遇到过地方保护主义的案例？

3. 作为政府工作人员，您在跟企业家打交道时最需要注意什么？

（三）关于尊重和激励企业家干事创业的社会氛围

1. 在您接触到的情况中，您觉得党政干部会主动了解企业经营情况并帮助企业解决实际困难吗？

2. 本地政府在企业家于哪些方面作出重要的贡献时曾适当给予表彰或宣传？

（四）关于企业家爱国敬业遵纪守法艰苦奋斗的精神

1. 您认为艰苦奋斗、勤俭节约是今天企业家精神的重要组成部分吗？

2. 本地政府有哪些引导企业家树立崇高理想信念的活动？

（五）关于企业家创新发展专注品质追求卓越的精神

1. 您认为冒险是企业家精神的必备要素吗？

2. 本地政府有哪些推动企业在经营活动中降低能耗、向低碳化转型的措施？

（六）关于企业家履行责任敢于担当服务社会的精神

1. 本地政府是否有建立引导和支持企业家奉献爱心、参与公益慈善事业或履行社会责任的平台或机制？

2. 您觉得企业家精神最需要体现在哪些情形中？

（七）关于针对企业家的优质高效务实服务

1. 您觉得目前的企业投资项目的审核机制比五年前有大的改观吗？

2. 作为政府工作人员,你们在制定政府的相关政策时,是否考虑到向企业了解相关情况? 企业的意愿和判断会在你们制定相关政策时发挥作用吗?

3. 就您的工作经历而言,政府部门在研究制定企业的相关政策时,会有听取企业家意见的规范性程序吗?

4. 您觉得涉及企业的相关政策,通过何种方式可以更好地传递给企业家?

5. 您觉得当企业面临一些实际困难时,领导干部到企业的走访,能够帮助企业解决困难吗?

(八) 关于优秀企业家的培育

1. 在您心目中优秀企业家的典型应该是哪一类的? 是否有具体的案例?

2. 您觉得不同年龄层次的企业家精神有何不同? 例如,80 后的企业家和 70 后的企业家在精神气质上有何不同? 95 后年轻一代也已经出现了一些企业家,他们又会表现出哪些特质?

3. 作为政府工作人员,您觉得我们国家要表彰的优秀企业家典型应该是什么样的? 您觉得其中最杰出的代表应该是谁?

4. 本地政府有哪些面向企业家的教育培训政策及交流活动?

(九) 关于党对企业家队伍建设的领导

1. 本地企业家中的党员比例高吗? 您觉得党员企业家应该具备哪方面的意识?

2. 您认为加强党对企业家队伍建设的领导应该从哪些方面着手?

3. 本地有哪些帮助非公企业进行党建的措施?

附录3

深度访谈对象信息汇总表

序号	访谈编码	访谈时间	访谈方式	访谈对象	时长
1	A01	2022年10月28日	单独访谈	A市某科技公司总经理	160分钟
2	A02	2022年10月28日	单独访谈	B省某公司党委书记	100分钟
3	A03	2022年10月29日	单独访谈	C市某科技公司前首席发展官	110分钟
4	A04	2022年11月1日	单独访谈	C市某科技公司总经理	60分钟
5	A05	2022年11月10日	单独访谈	D省某智能科技公司总经理	90分钟
6	A06	2022年11月11日	单独访谈	D省某旅游公司总经理	90分钟
7	A07	2022年11月12日	单独访谈	D省某电力服务公司总经理	90分钟
8	A08	2022年12月10日	单独访谈	C市中国移动公司总经理助理	90分钟
9	A09	2022年12月10日	单独访谈	E省某玻璃公司总经理	50分钟
10	A10	2022年12月10日	单独访谈	E省某雨具公司总经理	50分钟

（续表）

序号	访谈编码	访谈时间	访谈方式	访谈对象	时长
11	A11	2022年12月12日	单独访谈	E省某电器集团公司总经理	60分钟
12	A12	2022年12月12日	单独访谈	E省某汽车零部件公司总经理	60分钟
13	A13	2022年12月12日	单独访谈	E省某茶业公司总经理	70分钟
14	A14	2022年11月1日	单独访谈	F市某大型民营公司顾问	80分钟
15	A15	2022年11月1日	单独访谈	C市某企业高级咨询师	70分钟
16	A16	2022年12月1日	单独访谈	C市某大学企业家培训组织教师	60分钟
17	B01	2022年11月23日	单独访谈	C市某区某机关书记	135分钟
18	B02	2023年1月29日	单独访谈	C市某区市场监督管理局执法稽查科科长	50分钟
19	B03	2023年2月8日	单独访谈	H省某县科技商务经信局中小企业科科长	80分钟
20	B04	2023年2月18日	单独访谈	G市某区经济发展和科技局副局长	80分钟

后　记

　　子在川上曰："逝者如斯夫。"犹记得 2018 年申请到国家社科基金,不知不觉基金的部分成果即将出版。回顾整个的研究旅途,五味杂陈。研究中遇到难题和困境时的焦虑和迷茫;访谈中被企业家们的家国情怀所深深感染和震撼;亲朋好友鼎力支持时的喜悦与安慰。这一切的一切都将作为我人生道路上的宝贵财富并深深地激励着我不断向前。

　　本书的完成首先要感谢笔者在博士后和博士阶段的四位授业恩师。感谢我的第一站博士后导师杨力教授!杨力老师在企业社会责任方面的研究使我对企业与政府的关系产生了浓厚的兴趣。对企业家精神的思考和理解离不开杨老师的启迪和教诲。感谢我第二站博士后期间的合作导师汪伟民教授和姚尚建教授!汪老师为人谦虚谨慎,与人为善,对我们每个博士后都关怀备至。在博士后期间,我有幸参与了汪老师的国家安全和一带一路相关课题,这些都使得我的研究视野有了进一步的拓宽,并将第二站博士后的研究课题确定为企业家精神与国家兴衰。姚老师平易近人,学术功底深厚,在博士后期间,尽管与姚老师见面不多,但姚老师建议我从公共管理的学科视角对企业家精神进行思考,这些建议对我理解政府与企业家精神的关系都有着非常重要的帮助。感谢我博士期间的导师何勤华教授!何老师是我学术道路上的引路人。何老师为学严谨,著述颇丰,在外国法律史上的深厚造诣让人望其项背,老师这份对学术的追求潜移默化地影响着我。

感谢东华大学马克思主义学院的各位领导和老师们的关心和照顾!这里包括但不限于:王治东教授、陈向义教授、秦德君教授、曾瑞明教授、闵绪国教授、王不凡副教授、张义凡副教授、田锋副教授、陆益军副教授、马欣副教授、陈健副教授、田长生副教授、邹华锋副教授、张燕副教授、相雅芳副教授、刘盼红副教授、刘铭秋讲师、张华明讲师、张茜讲师、洪秀讲师、李天星讲师、姜淑令讲师、高止礼讲师、沈佩翔讲师以及行政部门的曹小玲老师、杨晶静老师、黄明元老师、宣蕊老师,等等。非常感谢这些老师对我工作上和生活上所给予的帮助和指导!

感谢在我研究过程中为我提供帮助的政府界和企业界的朋友们! 正是他们无私地帮助,才使得我的访谈得以顺利完成。这里包括但不限于:前青浦区机关事务管理局局长和书记戴秀河、上海市市场监督管理局稽查执法部门蒋琪青、商汤科技香港公司总经理尚海龙、前旷视科技首席发展官徐云程、华为有限科技公司顾问田涛、四川中泽油田技术服务有限责任公司党委书记赵欣、上海交通大学的罗玉竹老师、山西天时利和智能科技有限公司负责人邬慧军、山西创宇科技股份有限公司负责任牛艳斌、山西唐人来定制旅行社有限公司负责人范立芳、上海移动政企客户部的陈卓霞、上海外商投资协会绿色低碳分会副会长吕建中、蚌埠朝阳玻璃机械有限公司的江玮、安徽甬安雨具有限公司的李磊、安徽长龙电气集团有限公司的石磊、安徽中腾汽车零部件有限公司的杨柳、大别山香源茶叶有限公司的巩春照,等等。非常感谢他们在我访谈时所提供的帮助和便利!

感谢上海市委党校的谷宇老师和徐学通老师。谷宇老师听说我研究企业家精神,不吝将其家里珍藏的书籍送给我,让我对中国古代的商人精神有了新的理解。徐学通老师不厌其烦地跟我交流了很多关于研究的注意事项,让我受益良多。感谢华东政法大学的朱剑老师、严行健老师、王金良老师在我研究过程中所提供的指导和帮助！

感谢在我研究过程中提供帮助的各位硕士生和博士生！他们是严文锋、仲新宇、台润泽、史可钦、张蓥文、黄馨平、张皓淼、隋晓周、梁子晗、忻睿博、邓徐、李大琨、潘翌昕、金华、蔡聪裕等。这些同学对我在企业家精神的实证研究、资料搜集、深度访谈、文字校对以及格式调整等方面都给予了非常多的帮助。

感谢我的亲生父母、养父母，还有我的公婆！感谢几位父母在我学习和研究的这么多年里所给予的关心。如今我的养父母已经去世，但是他们所给予女儿的快乐童年以及宽厚和勤劳的品格，将成为我一生的精神财富。

感谢我的爱人与女儿！不知不觉与爱人已经相识 24 年，结婚 20 年。在这 20 多年求学和研究的生涯里，我的先生给了我非常多的帮助和鼓励，如果没有他的支持和帮助，我的学业和研究不会那么顺利。感谢我的女儿！女儿聪明伶俐，乐观坚强，与她每次的聊天和互动，都成为我看书和研究之后的乐事。

在这本著作的编辑和出版过程中，笔者得到了上海人民出版社编辑冯静老师的帮助。冯老师严谨的编辑态度、对文字和格式的精准要求，让我受益匪浅。

最后，本书虽然得以顺利出版，但文中的观点还需要进一步地探讨。换言之，这项研究"永远在路上"。

回顾过往，短暂而美好，展望未来，却充满了未知和挑战。只有做好自己，才会不辜负老师、亲人和朋友们的眷顾和关爱。

感谢命运！感谢所有帮助过我的人！

张宪丽

2025 年 2 月于复地香堤苑

图书在版编目(CIP)数据

企业家精神的理论与机制研究 / 张宪丽著. -- 上海：
上海人民出版社，2025. -- ISBN 978-7-208-19374-1

Ⅰ. F279.23

中国国家版本馆 CIP 数据核字第 2025NC7755 号

责任编辑　冯　静
封面设计　孙　康

企业家精神的理论与机制研究

张宪丽　著

出　　版　上海人民出版社
　　　　　（201101　上海市闵行区号景路159弄C座）
发　　行　上海人民出版社发行中心
印　　刷　上海商务联西印刷有限公司
开　　本　720×1000　1/16
印　　张　18.75
插　　页　3
字　　数　237,000
版　　次　2025 年 3 月第 1 版
印　　次　2025 年 3 月第 1 次印刷
ISBN 978 - 7 - 208 - 19374 - 1/C · 736
定　　价　98.00 元